Prevention of Child Abuse / Neglect
and Safeguarding in England

Working Together with Schools, Social Welfare,
and Medical Agencies

イギリスの子ども虐待防止とセーフガーディング

学校と福祉・医療のワーキングトゥギャザー

岡本正子＋中山あおい＋二井仁美＋椎名篤子 編著

明石書店

はじめに

　本書は、イギリスの学校において実施されている、子どもの安全を守ること＝セーフガーディング（Safeguarding）という概念に基づく政策について調査した報告書である。編者らは、2012 年の全英子ども虐待防止協会（NSPCC）主催の「教育におけるセーフガーディング会議」（Safeguarding in Education Conference）、翌年のレスターシャーにおけるセーフガーディング教員研修に参加し、イギリス各地の小中学校や特別支援学校、教育行政や児童福祉行政の機関、警察などを訪問した。

　本調査を行うきっかけとなったのは、2012 年秋に実施した北海道と大阪府で実施した「『子ども虐待防止の実践力』を育成する教員養成のあり方に関する調査」である。詳しくは第 7 章で述べるが、この調査の結果は、日本における学校の子ども虐待対応の地域差を浮き彫りにした。大阪府は、北海道に比べ、子ども虐待に対応した経験のある者の比率が小中学校の管理職・教員共に約 2 倍、管理職 1 人が対応した平均虐待件数は約 10 倍、教員は約 3 倍と顕著な差がみられた。対応経験の差は、知識や意識にも影響していた。第 7 章で述べるように、虐待対応経験のない教員で、虐待通告が守秘義務違反でないことを知っている人は 8 割に留まり、DV の目撃が心理的虐待であることを知っている人は、7 割に満たなかった。なかには、虐待を受けているかもしれない子どもを発見した場合の通告義務を知らない教員もあった。

　筆者らは、子どもの安全を守るための最低限の認識が共有されていなくて、子どもの命は守れるのか。子どもを虐待から守るために、福祉や医療、司法などで日々アップデートされていく虐待対応の認識を、学校や教員がどのように共有することが可能なのだろうか、と考えた。

　児童虐待の防止等に関する法律（通称児童虐待防止法 2000 年施行）は、学校と教職員に、虐待の早期発見と通告、対応（連携・協力）と共に、「児童虐待

3

の防止のための教育又は啓発に努めなければならない」と求めている。子ども虐待に対して、学校と教育の力に待つところは大きい[1]。しかし、実際には、学校や教育行政がその力を十分に発揮しているとは言えない。むしろ、教育行政が子どもの安全を脅かした事例もある。たとえば、2019年1月、千葉県野田市の小学校4年生の女児が虐待によって命を失った事件は記憶に新しい。報道によると、子どもが先生に助けを求め虐待について打ち明けたアンケートの写しを教育委員会が父に渡していた。その行為は、子どもの大人への信頼を裏切るものであった。

　子ども虐待は、子どもが育つ権利を侵害することである。この人権侵害に対して、学校や教員ができることは何か？　学校は、教育の場であり、同時に、すべての子どもに関与できる公的システムを有している。学校は、教育をする場だからこそできる、子ども虐待の防止と予防、ケアの力をどのように発揮したらよいのだろうか。

　イギリスでは、子どもと教職員のセーフガーディングを統括する教員DSL（Designated Safeguarding Lead）が各校に必置されており、DSLが子どもの安全を守る責任者であると共に、他の教職員に対して、セーフガーディングのための研修を行う責任を担っていた。DSLの配置は、国が定めた法的拘束力を持つガイドライン「Keeping Children Safe in Education」によって学校に義務づけられている。

　さらに、イギリスでは、子どもに対して、自身の安全を守る力を育て、子ども虐待の防止と予防につながるPSHEE教育（Personal, Social, Health and Economic Education 人格的・社会的・健康・経済教育）がナショナル・カリキュラムに位置づけられていた。

　そこで、本書では、子どもの安全を守ること＝セーフガーディングを政策として展開するイギリスにおいて学校と福祉・医療が協働して子ども虐待の防止と予防を推進するワーキングトゥギャザー（Working Together）の取り組みと、DSLやPSHEE教育など、イギリスの学校におけるセーフガーデ

---

1)　岡本正子・二井仁美・森実［編著］（2009）『教員のための子ども虐待理解と対応─学校は日々のケアと予防の力を持っている』生活書院。

ィングの実践を紹介する。

Ⅰ.では、イギリスのセーフガーディングの仕組みと学校について扱う。

まず、第1章では、増沢高氏に、イギリスにおける子ども虐待防止制度の概要と、支援を要する子どもの状態や予防的支援の仕組みを概観してもらう。

第2章では、学校におけるセーフガーディングとDSLの位置づけを概観したうえで、レスターシャーでDSLとして活躍したアン・プリドー氏の1日を例にDSLの役割を検討する、コラムではレスターシャーの小学校の様子を紹介する。本章は主に比較教育学の研究者中山あおい氏が執筆する。

Ⅱ.では、イギリスにおける学校と医療・福祉の連携によるケアと支援を紹介する。

第3章では、イギリスにおける機関連携を扱う。現地に住み、国民保健サービス（National Health Service：NHS）で児童精神科医として活動している内藤亮医師に、サセックスにおける子どもと家族への支援の取り組みを紹介してもらう。

第4章では、学校で発見された子ども虐待事案への対応の流れと、教育の立場から展開される社会的養護にある子どもへの支援について紹介する。この章は、児童精神科医の岡本正子氏が執筆する。

第5章では、オックスフォードの特別支援学校や心理治療・教育施設、レスターの生活施設におけるセーフガーディングの実際を紹介する。岡本氏と元児童心理治療施設長の平岡篤武氏が執筆する。

Ⅲ.では、セーフガーディングの歴史と日本学校を扱う。

第6章では、教育史学者ピーター・カニンガム博士に、イギリスの視点から、セーフガーディングの歴史とセーフガーディングにおける教師の役割と教員養成についての執筆を依頼した。イギリス教育史に詳しい山﨑洋子氏には、日本の学習指導要領に範を得たイギリスのナショナル・カリキュラムにおいて、PSHE教育や子ども保護の問題がどのように扱われるようになってきたのかを紹介してもらう。

第7章では、北海道と大阪府の約4000名の教員を対象とした学校調査と、教員養成における子ども虐待の扱いについての調査を紹介することを通して、イギリスのセーフガーディングに学ぶ意味を示す。本章は、教員養成に従事

してきた二井が執筆する。コラムでは、神奈川県藤沢市に配置された「児童支援担当教諭」について、中学校長の経験のある菱田準子氏が紹介する。

　全章の総括として、「この研究のめざしたところ」を、本書のベースとなった二つの科研「『子ども虐待防止の実践力』を育成する教員養成のあり方」（基盤研究（B）課題番号23330225）、「イギリスにおける Safeguarding in school の学際的研究」（基盤研究（B）課題番号26282205）の研究代表の岡本氏が執筆する。

　「おわりに」は、作家・ジャーナリストで、本書の編者でもある椎名篤子氏に依頼した。椎名氏には、二つの科研において研究協力者として加わっていただき、以来、調査と協議を共に重ね、本書の刊行に至った。2000年の児童虐待防止法制定の動きをつくった、『凍りついた瞳』の原作『親になるほど難しいことはない』の著者であり、日本の子ども虐待の実態を世に問うてきた氏が、本書刊行に至る過程で考えられたことが、読者への新たなメッセージとなれば幸いである。

　最後に、用語について説明しておく。子どもの権利条約や児童福祉法によれば、「Child」、「子ども」、「児童」は、18歳未満の者を意味する。他方、文部科学省や教育委員会においては、小学生を「児童」、中学および高校生を「生徒」と称している。本書は、学校の教職員や教育行政に携わるなど教育関係者や、学校と協働する福祉や医療関係者に読んでほしいと考えて編纂された。それゆえ、本書では、誤解が生じかねない「児童」という語を避け、18歳未満の者を表す用語として「子ども」という語を用いる。ただし、児童虐待防止法や児童法、児童相談所などの法令文書名や組織名はこの限りでない。

　なお、イギリスは、正式には、グレートブリテンおよび北アイルランド連合王国（United Kingdom of Great Britain and Northern Ireland: UK）であり、イングランド、ウェールズ、スコットランド、北アイルランドという四つのカントリーからなるが、本書では「イギリス」という通称を用いた。紹介する事例は、編著者らが調査したイングランドを中心とすることを断っておきたい。

二井　仁美

*目次

はじめに　3

I.
セーフガーディングの
仕組みと学校

第1章
イギリスの子どもの虐待防止　14

第1節　イギリスにおける「支援を必要とする子ども（child in need）」を
　　　　めぐる状況　14

第2節　子ども虐待対応と予防的支援の仕組み
　　　　── CSCと司法の役割　22

第3節　子どものセーフガーディングと
　　　　子どもの保護に関する司法の関与　29

第2章
イギリスの学校における
セーフガーディングの取り組み　40

第1節　学校におけるセーフガーディング　40

第2節　イギリスの学校における DSL（Designated Safeguarding Lead）　53

コラム……………………………グリーンフィールド小学校の試み
セーフガーディングのための学校づくり　62

Ⅱ.
学校と福祉・医療における
ケアと支援

第3章

機関連携による
子どもと家庭への支援　68

第1節　サセックスにおける子どもと家庭への支援
　　　　──イーストサセックスを中心に　68

第2節　子どもと保護者への医療的・心理的支援　79

第4章

イギリスの
「支援を必要とする子ども」
への対応と支援　90

第1節　セーフガーデイングの対象となる子どもへの
　　　　学校における支援　91

第2節　社会的養護の子ども（Looked after Children：LAC）
　　　　への学校における支援　103

第 5 章

イギリスの
「特別な支援が必要な子ども」
への取り組み　120

第 1 節　ウッドイートン・マナー・スクール
Woodeaton Manor School（特別支援学校）における支援　120

第 2 節　マルベリー・ブッシュ・スクール The Mulberry Bush School
（児童心理治療施設）における支援　142

第 3 節　ウエランドハウス Welland House（子どもの家）
における支援　156

Ⅲ.
セーフガーディングの歴史と
日本における取り組み

第 6 章

イギリスの学校における
セーフガーディングの歴史
──カリキュラムと教師に着目して　172

第 1 節　概念と言語──学校の変わりゆく課題の定義と説明　172

第 2 節　変化するカリキュラムに埋め込まれた子ども保護　182

第 3 節　子ども保護における教師の責任と
セーフガーディングのための教員養成　207

第 7 章

イギリスのセーフガーディングに学ぶ
意味と日本の学校　220

第 1 節　北海道・大阪府調査から見えてきた
　　　　日本の学校における子ども虐待　220

第 2 節　子ども虐待防止のための教員養成と教員研修　236

コラム………………………………………日本の学校の取り組み

　　「児童支援担当教諭」を配置する
　　藤沢市の小学校（神奈川県）　256

この研究のめざしたところ　263

おわりに　276

略語一覧

CAF：Common Assessment Framework（コモン・アセスメント・フレームワーク）

CAMHS：Children and Adolescent Mental Health Service（小児・青年期メンタルヘルスサービス）

CON：Continuum of Need（コンティニュアム・オブ・ニーズ）

CPD：continuing professional development（継続的専門職能力開発）

CQC：Care Quality Commission（ケアの質委員会）

CSC：Children's Social Care（子どものソーシャルケア）

DCSF：Department for Children, Schools and Families（子ども学校家族省）

DfE：Department for Education（教育省）

DfES：Department for Education and Skills（教育技能省）

DSL：Designated Safeguarding Lead（セーフガーディング指定統括者）

DT：Designated teacher for looked after children（社会的養護の子どものための特定教員）

DT：Designated Teacher（特定教員）

ECM：Every Child Matters（すべての子どもの平等保証）

EHCP：Education Health and Care Plan（教育・健康ケアプラン）

EHS：Early Help Service（早期支援サービス）

ESBAS：Education Support Behaviour and Attendance Service（教育・行動・出席支援サービス）

FDAC：Family with Difficulties Action Court（困難事例家族に対応する裁判所）

FDFF：Front Door for Family（フロント・ドア・フォ・ファミリー）

GCSE：General Certificate of Secondary Education（中等教育修了一般資格）

GMS：Grant Maintained Schools（政府の補助金維持学校）

GP：General Practitioner（家庭医）

HMCI：Her Majesty's Chief Inspector（主席勅任視学官）

HMI：Her Majesty's Inspector（勅任視学官）

ITET：Initial Teacher Education or Training（教員養成基礎段階教育）

LA：Local Authority（地方当局、ローカルオーソリティ）

LAC：Looked after Children（社会的養護の子ども）

LACAMHS：Looked after Child and Adolescent Mental Health Service（LAC のための精神科サービス）

LEA：Local Education Authority（地方教育当局）

LGBT：Lesbian Gay Bisexual and Transgender（LGBT）

LSCB：Local Safeguarding Children Board（地方子どもセーフガーディング委員会）

LSW：life story work（ライフストリーワーク）

MASH：Multi Agency Safeguarding Hub（多機関協働セーフガーディングハブ）

NHS：National Health Service（国民保健サービス）

NSPCC：National Society for Prevention of Cruelty to Children（全英子ども虐待防止協会）

NVQ：National Vocational Qualifications（全英職業資格）

Ofsted：Office for Standards in Education（教育水準局）

PEP：Personal Educational Plan（個別教育計画）

PGCE：Post-graduate Certificate of Education course（大卒後教員資格取得コース）

PSD：Personal and Social Development（人格的・社会的発達）

PSE：Personal and Social Education（人格的・社会的教育）

PSHCE：Personal, Social, Health and Citizenship Education（人格的・社会的・健康・シティズンシップ教育）

PSHE：Personal, Social and Health Education（人格的・社会的・健康教育）

PSHEE：Personal, Social, Health and Economic education（人格的・社会的・健康・経済教育）

PSHME：Personal, Social, Health and Moral Education（人格的・社会的・健康・道徳教育）

QCA：Qualifications and Curriculum Authority（資格カリキュラム当局）

RE：Religious education（宗教教育）

SATs：Standard Assessment Tests（全英評価テスト）
SEAL：Social and Emotional Aspects of Learning（社会的・情緒的側面の学習）
SENCO：Special Educational Needs Coordinator（特別支援教育コーディネーター）
SMCPC：Social Mobility and Child Poverty Commission（社会階層移動・児童貧困委員会）
SPOA：Single Point of Access（シングル・ポイント・オブ・アクセス）
SRE：Sex and Relation Education（性・人間関係教育）
UNCRC：United Nations Convention on the Rights of the Child（子どもの権利条約）
VS：virtual school（バーチャル・スクール）
VSH：virtual school head（バーチャル・スクール・ヘッド）

セーフガーディングに関する主要法令文書等の一覧（Accessed 10 Nov. 2019）

HM Treasury（2003）*Every Child Matters*（*Policy paper*）
https://www.gov.uk/government/publications/every-child-matters

Department for Education（DfE）（2006）*Working Together to Safeguard Children*
https://www.nscb.org.uk/sites/default/files/publications/Working-Together-to-Safeguard-Children-2006_0.pdf

Department for Education（DfE）（2015）*Guidance for safer working practice for those working with children and young people in education settings*
http://www.safeguardinginschools.co.uk/wp-content/uploads/2015/10/Guidance-for-Safer-Working-Practices-2015-final1.pdf

HM Government（2015）*What to do if you're worried a child is being abused. Advice for practitioners*
https://assets.publishing.service.gov.uk/government/uploads/system/uploads/attachment_data/file/419604/What_to_do_if_you_re_worried_a_child_is_being_abused.pdf

Department for Education（DfE）（2018）*Keeping Children Safe in Education 2018*
https://assets.publishing.service.gov.uk/government/uploads/system/uploads/attachment_data/file/835733/Keeping_children_safe_in_education_2019.pdf

Department for Education（DfE）（2018）*Mental health and behaviour in schools*
https://assets.publishing.service.gov.uk/government/uploads/system/uploads/attachment_data/file/755135/Mental_health_and_behaviour_in_schools__.pdf

Department for Education（DfE）（2018）*Promoting the education of looked-after children and previously looked-after children,: Statutory guidance for local authorities*
https://assets.publishing.service.gov.uk/government/uploads/system/uploads/attachment_data/file/683556/Promoting_the_education_of_looked-after_children_and_previously_looked-after_children.pdf

Department for Education（DfE）（2018）*The designated teacher for looked after and previously looked -after children : Statutory guidance on their roles and responsibilities*
https://assets.publishing.service.gov.uk/government/uploads/system/uploads/attachment_data/file/683561/The_designated_teacher_for_looked-after_and_previously_looked-after_children.pdf

HM Government（2018）*Working Together to Safeguard Children, A Guide to inter-agency working to safeguard and promote the welfare of children*
https://assets.publishing.service.gov.uk/government/uploads/system/uploads/attachment_data/file/779401/Working_Together_to_Safeguard-Children.pdf

Safer Recruitment Consortium（2019）*Guidance for Safer Working Practice for those working with children and young people in education settings*
https://www.saferrecruitmentconsortium.org/GSWP%20Sept%202019.pdf

Ⅰ.
セーフガーディングの
仕組みと学校

第1章　イギリスの子どもの虐待防止 ……………………………… 増沢　高

第2章　イギリスの学校におけるセーフガーディングの取り組み ……… 中山あおい
　　　　　　　　　　　　　　　　　　　　　　　　　　　　　　　　 菱田凖子

第1章
イギリスの子どもの虐待防止

第1節　イギリスにおける
「支援を必要とする子ども（child in need）」
をめぐる状況

1. 支援が必要な子ども

　イギリスの人口は約6600万人で、うち子ども人口は約1200万人である。このうち、支援が必要な子どもは35万人から40万人といわれている。支援を必要とする子どものいる家庭の抱えた課題は多岐にわたる。貧困、孤立、ひとり親家庭、若年の親、親のアルコール・薬物依存、精神疾患、DVなどである。こうした家族問題は子どもの虐待やネグレクトの発生リスクとなり、支援せずに放置しておくことは、深刻な危害（significant harm）へと発展していくことになる。表1-1は、現在または将来の深刻な危害への潜在的な可能性があると示唆される状況にある世帯や家族と暮らす児童と若者について、チルドレンズコミッショナー（以下コミッショナー）が様々な報告をまとめて、課題を抱えた環境の中にある子どもの推定値について公開したものの一部である。

2. 貧困

　貧困は、重大なリスク要因の一つである。日本でも子どもの貧困問題は深刻で、7人に1人が貧困、ひとり親家庭については2組に1組が貧困といわ

14　　Ⅰ．セーフガーディングの仕組みと学校

表1-1 課題のある世帯や家族の状況と児童・若者数

課題のある世帯や家族の状況	指標	児童・若者数	報告年次	根拠資料
ホームレスまたは安全ではない／不安定な居住	一時的な宿泊をする世代で暮らすCYP	12,510	2017	Statutory homelessness and prevention and relief
貧困	学校給食無料の対象	1,128,840	17-Jan	Schools,pupils and their characteristics
	物資の剥奪と深刻な低所得	471,000	2016/17	Households Below Average Income
	食糧が保障されていない（0-14歳）	1,898,209	2015	CCO -using Brazer 2017
家族が失業中	失業世帯	1,050,967	17-Dec	Working and workless households in the UK
夫婦関係が良くない家庭	親が夫婦関係の悩みを報告（UK）	1,249,820	2016	Alma Economics -using estimates from DWP's "Improving Lives: Helping Workless Families"
ひとり親家庭	ひとり親家庭	2,711,307	2016/17	Alma Economics -using Quality Labour Force Survey data
親が収監されている	6月30日現在、収監中の親がいる（England、Wales）	86,000	2012	Williams et al.（2012）
友人や拡大家族と暮らす（インフォーマルなキンシップケア）	友人や拡大家族と暮らす（インフォーマルなキンシップケア）	40,300	2011	Wijedasa（2015）
親に物質依存の課題がある	アルコールや薬物の依存を報告した大人が家族にいる	469,000	2014	Adult psychiatric morbidity survey（APMS）2014
DVが報告されている家庭	DVが報告されている家庭	825,000	2016	Alma Economics -using Vizard et al.（2018）
家族に精神保健の課題がある	同居する養育者すべてが不安や抑うつの症状を報告している	893,000	2016	Alma Economics and CCO-using estimates from DWP's "Improving Lives:Helping Workless Families" and APMS (2014)
貧困家庭が集中する地域に暮らす	最も貧困している地域10%に住む	2,071,253	2015	Index of Multiple Deprivation
ソーシャルワーカーの介入に至ってない	アセスメントで「in need」とされなかった	171,920	2016/17	CIN cencus,internal analysis

出典：https://www.childrenscommissioner.gov.uk/publication/childrens-commissioner-vulnerability-report-2018

れている。イギリスでは、コミッショナー[1]の報告を踏まえると、食糧が保障されていない0歳から14歳の子どもは、189万8209人（2015年、表1-1）とされ、これは、イギリスの児童人口約1200万人の約16％にあたる。子どもの貧困率は、日本の方がイギリスよりも深刻とされているが、イギリスも決して裕福な状況ではない。日本では子ども食堂など、生活のインフラを支える支援が注目されているが、イギリスでは、近年食事を求めフードバンクを必要とする人々が急増している。

3. 深刻な危害につながる三つの親の問題 (Toxic Torio)

　虐待だけでなく、夫婦間暴力（DV）、親の精神疾患、親のアルコール・薬物依存などは、子どもにとって逆境的小児期体験（Adverse Childhood Experiences）となり、累積的なトラウマを抱え、長期的な悪影響をもたらすことがわかっており、健康と安全と福祉に関係する重大な問題と認識されている。これらは三つの親の深刻な問題（Toxic Torio）として重視され、早期に子どもと家族の支援（Early Help）に入るべき対象とされている。地方自治体の一つであるハートフォードシャー（Hertfordshire）では、ホームページを通して、この三つの問題とそこにおかれた子どもの抱えた課題等について広く市民に伝え、問題が深刻になる前に、子どもと家族に支援を届けるため、関係者がCSC（Children's Social Care：子どものソーシャルケア）に相談するよう促している。ホームページで公開されている子どもの指標を表1-2に示す。

　コミッショナーの報告によれば、DVが報告されている家庭に暮らす子ど

---

1) チルドレンズコミッショナーとは、政策策定者と子どもの生活に影響を与える人々が子どもに係る意思決定をする際、子どもの考えと利益を考慮に入れられるよう、子どもと若者の代弁者として発言する役割を持ち、政府と議会から独立した存在で、最も弱い立場にある子どものために、長期的な変化と改善をもたらすのを助ける独自の権限を持つ。子どもと若者と話し、公的機関へ情報提供を求め、調査を実施し、子どもの生命に影響する広範な事柄について情報を蓄積し、エビデンスを集約して発信している。コミッショナーは制度と国の中で子どもの目となり耳となり、政府や子どもの支援機関、ボランタリーとプライベートセクターに寄らず、政府におもねることをせず、義務を遂行することを求められる。また代替養育の子ども、そこから離れる子ども、公的支援サービスを受ける子どもたちに、Help at Hand というサービスラインを通してアドバイスを行っている。

16　Ⅰ. セーフガーディングの仕組みと学校

表 1-2 深刻な三つの親の問題（Toxic Torio）の指標

家庭内の暴力虐待（Domestic abuse）（Hertfordshire, 2018）

・学校で話す時には、被害は話さないか、消極的である
・単一あるいは数回に及ぶ傷は不慮の事故と説明する
・お漏らしなどの退行行動
・学校を欠席する
・恐怖でおびえる、恥をかかせられる、あるいは逃避する大人を目撃している
・情緒行動の問題として、攻撃的で性的加害行動を示す
・大人への信頼の欠如
・大人の傷害の目撃
・学校での行動や学業成績は集中困難によって障害を受ける
・子どもは大人の行動に対して、自らを責める。自己非難は低い自己評価につながる
・家出をする
・薬物に関与する
・子どもは、自分、親、年少の子どもたちに対して重い責任を引き受ける
・自傷
・課外活動に参加できない

親の精神疾患（Parental mental ill-health）

・子どものニーズよりも親や養育者のケアニーズや病気が優先される
・精神疾患のある親や兄弟に対して、若い介護者としてふるまう
・子どもの心配、不安、集中困難、引きこもりとして現れる
・子どもの社会活動や娯楽は制限される
・学業に集中して取り組むことが困難
・親や養育者の友人や介護者として家にいる必要があるため学校を休む
・低い自己評価と抑うつ
・子どもの生理的・情緒的ニーズはネグレクトされる（ネグレクトは親の抑うつと関係している可能性がある）
・暴力や自己破壊的行動などの問題行動を示す
・親の妄想を信じて、被害妄想や疑惑行動を取り入れる
・アルコール・薬物依存や自傷行為の可能性がある

親のアルコール・薬物依存（Substance misuse）

・親のいらいら、感情表現の低下、支離滅裂
・親の身体的外傷の目撃
・子どもへの関心や励ましの欠如（校内の親参加行事への欠席）
・親の監督欠如による怪我や事故
・子どもが学業に取り組むことが困難（宿題を期限まで仕上げられないことを含む）
・不十分な食事や衣類など（実計の支出が親のためのものに偏りがち）
・子どもの孤立：交友、友人つくり、家に招くなどが困難
・子どもがドラッグの話をしたり学校に持ち込む
・子どもが親をケアする役割を引き受ける
・子どもの欠席や遅刻が多くなる
・子どもの自己評価や自己イメージが悪化する
・子どもの攻撃と性に関する不適切な行動
・いじめ
・子どもの抑うつ、不安、引きこもり
・子どもの薬物使用
・子どもの倦怠、集中力の欠如

出典：Hertfordshire, *Families with multiple needs: parental mental ill-health, substance misuse and domestic violence*（2015）（pp.7 ～ 9）筆者翻訳

もが 82 万 5000 人、養育者すべてが不安や抑うつの症状を報告している子ど
もは 89 万 3000 人、アルコールや薬物の依存を報告した大人が家族にいる子
どもは 46 万 9000 人である。日本にはこうしたデータが存在しないが、要保
護児童ケースの家庭に多くこうした問題が認められている。日本でも、この
ような状況下で深刻な悪影響を受けている子どもは相当数に上ると思われる。
三つの問題で、共通するのは、病理を持つ親との支配—被支配の関係性が築
かれ、服従し過度に親を気遣う子どもとして馴化していくということである。
この支配－被支配性は、虐待的親子関係の特徴であり、世代間連鎖されてい
く関係性でもある。親への過度の気遣いによって子どもの主体的な活動は阻
害され、人格発達の基盤となる主体性そのものが失われていく。その結果、
子どもは様々な心理的な課題を抱えていくことになる。近年、多くの CSC
が、この問題を抱える家族と子どもを早期に発見し、支援をすることに力を
注ぐようになってきている。

4. マルトリートメント（子ども虐待とネグレクト）の状況

　マルトリートメントを受けた子どもと若者について、コミッショナーがま
とめた報告を表 1-3 に示す。日本の児童虐待防止法では、保護者による行為
として虐待種別の定義がされているが、イギリスではあらゆる力関係の上司
者からの行為はすべて虐待である。したがって、保護者以外からの暴力や性
的被害も含まれ、統計上の数値に計上されている。また宗教上の理由による、
女性性器切除も虐待とみなし、重視している。

　マルトリートメントの状況は軽度のものから重度のものまで幅がある。す
べてを含めた被害児童は相当数に上ることがわかる。表の数値は研究報告と
して示されたものであり、支援の対象になった子どもの数ではない。支援に
至らず潜在している子どもも相当数に上ることを示唆していよう。

　ところで、こうしたデータが日本に乏しいのが現状である。子どもの研究
レベルでのマルトリートメントに関する調査研究が求められよう。

表 1-3　マルトリートメントの被害を受けた子どもと若者の状況

性的虐待／性的搾取の被害を受けた	性的虐待（接触あり）の被害者	205,287	2011	Radford et al.（2011）
人身売買の被害を受けた	全国通告制度に通告をした（性的搾取被害なし）	1,456	2016/17	National Referral Mechanism Annual statistics
ネグレクトを受けた	親からのネグレクトの被害者	944,240	2011	Radford et al.（2011）
身体的虐待を受けた	深刻な身体的虐待の被害者	385,202	2011	Radford et al.（2011）
心理的虐待を受けた	親／養育者からの心理的虐待の被害者	561,128	2011	Radford et al.（2011）
女性性器切除の被害を受けた	Female genital mutilation enhanced dataset に記録された女子	15	2016/17	Female Genital Mutilation（FGM）enhanced dataset
犯罪被害を受けた（虐待以外）	前年、犯罪被害を受けた	402,501	2016/17	Crime Survey for England and Wales

出典：https://www.childrenscommissioner.gov.uk/publication/childrens-commissioner-vulnerability-report-2018

5. 子どものニーズの深刻さに応じた対応の分類

　イギリスでは、1200万人の子どものうち、傷つきやすい子どもが360万人、先述した支援を必要とする子どもが35万人から40万人、里親等の代替養育にある子どもは7万5420人（2018年）、深刻な危害があると判断され、子どもの保護も含めた濃密な支援を行うために児童保護プランに登録された子どもは5万3790人である。それらを図で示すと図1-1のような位置関係となる。

　先述したように、支援を必要とする子どもは、この数値以上に存在し、実際コミッショナーの報告では、アセスメントで「in need」とされた子どもが17万1920人（2016/17年）に上るとしている。

6. その他の子どもの問題

　日本では、不登校、引きこもりも大きな社会問題の一つである。文部科学省の報告（「平成28年度児童生徒の問題行動・不登校等生徒指導上の諸問題に関する調査結果について」文部科学省初等中等教育局児童生徒課）では、小中学校の長

第1章　イギリスの子どもの虐待防止　19

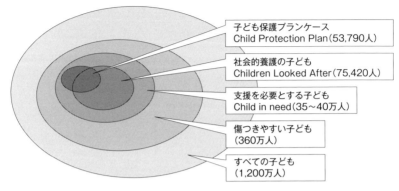

図 1-1 支援のレベルに応じた分類

出典：DfE（2018）*Characteristics of children in need 2017/2018・Children looked after in England* より筆者作成

期欠席（不登校等）の子どもは、14万4031人と報告されている。イギリスでは、4万9187人と報告されており、人口比を考慮に入れると、日本の方が多いことが推察される。

いじめは今や国際的な問題としてみなされている。コミッショナーの報告では、いじめにあったことがある10歳から17歳までの子どもは255万9099人に上ることが示された。日本では、いじめが重大な社会問題の一つとなっているが、認知されたいじめは41万4378件（「平成28年度児童生徒の問題行動・不登校等生徒指導上の諸問題に関する調査結果について」文部科学省初等中等教育局児童生徒課）と報告されている。調査方法に違いもあり、単純に比較はできないものの、イギリスでは日本以上に深刻な状況にあるといえよう。

日本で2012年に小学校4年になるはずの男児が登校しておらず、居所が不明になっている事件が報道された。他にも同様の子どもがいるはずと調査したところ、1年以上居所不明だった児童が全国で1191人いることがわかった。これ以降、居所不明児童の問題が社会問題となった。厚労省の調査では平成28年6月1日現在で、居所が不明で確認が必要となった子どもの数は1630人で、その後確認が取れた子どもは1602人、平成29年6月1日現在で確認されていない子どもは28人となっている（2017年「居住実態が把握できていない児童に関する調査結果」）。イギリスでは、2015年の調査で5万

表 1-4　その他の子どもの問題

子どもの問題		調査内容	人数	時点	研究者
不登校・引きこもり	不登校	年間の不登校者	49,187	2016/17	Ellison, R., Hutchinson, D.（2018）
	ニート	ニートの 16-17 歳	50,700	2016	Participation in Education,Training and Employment
いじめ	いじめられている	いじめにあったことがある 10-17 歳	2,559,099	2010 and 2016	CCO estimate using Chamberlain et al （2010）and annual bullying survey 2017
非行	少年司法適用	3 月 31 日現在、10-17 歳に出された youth cautions（犯罪歴として記録される）や判決	40,558	2016/17	Youth Justice Statistics
	ギャングとの関与	ストリートギャングメンバーの 10-17 歳	27,000	2016/17	Crime Survey for England and Wales 2017/17
養育・看護する子ども	10 代の親（本人）	17 歳以下で父親や母親になった（England、Wales）	7,004	2016	Births by Parents' Characteristics, England and Wales
	ヤングケアラー（親やきょうだいなど家族の介護・養育をする）	無報酬で介護／養育をする 5-17 歳	173,000	2011	Alma Economics -using 2011 Census
居所不明	行方不明	年間の行方不明報告者	55,807	2015/16	Missing Persons Data Report

出典：https://www.childrenscommissioner.gov.uk/publication/childrens-commissioner-
　　　vulnerability-report-2018

5807人の子どもが行方不明となっていることをコミッショナーが示している。イギリスは戸籍や住民票の制度がなく、かかりつけ医の登録で所在を確認するような状況で、もともと住民の確認が日本に比べて困難であることや、移民を受け入れるなど国を超えた住民の移動が多いという状況も考慮に入れる必要があるが、不明の子どもは相当数いることがわかる。

10代の妊娠も日本で問題となっており、特定妊婦[2]として支援すべき対象となっている。英国でも18歳未満の妊娠が社会的問題となっているが、20年前に比べて減少してきているという。この背景には保健、教育分野の専門職による教育とインターネットを通じた関連情報へのアクセスのしやすさ、若者が入りやすい相談所を学校に設置するなどが、効果につながったようである。特に貧困地域において効果があったという。

第2節　子ども虐待対応と予防的支援の仕組み
── CSCと司法の役割

1. Children's Social Care（CSC）について

CSCは子どものセーフガーディングと子どもの保護のために必要な支援を行う機関であり、日本の児童相談所にあたる。「子どものセーフガーディング（Safeguarding children）」とは、子どもが安全な状態にあり続けることと児童福祉の推進をはかることであり、子どもに関わるすべての人の義務である。「子どもの保護（Child protection）」とは、深刻な危害を被っている、もしくは、深刻な危害を被る危険性のある状況にいる一人ひとりの子どもを守るための対応を指す。CSCは子ども虐待など深刻な危害がある、あるいは恐れのある子どもへの保護と、そういう状況にならないよう予防的支援を行い、子どもの安全と健全な発達を支援するセーフガーディングの両方を担う

---

2)　児童福祉法により「出産後の養育について出産前において支援を行うことが特に必要と認められる妊婦」に定義され、経済的な問題や予期せぬ妊娠、未成年での妊娠など出産前から支援が必要な妊婦を指す。

図 1-2　イングランドと大ロンドンの行政区
出典：ウィキペディア(ja)「イングランドの行政区画」(2018年3月31日閲覧)および「グレーター・ロンドン」(2018/3/31 アクセス)より

中心的機関である。日本では、児童相談所の機能を子どもの保護と支援とに分け、支援機能はできるだけ市区町村に移行させていく状況であるが、イギリスの場合は、そうした2層構造でなく、一貫してCSCが担うこととなる。それが可能なのは、CSCの数とソーシャルワーカーの数が日本と比べて格段に多いという体制の差がある。

イギリス全土で152の地方自治体(LA)があるが、そのほとんどにCSCが設置されている。LAの人口規模は平均して30万人ほどで、大規模なLA（大規模都市）では60万人ほどである。大規模なLAでは、CSCの支部を設置している。今回視察したハートフォードシャーは、日本の県に相当し、人口180万人で児童人口は26万7000人であるが、CSCは本部以外に支所が4か所あり、計箇所で支援を行っている。人口約800万人のロンドンはシティ・オブ・ロンドンとそれ以外の32区で構成されているが、全区にCSCが設置されている。

2. 子ども虐待対応の流れ（章末フローチャート参照）

子ども虐待の通告は、国民に課された法的義務ではないが、通告数は多い。CSCは、通告を受理した場合、1日以内に、調査が必要なケースかを判断す

る（章末の図 1-5 フローチャート 1）。もし「深刻な危害」が疑われ、緊急保護が必要と判断される場合、緊急戦略会議が行われる（フローチャート 2）。なお通告の有無にかかわらず、子どもの危機的状況が確認され、緊急保護命令の手続きを踏む時間的余裕がない場合など即時の保護が必要な場合は、警察が子どもを別の場所で保護することができる。その期間は 24 時間以内と規定されている（1989 年児童法第 46 条）。

　CSC が緊急保護の手続きを行う場合は、通常、親に警告し 1 日の猶予を与えた上で、家族に対しては弁護士を照会するなども含めて、家族が法的アドバイスを受ける権利を説明する。1 日して改善がない場合、家庭裁判所（Family Court）に緊急保護命令を求める手続きをし、許可を得て保護を行う。子どもに関わる機関は、保護した子どもの心身の状況を観察し記録をとる。子どもの緊急保護は 7 日間と定められており、最大で 8 日延長できる。こうした初期の段階で、警察は犯罪の可能性について捜査を行うことになる。緊急保護の必要がない場合、通告後 1 週間以内にソーシャルワーカー主導で LA のプロトコルに従ったアセスメントを完了する。その後通告から 45 日以内に、子どものニーズに関するアセスメント（1989 児童法 17 条）を行う（フローチャート 3）。重大な害がある、あるいは疑われる場合、1989 児童法 47 条調査開始の是非を決め、必要と判断された場合、47 条調査が開始される。

　もし深刻な危害（Significant Harm）が疑われる場合に、児童保護プラン（Child Protection Plan）の必要性を検討する。調査開始から 15 日以内にソーシャルワーカーの管理者が子ども保護カンファレンスを召集する。そこで重大な害を負っていると判断される場合、子ども保護プランのケースとして扱われることになる（フローチャート 4）。

　深刻な危害（Significant Harm）とは、その危害が‘重大な’とみなすべき閾値を超えているかどうかを判断する明確な基準は存在しないが、トラウマティックな出来事の結果や急性もしくは長期間にわたる出来事の積み重ねの結果を意味する。子どもの健康や発達をネグレクトする家庭や社会環境のもとにいる子ども、性虐待、情緒的虐待、身体的虐待が長期的な悪影響を及ぼすならば、それは深刻な危害とみなされる。

　47 条調査とは、警察保護、緊急一時保護、深刻な被害がある場合のケー

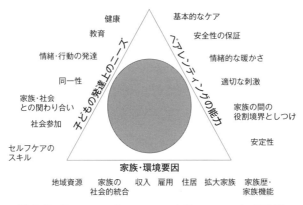

図 1-3　Common Assessment Framework（CAF）
出典：HM Government（2018）*Working together to safeguard children*, p.28、筆者訳

スに行われる法的に認められた調査で、コモン・アセスメント・フレームワーク（CAF）（図1-3）に基づき、子どもの発達上のニーズ、ペアレント能力および家族や環境の状況の三つの側面について、それぞれの側面にある下位項目に沿って調査するものである。

　ただ、近年ではこのCAFにとらわれず、各地方自治体で独自の項目を立ててアセスメントを行うことが望ましいとされ、そうした自治体が増えてきている。

　児童保護プランの対象となった場合、支援者のチームが児童保護カンファレンスから15日以内に構成され、リーダーソーシャルワーカーがチームのメンバーと共に、支援計画を作成し、支援が開始される。その後3か月以内に第1回目のレビューカンファレンスが実施され、情報を共有し状況を確認する。改善されている場合はその理由を記録に残して児童保護プランの対象から外される。支援の継続が必要と判断された場合、児童保護プランの対象として残り、6か月ごとにレビューカンファレンスが繰り返されていく（フローチャート5）。

　過去6年間の通告数、47条調査の実施数、子ども保護カンファレンス数について表1-5に、児童保護プラン数と虐待種別の内訳を表1-6に示す。児童保護プランケースはネグレクトが一番多い。不適切な養育の長期的な悪影

表 1-5　通告数、47 条調査の実施数、子ども保護カンファレンス数　　　　（件）

年	2012-13	2013-14	2014-15	2015-16	2016-17	2017-18
通告数	593,470	657,780	635,620	621,470	646,120	655,630
47 条虐待調査	127,190	142,710	160,490	172,510	185,680	198,090
初期児童保護カンファレンス数	60,080	65,190	71,410	73,050	76,930	79,470

出典：教育省 Characteristics of children in need: 2017 to 2018、データソース：Children in Need Census

表 1-6　子ども保護プラン開始時の虐待種別の内訳　　　　　　　　　　（人）

年	2012-13	2013-14	2014-15	2015-16	2016-17	2017-18
ネグレクト	17,930	20,970	22,230	23,150	24,590	25,820
身体的虐待	4,670	4,760	4,350	4,200	3,950	4,120
性的虐待	2,030	2,210	2,340	2,370	2,260	2,180
心理的虐待	13,640	15,860	16,660	17,770	17,280	18,860
複合	4,870	4,500	4,110	2,810	3,010	2,820
計（児童数）	43,190	48,300	49,690	50,310	51,080	53,790

出典：教育省 Characteristics of children in need: 2017 to 2018、データソース：Children in Need Census

響が認識されているゆえである。

　もし CSC のソーシャルワーカーが子どもの安全と福祉について深刻な懸念を抱いた場合、CSC は子どもを保護する許可を得るために裁判所に申請することができる。これらを「ケア手続」（Care Proceeding）と呼んでいる。ケア手続は、子どもが苦しんでいる、深刻な危害に遭遇している、両親が子どもの安全を維持できない、あるいは子どもが保護者の監護下にいない場合にのみ用いられる。現在の家庭環境で継続して暮らすことが困難なケースは、里親等の下で暮らすことが検討されるが、この場合、多くは CSC から家庭裁判所にケア手続を行い、審判が下りるまでの間、裁判所から暫定命令（Interim Order）を受けて、社会的養護の場に移行することになる。審判には半年ほど費やされ、審判が下ると正式に里親委託などとなる。こうした社会的養護の子どもを Looked After Children と呼んでいる。社会的養護の子どもは全国に約 7 万 5420 人（2017 - 18 年）おり、そのうち里親による養育が約 70％を占めている。

3. 支援を必要とする子ども（Children in Need）と
　家族への早期の予防的支援（Early Help）

　近年まで CSC は、深刻な危害があるケースに絞り込んで濃密な支援を行うことに力を注ぐ傾向があった。そのため子ども保護プランに載せることや社会的養護につなげて子どもの安全を保障していくことが CSC の主要な責務となっていた。しかし、近年では、問題が進行して深刻な危害が生じる前に、早期に支援を開始して、深刻な危害に進行しないよう、事態の改善を図っていく予防的支援に取り組みの重心が移りつつある。その理由に、深刻な危害が生じるまでなってから状況を改善することは、非常に困難であり、また子どもを保護して里親委託となっても、里親不調が生じ、里親ドリフト（たらい回し）に陥るなど、よい結果が得られない場合が少なくないという状況がある。一方、深刻な状況に至る前に支援することで、親は支援を受け入れ、子どもの安全と健全な発達に向けての協力関係が成立しやすくなる。このことが問題解決に向けた展開を可能にし、支援の効果が高まることになる。実際、支援の評価から得られたエビデンスは、この見解を支持している。この早期支援は、Early Help と呼ばれるもので、近年の英国において推奨されているものである。

　たとえば、ハートフォードシャーとリーズ市の CSC では、両機関共に早期支援を実践し、高い支援効果を示している。

　リーズ市は日本の政令市に相当し、児童人口は 16 万 5000 人である。ソーシャルケアの対象児童は約 5000 人である。前線（First Line）のソーシャルワーカー（SW）は約 300 人で、1 人の SW は 18 〜 20 人を担当している。リーズ市を三つのエリアに分け、さらに 25 の小エリアに分けて、各エリアで、保健、学校、警察、医療等が協働して支援を行っている。問題が発生した段階ですぐに必要な支援を検討し、必要な専門家を家族につないでいくが、リーズ市の支援が必要な子ども（Child in Need）は、児童虐待が 10％　家庭内暴力（DV）、メンタルヘルスの課題を抱える親、アルコール依存の親の問題などが 90％である。つまり Toxic Torio を重視し、これらの問題を早期に解決することが重要との認識が背景にあっての結果である。早期支援の成

第 1 章　イギリスの子どもの虐待防止　　27

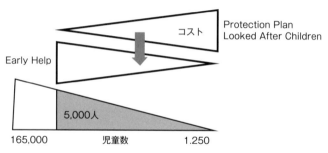

図 1-4 児童数にかけるコストの考え方
出典：リーズ市の視察を踏まえて筆者作成（2018）

果で、社会的養護の子ども（Looked After Children）の数は10年前に比べて減少し、現在は1250人である。これは英国の中では低い数値であり、さらにこのうち500人は親と一緒に保護されていて、親子分離には至っていない。以前のように児童保護プランや代替養育に集中してコストをかけるのではなく、早期支援が必要な多くの子どもにコストをかけるべきとの認識が根付いているという（図1-4）。この流れは、これまで重視していたアメリカ型の児童保護中心から北欧型の予防的支援中心への転換とみることができよう。

ハートフォードシャーは、人口180万人で児童人口は26万7000人である。ここでも早期支援が実践され、早期の段階で保健サービス（Children Center）、学校、警察等と児童のセーフガーディングと共に子どもの最善の利益というポリシーを共有し、協働して集中的かつ予防的な家族支援を行っている。その結果、リーズ市同様、代替養育を受ける子どもの数は減少し、支援の効果を上げている。ここでも家庭内暴力、親の精神的問題、親のアルコール、親の薬物依存の問題を重視しており、家族の問題別に応じたソーシャルワーカーチーム（たとえば家庭内暴力専門チームなど）を編成している。

早期支援を展開するためには、CSCのみの努力では適わず、保健、医療、教育等としっかりとした連携が必須である。そのための組織がLocal Safeguarding Partners（以下LSP）で、地方自治体ごとに設置された、子どものセーフガーディングを推進し適切に支援していくために多機関で構成された協議会である。LSPに参加する機関として、CSC、保健、警察は参加が

法的に義務づけられており、これら以外にも教育、住宅部門、司法部門など、子どものセーフガーディングに関係する機関が参加して構成されている。特に家庭以外で長い時間を過ごす学校との協働はなくてはならないもので、近年力を入れている。

第3節　子どものセーフガーディングと子どもの保護に関する司法の関与

1. 親責任について

　子どものセーフガーディングは、親が子どもに対してどのような行動をとっているかに関係する。日本では、子どもの保護や監督のため親に認められた権利と義務の総称として親権が民法に定められているが、イギリスの場合は、親が子どもに対して行使しなくてはならない親責任（Parent Responsibility）として児童法に定められている（児童法第3条第1項「親責任は、法によって子およびこの財産縫に関して子の親が有するすべての権利（right）、義務（duty）、権限（powers）、責任（responsibilities）および権威（authority）をいう」）。

　イギリス政府の出した指針では、親責任を持つ大人の最も大事な役割は以下の二つとされている。

　　・子どもに住むところを与える

　　・子どもを守り（protect）、扶養する（maintain）する

　その他に次の責任がある

　　・子どものしつけ（discipline）

　　・子どもの教育についての選択をし、教育を与える

　　・子どもの（医療的）治療に同意する

　　・子どもの名前をつけ、改名に同意をする

　　・子どもの財産を管理する

第1章　イギリスの子どもの虐待防止　　29

2. 審判を進めていく条件

1989年児童法では、子どもには法的責任、あるいは親責任を持つ成人がいなくてはならないとされている（親が親責任を失うただ一つの場合は、子どもが養子縁組となったときのみである）。しかし、子どもが深刻な危害の状態にあり、CSCが子どもの保護を検討せねばならないときがある。それがここまで述べてきた児童保護に関する文脈である。その際、イギリスでは、親責任を誰が持つかを含めた司法判断が必須となり。審判の上、子どもの状況やニーズに応じた司法命令が下されることになる。

審判では、深刻な危害と親責任との関係を明らかにしなくてはならない。子どもに発達的な遅れがある場合や身体的発育が損なわれている場合、それが程良い養育の欠落の結果であるかどうかを判断する必要がある。それは以下のことである。

・その子どもの発達は、親もしくは親以外でその子どもを守る責任のある大人が何らかの行為をした、あるいはしなかったことでリスクのある状態に置かれているのかどうか

・子どもの生活を共にする大人が、子どもたちが危機的な状況に陥らないための行動をとっていたか否か

もし子どもが成長発達指標から遅れていたとしても、子どもと生活を共にする大人によるものではない場合は、児童保護が関与するものではない。もちろんだからといって支援をしないということではなく、分離等の必要はないということである。

深刻な危害、あるいはその危険性があるという証拠がない限り、裁判所はケアの手続きに関する命令を出すことができない。そのためLA（CSC）は、アセスメントと記録を通して証拠を示すことが求められる。ソーシャルワーカーは、エビデンスを提供するために、子ども、あるいは成人を扱う心理学者等からの専門的知見を求める場合もある。一方、両親はソリシター（裁判事務等を行う弁護士）を通して、子どもが重大な被害を受けていない、あるいはその状況が改善され、再び生じないという証拠を提示することになる。

次に、子どもが重大な被害にあっている、あるいはそれに近い状況にある

ことを裁判所が受け入れた場合、その命令が子どもの最善の利益に適っているか、どの命令が子どもにとって最善かを裁判所は決定しなくてはならない。

3. 司法命令の種類と内容

司法命令には以下のものがある。

①緊急保護命令（Emergency Protection Order）

家庭裁判所（Family Court）の承認を得て、7日間まで一時保護を行うことができる。緊急に申立人が用意した収容場所へ子どもを移動すること、または子どもの現所在地（例えば病院等）からの引き離しを防止することを目的としてとられる短期間の措置である。夜間や休日でも承認は可能で、この承認に親の同意は必要ない。最大で15日間まで延長することができる。この間、親の親責任は、子どものニーズによって必要な制限がなされる。

②アセスメント命令（Assessment Order）

特別なアセスメントが必要なときに、親の同意が得られない場合に、家庭裁判所の承認を得て調査を行うもの。たとえば、子どもの体重が極端に低く、医師に子どもを診てもらいたいが、親が同意しない場合、この命令を出してもらって受診する。強行に拒否すれば、なぜ拒否するのか法廷で争う。たいがいここで親は同意する。それでも拒否する場合ケア命令が出され、親元からの分離の上、子どもを受診させる。

③ケア命令（Care Order）

家庭裁判所の審判を経て、家庭環境から離れた別の場で養育（社会的養護）を行うもの。イギリスでは、ほとんどの社会的養護が裁判所の承認によるものである。もし子どもが代替養育を含む公的なケアを受けたならば、地方当局（Local Authority, LA）は彼らの親と親責任を共有し、親とのパートナーシップの上で支援をするが、地方自治体は実親の親責任行使を制限することができる。

④暫定命令（Interim Order）

法廷での協議が終了するまでの機関、暫定的に出されるもので、親子は分離され里親等で保護されていることが多く、それを可能にするために出され

る司法決定である。

⑤監護命令（Supervision Order）

　LA による支援の義務が発生する。司法で分離の必要がないと判断され、在宅支援となる場合に出されることが多い。在宅中の子どものニーズと生活状況をモニターする法的権限が地方自治体に与えられる。この場合、親は親責任を維持するものの、監督命令に反する親責任の行使は認められない。

⑥特別ガーディアンシップ（Special Guardianship Order）

　特別後見人のこと。たとえば、親が精神疾患の場合、親戚が特別後見人となり、子どもの養育を担うなどである。特別後見人は実親と親責任を共有することになる。

⑦養子縁組（Adoption Order）

　養子縁組児童法（Adoption and Children Act 2002）に基づいてて養子縁組が決定される。養子縁組が成立するまでには、平均で 2 年以上を費やす。養子縁組となった場合、実親は親責任を失うことになる。

⑧養子縁組のための措置命令（Placement Order）

　子どもが養子縁組に出されることを許可する命令。養子縁組が確定するまでの間、実親が親責任を持つ。

　過去 7 年間の、ケア命令、監督命令、アセスメント命令、緊急保護等の申請数と命令数を表 1-7 に示す。

4. 1989 年児童法の原理

　司法命令は、1989 年児童法の原理に基づいた審判によって下される。1989 年児童法 1 条には以下の三つの原理が述べられている。

①司法の場において、子どもの福祉は最優先に考慮される

②審判が遅れることは、子どもの最善の利益に反することになる

③子どもの環境が改善できると確証できない限り、司法介入してはならない。

　それを「No Order Principle」（裁判命令排除の原則）と呼ぶ。

　子どものセーフガーディングに携わるソーシャルワーカーが法的命令を求

表 1-7　ケア命令、監督命令、アセスメント命令、緊急保護等の申請数と命令数

		2011	2012	2013	2014	2015	2016	2017
ケア命令	申請	20,155	20,442	19,305	19,888	21,587	25,695	25,545
	命令	10,944	14,154	15,186	11,519	12,353	14,049	15,096
監督命令	申請	1,236	1,222	1,170	1,231	1,519	2,149	2,597
	命令	5,135	6,681	7,709	6,550	7,485	7,695	8,100
アセスメント命令	申請	183	151	127	183	73	79	83
	命令	9	12	6	2	12	10	9
緊急保護	申請	1,918	1,818	2,047	1,952	1,688	1,756	1,599
	命令	1,189	1,209	1,333	1,149	1,039	1,289	1,129
保護延長・解除	申請	50	44	77	51	44	23	41
	命令	25	39	34	43	27	28	1

出典：Family Court Statistics Quarterly, July to September 2018、Number of children involved in Public and Private law（Children Act）applications made in the Family courts in England and Wales, by type of order, annually 2011 – 2017、Number of children involved in Public and Private law（Children Act）orders made in Family courts in England and Wales, by type of order, annually 2011-2017、データソース：HMCTS FamilyMan system

　める場合には、この原理に基づいて求めることが必須となる。たとえば、ケア命令を求める場合には、そうしたことで、環境が改善され子どもの最善の利益が補償されるという根拠を示すことがソーシャルワーカーに求められる。この核となるのがアセスメントである。的確にアセスメントを行い、法的な場で説明できなくてはならない。

　また親子の分離が必要と判断しケア命令を申し立てても、親子が分離せずに暮らせるよう、暫定命令の下、数か月親子を保護し、親子はスタッフの支援を受けながら養育の改善を目指していく。その結果状況が改善されれば、それが裁判所に報告され、ケア命令から監督命令に切り替わる。これは法的対応における成功例の一つであり、ソーシャルワーカーはその展開を望むものである。ケア命令の申請に対して命令が出る件数が少ないことと、監督命令が申請以上に出ているのは、このような暫定命令による保護下での改善が背景にある。

図1-5　子ども保護の流れ（フローチャート）

Working Together to Safeguard Children, July 2018 より

フローチャート1：
ローカルオーソリティ（LA）チルドレンズソーシャルケアサービス（CSC）に
子どもが通告された場合にとられるアクション

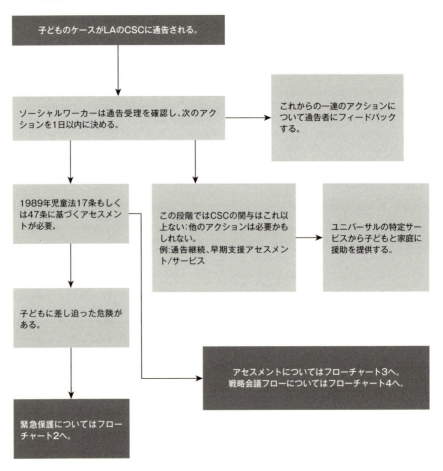

フローチャート２：緊急保護

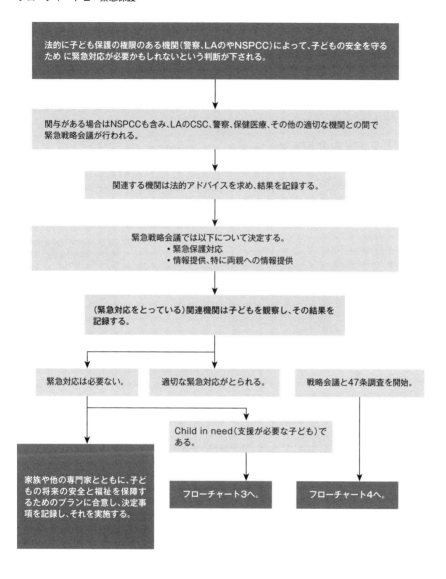

フローチャート3：1989年児童法に基づくアセスメントへのアクション

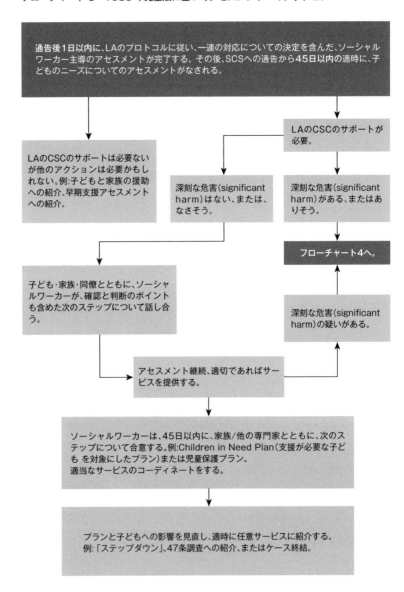

フローチャート4：戦略会議に続くアクション

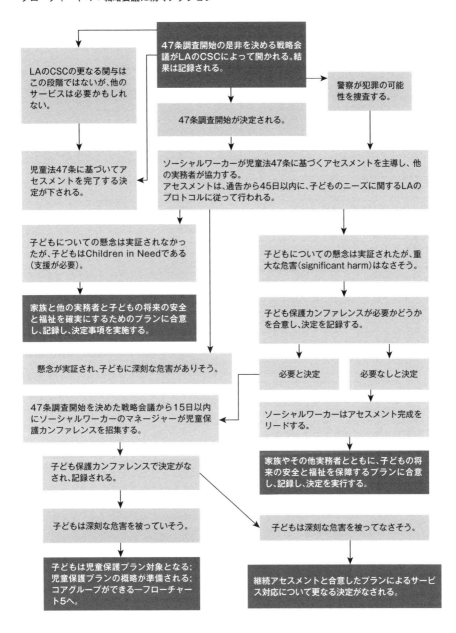

フローチャート5:子ども保護カンファレンス後、何が起きるか(レビューの過程含む)

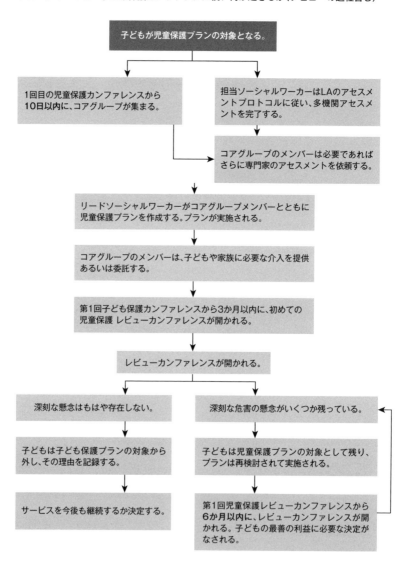

フローチャート６：子どもが家族のもとに帰る

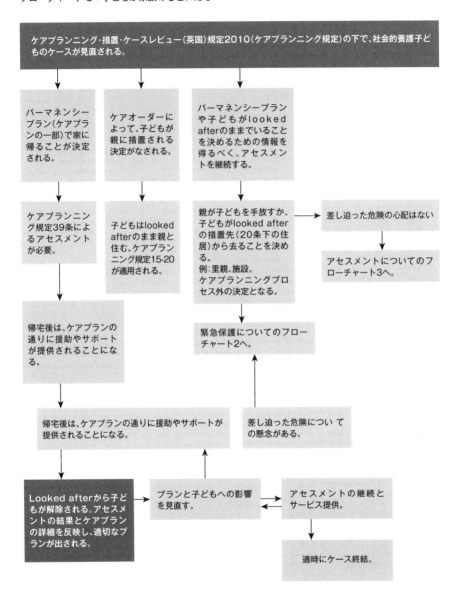

第１章　イギリスの子どもの虐待防止　39

第2章 イギリスの学校における セーフガーディングの 取り組み

　第2章では、イギリスの学校におけるセーフガーディング（Safeguarding）について、法的拘束力を持つ教育省のガイドライン、「Keeping Children Safe in Education（教育において子どもを安全に保つこと）」をもとに概説し、さらに具体的な事例としてレスターシャーの取り組みについて述べる。また、学校におけるセーフガーディングにおいて中心的な役割を果たしているDSL（Designated Safeguarding Lead）という教員について、その役割や学校内外との連携のあり方について検討する。

第1節　学校におけるセーフガーディング

　学校における子どもの安心と安全に関しては、2002年の教育法により、学校を含む18歳以下の子どものすべての教育機関において、子どものセーフガーディングと福祉の促進が義務づけられており、ガイドライン「Keeping Children Safe in Education」において詳細に規定されている。ここで「セーフガーディング（Safeguarding）」という言葉の意味を確認しておきたい。ガイドライン「Keeping Children Safe in Education 2018」によると子どもの安心と安全を表す「セーフガーディング」という言葉は、子どもの福祉の促進と共に、①マルトリートメント（maltreatment）から子どもを守る、②子どもの健康と発達を害するものから予防する、③子どもが安全で効果的なケアを受けられる環境で育つようにする、④すべての子どもが最善の成果を得ることができるように行動すること、と定義されている。さらに、

40　I．セーフガーディングの仕組みと学校

「子ども保護は、子どもの福祉（welfare）の促進とセーフガーディングの一部である。それは深刻な害を受けているあるいは受けていそうな特別な子どもを保護するためにとられる行動に当てはまる」とされ、子ども保護よりも広い概念として"Safeguarding Children"という言葉が使われている。つまり、「セーフガーディング（Safeguarding）」は虐待を含め、子どもの健康と発達を害するあらゆるものから子どもを守ることが基本であり、いじめやEセーフティ（e-safety: インターネットを介して生じる害から身を守ること）まで広く捉えられている。

　学校においてこのようなセーフガーディングを推進し、そのための政策や法の整備を行ってきた背景には、イギリスで起きた数々の虐待事件の反省がある。「それぞれの専門家はそれぞれ熱心に対応していたにもかかわらず、虐待の全体像は把握されていなかった」（松本、2002：10）という反省から、専門家同士の連携を裏づける制度が必要とされた。1989年児童法により、地方自治体において子どもの安全を守る義務が定められた。さらに、2000年のヴィクトリア・クリンビー虐待殺人事件はこうした制度化の大きな要因の一つとなり、2002年には上述した教育法の規定、2003年には子どもに関わっているすべての機関に焦点を合わせた「すべての子どもの平等保障（Every Child Matters）」政策が打ち出された。さらに2004年児童法では、専門家の連携組織として地方自治体に「地方子どもセーフガーディング委員会（Local Safeguarding Children Board：以下LSCB）」が設置され、地方自治体の役割の再構築が図られた。

　LSCBは各州のセーフガーディングに関する方針やそのための手引書の発行、地域の各機関のセーフガーディングの効果をモニターし、評価を行うと共に、子どものセーフガーディングに関する専門家のコーディネートや研修なども行っている。LSCBが、教育、健康、福祉、警察などの諸機関の代表者から構成されていることからも、教育機関を含めた各専門機関の連携が図られていることがわかる。また多くの機能や権限が与えられていることは、日本の虐待防止の組織作りを考える上でも示唆深い。こうした専門機関の連携のために、法的拘束力を持つガイドライン「Working Together to Safeguard Children（子どものセーフガーディングのためのワーキングトゥギャ

ザー）」がイギリス政府から刊行されている。

1. 地域の中の学校

　教育機関は LSCB における連携すべき専門機関の一つであり、前述した教育省の「Keeping Children Safe in Education」および、イギリス政府の「Working Together to Safeguard Children」に従うべきとされ、さらに教育省が刊行している「What to do if you're worried a child is being abused. Advice for practitioners（もし子どもが虐待されている恐れがあるときどうすべきか、実践者への助言）」が推奨されている。以下では「Keeping Children Safe in Education 2018」に規定されている事項を抜粋しながら、イギリスにおける学校や教職員の役割について検討する。まず、学校の役割は次のように示されている。

・学校とカレッジ[1)]の教職員は、子どもに関する懸念事項を早期に特定し、支援し、その懸念事項が悪化するのを防ぐ立場にいる点で特に重要である。
・子どもの福祉に関して懸念がある教職員は誰でも通告のプロセスに従わなければならない。教職員は通告に関わるソーシャルワーカーや他の機関をサポートするよう期待されている。
・すべての学校とカレッジには、教職員のセーフガーディングの義務を果たすように支援し、子どもの福祉など他のサービス機関と親密に連絡をとりあう DSL がいなければならない。
・DSL はセーフガーディングの完全な青写真を持ち、セーフガーディングに関する事項への対応を助言できる最も適切な人物でなければならない。

　ここで注目されるのは、学校が子どもの懸念を早期に特定し、支援する場

---

1)　イギリスにおける初等学校は 5 ～ 7 歳を対象とする前期と 7 ～ 11 歳を対象とする後期に区分され、中等教育は 11 歳から始まる。義務教育（5 ～ 16 歳）後の中等教育の課程は、中等学校に設置されているシックスフォームもしくは、独立の学校として設置されているシックスフォーム・カレッジがあり、主として高等教育への進学準備教育が行われる。ここでいうカレッジ（college）とは、シックスフォーム・カレッジおよび継続教育機関（further education colleges）等を指す。

42　Ⅰ. セーフガーディングの仕組みと学校

所として認識されていることである。また、学校の教職員が通告のプロセスに関わり、教職員をサポートするDSLという役職がおかれている点である。DSLについては次節で詳しく述べるとして、ここではガイドラインに示された教職員が知っていなければならない点についてさらに抜粋する。

・すべての教職員は学校やカレッジがセーフガーディングを支援するシステムについて知っていなければならず、それは着任時の指導の一部として説明されなければならない。それには以下のものが含まれる。

　　　子ども保護指針　　教職員の行動指針　　学校からいなくなった子どもへのセーフガーディングの対応、DSLの役割

これらの指針とガイドラインの第1部は就任時に配布される。
・すべての教職員は適切なセーフガーディングと子ども保護の研修を受けなければならず、研修内容は要請に応じて、あるいは少なくとも年に1度、定期的に更新される。
・すべての教職員は、子どもが虐待を受けている、あるいはネグレクトされていると語った時に、どのようにすべきか知ってなければならない。適切なレベルの守秘義務を守ること、つまりDSLやソーシャルケアのように少数の必要な人だけに知らせることを知っていなければならない。また、子どもに虐待のことは誰にも知らせないと約束してはならない。それは最終的に子どもの最善の利益とはならないかもしれないからである。

　ここからわかることは、すべての教職員にセーフガーディングが浸透するように様々な工夫がされていることである。まず、教職員は各学校にある「子ども保護指針」や「教職員の行動指針」について就任時に説明を受けることになっている。また教職員は、虐待やネグレクトの開示があった時の行動や守秘義務について知識があり、セーフガーディングの研修が義務づけられている。さらに、教職員には以下のことが求められている。

・すべての教職員は、支援や保護が必要かもしれない子どものケースを特定できるよう、虐待やネグレクトの兆候に気づかなければならない。

第2章　イギリスの学校におけるセーフガーディングの取り組み　43

・何に注意しなければならないかを知ることは、虐待やネグレクトの早期の特定に有効である。教職員が不確かな時はいつでもDSLに話すべきである。
・教職員が子どもの福祉について懸念がある場合は、直ちに行動する。フローチャート（図2-1）参照。
・子どもに懸念があるときは、所属組織の子ども保護指針に従い、DSLに

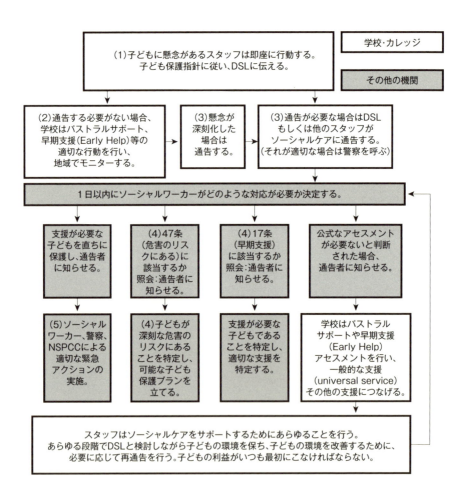

図2-1　子どもに懸念があった場合のスタッフが行うプロセス
出典：DfE（2018）p.13（筆者訳）

話さなければならない。

　ここでフローチャートについて注目してみたい。フローチャートは上から下へ、左から右に流れている。白色の枠は学校の対応であり、灰色の枠は社会福祉などの学外の機関の対応である。ここでは学校の対応を中心に述べる。以下、それぞれの枠の中身について解説する。

　学校においては子どもに関する懸念がある場合、(1) 学校の保護指針に従い、すぐに SDL に知らせる。その後すぐに相談・通告する（refer）か、(2) 相談・通告が必要ない場合、学校は子どもの心のケアなどを行うパストラルサポートやアーリーヘルプ（Early Help）と呼ばれる早期支援等の適切な行動を行い、地域でモニターする。(3) 懸念が深刻化したときに相談・通告する。相談・通告が必要な場合は DSL もしくは他のスタッフが社会福祉に相談・通告するか、それが適切な場合は警察を呼ぶ。

　相談・通告を受けて 1 日以内にソーシャルワーカーがどのような対応が必要か決定する。公式なアセスメントが必要ないと判断された場合、相談・通告者に知らせる。知らせを受けた学校は、パストラルサポートや早期支援のアセスメントを行い一般的な支援（universal service）その他の支援につなげる。またあらゆる段階で DSL と検討しながら子どもの環境を保ち、子どもの環境を改善するために必要に応じて再び相談・通告を行う。子どもの利益がいつも最初にこなければならない。

　ここで注目すべきは、学校で子どもに関する懸念は DSL に知らされ、DSL の判断で相談・通告を行う点である。また、学校はソーシャルケアと連携し、ソーシャルワーカーを支援することが求められている。

　以上、ガイドラインを基に学校の対応をみてきたが、学校は「子ども保護指針」やセーフガーディングの「行動指針」を持つことや、DSL だけではなく、すべての教職員が虐待の兆候について知識があり、すべての教職員に研修が義務づけられていることから、学校においてセーフガーディングが広く周知されていることがわかる。また、懸念がある場合は DSL に知らせなければならないことからも、DSL を中心に、学校がソーシャルケアなどの他機関と協働しながら子どもの安心・安全を担っていることがわかる。

2. レスターシャーの学校におけるセーフガーディングの取り組み

　それでは実際に地域でどのような取り組みが行われているのか、レスターシャーの事例について述べる。レスターシャーはミッドランド地方東部に位置し、2017 年現在人口 69 万人の州（county）である[2]。レスターシャーではLSBC が「Working Together to Safeguard Children」をもとにガイドラインを作成している、そこには二つの方針が挙げられている。

・セーフガーディングはすべての人の責任である。効果的であるためには、各専門家および組織がそれぞれの役割を果たさなければならない。
・子ども中心のアプローチ：効果的であるためには、サービスは子どものニーズと見方への明確な理解に基づくべきである。

　ここにもセーフガーディングが福祉の関係機関だけではなく、すべての人の責任であり、子ども中心に行わなければならないことが明示されている。こうした指針のもとに学校や教職員に対しては、レスターシャーは「教育におけるセーフガーディング入門」という二つ折りのパンフレット作成し、教職員のとるべき行動についてコンパクトにまとめている。ここで教職員に配布されるパンフレットの内容についてみてみたい。このパンフレットの最初の部分に「すべての学校に DSL がおり、子どもの安全と福祉に関するどのような懸念についてもすぐに DSL もしくは副 DSL に書面で報告しなければならない」とあり、パンフレットに DSL の名前を書く欄がある。さらに「しなければならないこと」「子どもが虐待について話したら」「その次になにが起きるか」という小見出しがついている。

---

2)　レスターシャーでは 17 世紀半ば以来メリヤス工業が主要工業で、鉄道、道路、運河などの交通網が発達し、レスターその他の主要都市で皮革・製靴、金属加工、メリヤス編みなどの軽工業が発達している。また、牧畜・酪農が主産業で、小麦栽培も盛んである。1997 年にレスター、ルトランドの 2 地区がユニタリー・オーソリティー（一層制地方自治体）として分離した。

46　　I．セーフガーディングの仕組みと学校

〈しなければならないこと〉

・どんな懸念でも日付と署名を書いた書面においてすぐに DSL に報告する。

・起きたことに関しては、知るべき少数の人に限定して秘密を守る。

・自分で調査する、あるいは子どもや保護者に尋問してはならない。

・子どもが虐待について話したら真摯に受け止め、子どもに確かめる。

・情報を伝えることになるので、子どもに秘密を守ると約束してはならない。

・DSL に説明するために、できるかぎり子どもの言葉をそのまま書き取る。

〈その次になにが起きるか〉

・DSL は（子どもの社会福祉の）第一対応部門（First Response）に相談・通告するかどうか検討する。

・懸念を DSL に報告できないと感じても、子どもの安全に疑問があれば、行動しなければならない。―校長が DSL ではない場合は校長か、第 1 対応部門に報告する。

　このように、子どもに関する懸念があるときの対応が簡潔にまとめられており、懸念は直ちに DSL に報告され、DSL が相談・通告を判断するようになっている。パンフレットには他にも虐待の兆候が記され、次の頁には教職員用の手引き書「Guidance for safer Working Practice for those who work with Children and Yong People in Education Setting（教育機関で子どもや青少年に接する人へのより安全な労働実践のガイダンス）2015」の要約が載っている。さらに裏表紙にはセーフガーディングに関する連絡先がまとめてある。

　また、レスターシャーの州庁にはセーフガーディング開発オフィサー（Safeguarding Development Officer）という担当部署があり、セーフガーディングの教職員研修を行っている。そこで配布される資料には、子どもの懸念の種類や程度により、優先順位がつけられており、その対応として通告や支援の詳細が示されている（表2-1）。

　表にあるプライオリティ１は最も優先順位が高く、通告後１日以内に専門家の対応が行われなければならない。プライオリティ２は１日以内ではないが専門家の対応が求められ、保護者との相談や低い優先順位の支援に回すかなどの判断が必要になる。たとえば、性的虐待においても起きたばかりのもの

表 2-1　子ども対応の優先順位

プライオリティ 1 専門家の支援 身体の傷害、慢性的なネグレクトなど最近起きた深刻な家庭内暴力、性的虐待の開示など	プライオリティ 3b 早期支援（Early Help）―必要なサポートプログラム 子どもの貧困、家庭内暴力の経験、不登校、薬物、いじめの加害者や被害者など
プライオリティ 2 専門家の支援強制結婚の危険、 薬物乱用、継続的な家庭内暴力の開示、性的虐待の開示など	プライオリティ 4 一般的な支援―予防的活動、特定された危険要素の除去ないし軽減 子どもの貧困、環境の変化、死別や喪失感、社会統合、保護者のケアなど
プライオリティ 3a 総合的な介入 専門家を必要とするメンタルヘルスのニーズ、保護者との関係崩壊の危険、度重なる引っ越し、保護者の学習障害や薬物使用・性的搾取の危険等	

出典：*Leicestershire Children and Family Services Pathway to Services* より筆者作成

や緊急性の高いものはプライオリティ 1 になり、過去に起きた場合など緊急性の低いものはプライオリティ 2 として判断される。プライオリティ 3、4 に関しては、地域の様々な機関における総合的な支援や早期支援、一般的な支援が必要になる。また、社会福祉に連絡するときは両親にも知らせるが、そのことにより子どもへの危害が増す場合や、警察の捜査に支障が出る場合は親には知らせない。たとえば、親が深刻な身体への危害や性的虐待の加害者である場合や、親が証拠を隠滅する可能性のあるときは、親には知らせない。DSL が判断に迷う場合は、社会福祉に電話相談することもできる。

　さらに、子どもの懸念に対応する連絡先や相談連絡先などの電話番号一覧が配布される、注目すべきは、教職員の行動に疑惑がある場合の連絡先が示されている点である。そうした疑惑を扱う Allegation（申し立て）マネージャーという役職があり、教職員の行動に関する疑惑に対応している。このことも、日本の学校や教育施設における安全を推進していく上で示唆深い。

　それでは、このような資料を配布しているレスターシャーのセーフガーディング開発オフィサーが実施している教員研修について、さらに詳しくみてみよう。そこで発行されているセーフガーディング研修プログラムのパンフレット「Safeguarding in Education and Training Program April

48　Ⅰ．セーフガーディングの仕組みと学校

表2-2　レスター州でのセーフガーディングに関する研修

研修名	対象	期間	内容
申し立て マネージャー （Allegation Management）	校長や学校理事	半日	教職員の行動に関する嫌疑や、それに対応する地方自治体のAllegation（申し立て）マネージャーの役割について
セーフガーディングの意識を高める研修	すべての教職員	2時間	出前研修 経験のあるDSLが用意された教材を使用して行うこともできる
DSL研修	DSL	9：30 〜 16：00	すべての学校から少なくとも2人はDSLの研修を2年ごとに受けなければならない。（年間38回の研修が提供されている）
安全な雇用研修	学校理事 学校人事に関わる人物	9：30 〜 16：00	2000年より学校で教職員を雇用するメンバーの1人はこの研修を受けることが義務づけられている。（5年ごと）

出典：Leicestershire County Council（2017）より筆者作成

2017-March 2018（教育におけるセーフガーディング研修プログラム　2017年4月-2018年3月）」には、年間を通して4種類の研修が行われている（表2-2）。

　この他、学校の心理カウンセリングの研修など要望に応じた研修も可能である。教職員の雇用に関しても、犯罪歴の有無を確かめなければならない規定があり、雇用者に対する5年ごとの研修が義務づけられている点や、教職員に対する疑惑についても研修がある点が注目される。セーフガーディング開発オフィサーのサイモン・ジェンダーズ（Simon Genders）氏によると、DSLの研修については以下の内容が含まれる。

・DSLの役割と責任
・セーフガーディングおよび法律について
・虐待とネグレクトの定義
・社会福祉への相談・通告の仕方
・「子どもが話す（打ち明ける）とき」の聞き方と記録の仕方
・セーフガーディングの記録の保管
・子ども保護カンファレンス
・子どもと関わる大人への疑惑申し立て

・職業上の行動
・インターネット使用における子どもへのリスク

　このようにセーフガーディングに関する教職員への研修は義務づけられているが、学校の教職員になる学生に対してはどのような研修が行われているのだろうか。ここで、レスター大学の教育学部で行っている研修について紹介する。レスター大学、教育学部のスー・ディビス（Sue Davis）氏によると、教育実習を行うすべての学生に、実習前にセーフガーディングに関する研修を1日かけて行うとのことである。その内容は、以下の順に行われる。

①セーフガーディングの導入
②専門家の講義（校長、子ども保護サービスのマネージャー（Child Protection Service Manager）など）
③自分自身を守り、子どもを保護する（protecting yourself, protecting children）
④ E-Safety（インターネットを介して生じる害から身を守ること）
⑤PSHE（Personal, Social, Health and Economic Education：人格的・社会的・健康・経済的教育）
⑥振り返りと応用

　学校の校長やレスターシャーのソーシャルケアの専門家を招いての具体的なケーススタディや、教職員としての自分自身を嫌疑から守るための行動、安全なインターネットの使用、PSHE と多岐にわたっている。またソーシャルワーカーになる学生のためにも同様の研修が行われている。

　以上、レスターシャーの取り組みをみてきたが、国のガイドライン「Working Together to Safeguard Children」に沿った指針を作成するだけではなく、教職員に配布するセーフガーディングの入門パンフレットを作成し、さらにセーフガーディング開発オフィサーという部門をおいて教職員の研修を実施する等、セーフガーディングの周知に努めていることがわかる。また、子どもの状況に合わせて優先順位を設定し、それぞれに対応した相談先や連

50　　I．セーフガーディングの仕組みと学校

絡先が用意されており、「Keeping Children Safe in Education」のフォローチャートより細かな流れが構築されていることがわかる。レスターシャーの取り組みを見る限り、国の政策が地域に具体化しているということができる。

3. セーフガーディングと学校評価

　以上のようなセーフガーディングの制度化は、学校評価にも反映している。イギリスの学校は Ofsted（Office for Standards in Education, Children's Services and Skills）という組織において査察され評価される。Ofsted はどこの省庁にも属さず、勅任チーフ・インスペクター（Her Majesty's Chief Inspector：以下 HMCI）を長とする独立機関である。査察結果は HMCI により、様々な政党メンバーから組織される委員会に直接報告される。

　2015 年 11 月 2 日にインタビュー調査をした Ofsted のアン・ゲール（Anne Gair）氏ならびにジョン・マリン（John Malynn）氏によると、2005 年に査察の内容が変化し、従来の「学校が提供する教育の質」「教育スタンダードの到達度」などと共に「学校における幅広い生徒のニーズにどれだけ教育が応えているか」「生徒の幸せ（well-being）への学校の寄与」が加わった。さらに 2011 年にはチーフ・インスペクターの報告には、a）学校における生徒の到達度、b）学校の授業（teaching）の質、c）学校のリーダーシップと経営の質、d）学校における生徒の行動と安全を含むものとされた。生徒の安全が査察の主要な項目として挙げられている点が注目される。

　査察において、学校は、「優れている（Outstanding）」「良い」「改善が必要（Reguires improvement）／適切（Adequate）」「不適切（Inadequate）」の 4 段階に評価され、「良い」以上の評価を取った学校は、次回の査察が 2 日間から 1 日間に短縮される。それ以外の学校は 5 年ごとに 2 日間の査察を受けるが、たとえばセーフガーディングに関わる懸念など、学校になんらかの懸念があるときはいつでも査察されえる。

　また、Ofsted でのインタビュー調査の際に、セーフガーディングに関する学校の査察について、以下の表が示された（表 2-3）。

　「リーダーシップと経営」においては、セーフガーディングの指針が効果

第 2 章　イギリスの学校におけるセーフガーディングの取り組み　　51

表 2-3　学校査察におけるセーフガーディングの内容

全般的な効果	セーフガーディングに関する書面における判断 生徒の精神的、道徳的、文化的発展
リーダーシップと経営	セーフガーディングの指針が効果的であるか、教職員の雇用 生徒の意識を高め、虐待（abuse）から守り安全を保つ
教授と学習	生徒の機会均等と多様なニーズへの対応
個人の発達、行動、健康で安全であること	生徒自身が安全を保つことの理解態度やいじめのマネージメント
生徒の到達結果	不利な状況の生徒や特別な教育ニーズのある生徒の到達度

出典：Ofsted: Safeguarding in Schools（2015 年 11 月 2 日受領資料）を基に筆者作成

的であるか、教職員の雇用の安全性が問われている。また、「生徒自身が安全を保つことへの理解」のためには PSHE による教育も重要であるという。両氏の話では、2005 年からセーフガーディングが焦点化されたことは、学校の意識を高め、態度を変えることにつながった。査察のインパクトを何に帰すかは難しいが、セーフガーディングは学校の態度に影響を与え、公の注目を集めているという。そのことは、2014 年にロンドンの87％の学校が安全に関して「優れている」もしくは「良い」という評価を受けたことにも表れている。両氏が指摘するように、セーフガーディングが学校評価に含まれたことにより、学校におけるセーフガーディングの普及が進んだということができるだろう。

　以上、イギリスにおけるセーフガーディングのシステムを学校や教職員に焦点を合わせ述べてきたが、法の整備と共にガイドラインを作り、さらに地方自治体に連携組織の実態をモニターし、評価させるシステムがあることが明らかになった。また、地方自治体にはガイドラインの内容を踏襲したセーフガーディングの指針があり、各学校には「子ども保護指針」があること、教職員が子どもの懸念を報告する DSL がおり、セーフガーディングを統括していることがわかった。このようなシステムを機能させるためにも、情報の共有化のための研修やパンフレットの配布が役立っていると言えるだろう。このように政府と地方自治体、学校がセーフガーディングの意義を広く共有し、ガイドラインを基にそれぞれのレベルで実践していることは、日本の虐待に関わる制度化を考える上で示唆深い。また、こうしたセーフガーディン

52　Ⅰ．セーフガーディングの仕組みと学校

グのシステムは学校評価の対象になったことにより、より制度化が進んだと考えられる。

　それでは、学校における子どもの懸念について判断し、通告を行う DSL はどのような教員なのか、次節で具体的に検討する。

第2節　イギリスの学校における DSL
(Designated Safeguarding Lead)

　本節では、学校における子どもの安全と安心において中心的な役割を果たしている教員 DSL について、教育省のガイドライン「Keeping Children Safe in Education」と、それを基に取り組みを行っているレスターシャーの事例について述べる。

1. DSL の役割

　学校におけるセーフガーディングは、前述したように法的拘束力のあるガイドライン「Keeping Children Safe in Education」に規定され、DSL についても学校の管理職（senior member of staff）が任命されるように定められている。DSL は校長が兼ねることも多く、また副 DSL をつけることや、副 DSL を何人にするかは学校に裁量がある。

　ここで 2016 年のガイドラインから、学校におけるセーフガーディングと DSL の役割について抜粋する。DSL の大きな役割の一つは「地方自治体のソーシャルワーカーや他機関（警察、医療など）と協働し、子どもの安全を確保しなければならない」ことである。もう一つの大きな役割は「学校におけるすべてのスタッフやボランティアは、子どもについての懸念事項に気づき、DSL に報告しなければならない」とあるように、すべての子どもに関する懸念が DSL のもとで統括されることである。それぞれのケースにおいて、他機関と協働する必要があるのか、通告する必要があるのか判断するのも DSL である。さらに、DSL はセーフガーディングの研修を 2 年ごとに受

けると共に、校内の教職員のセーフガーディングの研修も行う。

　また、2018 年のガイドラインにおいて注目されるのは、DSL は「学校でその職の任務を行うために、適切な地位と権威を持つべきである」とされている点である。DSL は「子どもの福祉や子どもの保護に関する問題について他のスタッフに助言や支援を提供したり、諸機関の会合に参加したり、子どものアセスメントをする」等のために「時間、資金、トレーニング、リソース、サポート」が与えられるべきとされている。換言すれば、DSL の職務を行うためには、そのための時間や資源が必要であり、他の教職員に助言を与え、責任を担うだけの地位（権限）が必要であるということである。

　相談・通告に関して DSL は以下のことが求められている。

・必要に応じて、虐待の疑いのある事例を地方自治体の子どものソーシャルケア（Children's Social Care）に相談・通告する。
・地方自治体の子どもの社会福祉に相談・通告するスタッフを支援する。
・必要に応じて、子どもへの危険性や危害により人が解雇されたり退職したりした場合を「開示および禁止サービス」に通報する。また必要に応じて犯罪が行われた可能性のある事例を警察に通告する。

　さらに、他機関との協働については以下のように定められている。

・3 のセーフガーディングパートナー（地方自治体、区域内の医療グループ、区域内の警察署長）との接点として機能する。
・スタッフメンバーに関する懸念の場合は、必要に応じて、「ケースマネージャー」および子ども保護のための地方自治体の指定された担当オフィサーと連絡を取る。
・安全およびセーフガーディング（オンラインおよびデジタルの安全性を含む）に関する事項、および通告を行うかどうかを決定する際に、スタッフ（特にパストラルサポートスタッフ、スクール・ナース、IT 技術者、および特別支援コーディネーターなど）と連絡を取り合う。
・すべてのスタッフにとってのサポート、助言、専門知識の源として機能する。

54　　Ⅰ．セーフガーディングの仕組みと学校

このように、DSL は教職員に助言しながら学校のセーフガーディングを統括し、場合によって社会福祉に相談・通告するだけではなく、地方自治体や医療や警察との接点となり、様々な機関や担当者と密接に連絡を取り合うことがわかる。いわば子どものセーフガーディングに関するネットワークの一つの重要な結節点として機能していると考えられる。また、これだけの役目を果たすには専門知識や経験が必要であり、教職員や他機関のスタッフに信頼される必要があるため、管理職が任命される所以である。それでは、次に DSL の活動の具体例をみてみよう。

2. レスターシャーの DSL

ここで DSL の代表的な 1 日について紹介する（表 2-4）。これは、レスターシャーのレイスランド・ハイスクール（Leysland High School）[3] において 2016 年まで DSL であったアン・プリドー（Ann Prideaux）氏が、長年の経験から作成した、DSL の典型的な 1 日である。

これを見ると、DSL の 1 日は、a) 保護者対応、b) 子ども対応、c) 他機関との協働、d) 学校内での情報共通、に多くの時間を割いていることがわかる。

まず、学校に到着すると a) 保護者からの電話による子どもの懸念についての情報や相談に対応する。保護者からの相談に対しては、b) 子どもに直接に話して問題を把握し、解決する場合や（生徒 A、生徒 B）、c) 他機関と連絡を取り合う場合もある（生徒 A）。また、ソーシャルワーカーや警察等の他機関との情報共有や連携、子ども保護プランの会議を行う。さらに、d) 職員会議であらゆる子どもの懸念について情報を共有したり、校長と連携したり、情報や対応を書面で残すことも重要な役目である。

---

3)　レイスランド・ハイスクールは 11 歳～14 歳の子どものための中等学校（middle school）として始まり、2013 年に学校評価機関のオフステッドにより「優れている Outstanding」とランクされた。2016 年にコミュニティカレッジと統合し、シックスフォームを含む Countesthorpe Lysland College となった。

表2-4　DSL の典型的な1日

時間	行動
7.15	学校に到着。
7.15-7.45	メールのチェックと返信。
7.45	a) 保護者からの電話 – 娘の携帯電話に不適切なメッセージを見つけたため、警察に報告したとのこと。 – 今日、彼女と話をするべきか。（生徒A）
8.00	a) 保護者からの電話 – 娘についての懸念事項。 – 娘の腕に気になる跡があり、自傷行為と思われる。あとで彼女と話をすることを伝え、合わせて、この件をスクール・ナースに伝えると話した。（生徒B）
8.15	d) 職員会議 - 児童についてのあらゆる最新情報を職員で共有。
8.30	a)保護者が受付で待っている。息子が学校に来ることを拒むので、いじめにあっていると疑っていた。しかし、長い間おしゃべりをすると、宿題ができていないことが理由だとわかった。宿題ができていないまま学校へ来ると、何かと面倒なことになると、心配していたのである。
8.45-9.45	支援の必要な少人数のグループに英語を教える。
9.45	b) 生徒Aにインターネットの安全について話をする。彼女は携帯電話に問題のメッセージを保存しているとのこと。彼女は大丈夫のようなので、警察からの連絡を待つことに。
10.00-11.00	c) 子ども保護プラン（child protection plan）の必要な児童のため、ソーシャルワーカー、学校、警察、ドラッグワーカー（drugs worker）、保護者が学校に集まる。
11.00	c) 生徒Aに関しての警察からの電話をかけなおす。この日、後ほど学校に来るということで、アポイントをとる。
11.05-12.05	英語を教える。
12.45	b) 生徒Bに話をする – 自傷行為は、彼女の両親についての心配事が理由であった。両親が頻繁に言い争っているので、別れるのではないかと心配していた。自傷行為についてはインターネットで調べた – 傷つけた後は、気持ちがましになったという。 スクール・ナースについて話すと、彼女は診てもらいたいとのこと。2、3日後にまた会いましょうと話し、母親にも伝える旨、説明をした。 a) 母親に電話をかける。
1.05-1.35	c) ランチタイムの当番、および欠席児童生徒調査官（attendance officer）とミーティング。
1.35	c) ソーシャルワーカーから電話がかかってくる – この日の午後、虐待について心配になった一般の人から通報があった生徒に会うために、来校するとのこと。
1.40	c) 生徒Bに会うため警察が来る。また、地域で問題を起こしている他の2人の生徒についても話をした。
2.00-2.15	b) 3人の生徒とそれぞれ短いミーティング – これらは定期的に行っている。
2.30	c) ソーシャルワーカーが到着 – 生徒Cの件。
3.10	学校終了。
3.10-3.30	d) 校長とミーティング – 最新情報の共有。
3.30-4.30	c) ソーシャルケア会議 – 学校外で。
5.00	学校に戻る – 外出中にかかってきていた電話を掛け直す。
5.30	d) 今日1日の情報をすべて書き出し、ファイルする。
6.15	帰宅。

出典：2016年11月27日に実施された日英教員交流セミナー配布資料「虐待を受けている子どもたちに、学校は何ができるのか！～イギリスの取組から学ぶ～」p11に記載されているアン・プリドー氏のスライドから筆者作成

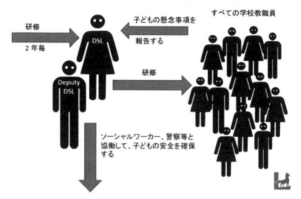

図 2-2　DSL の役割と教職員や他機関との協働[4]

　この1日からわかることは、保護者から子どもの懸念について相談を受けるなどDSLが保護者から信頼されていることである。また、他機関との連携に多くの時間を割いていることが注目される。ソーシャルワーカー、警察、ドラッグワーカー（drugs worker）、欠席児童生徒調査官（attendance officer）、スクールナースなどの複数の機関の専門家と協働している様子が見て取れる。日本に比べて、警察と密接に情報を共有していることも特徴的である。それぞれの機関が閉鎖的にならず、DSLが接点となり、学校と警察、福祉が日本よりも密接な関係にあると言うことができよう。
　このようにDSLは学校における子どもの懸念について他機関と協働しながら対応すると共に、学校の内外の子どもの懸念に関して学校（DSL）を介して保護者と地域の諸機関とを結びつける要として機能していることがうかがわれる。
　プリドー氏はさらにDSLの役割を以下のようにまとめている。

・虐待の兆候を見抜くスキルと知識を持っていること

---

4)　図2-2、図2-3は2016年日本子ども虐待防止学会おおさか大会国際シンポジウムにおいて用いられたサイモン・ジェンダーズ（Simon Genders）氏のスライドから。

・懸念事項を適切な機関へ相談・通告する方法を把握していること
・児童保護の問題に関する詳細や正確な文書記録を保持し、安全に保管すること
・すべての教職員にサポート、ガイダンス、および研修を提供すること
・毎年、セーフガーディングに関する方針や手段を最新の状態にしておくこと

また、より広範な役割としては以下のものが含まれる。

・子ども保護カンファレンスやコアグループ会議への文書による報告書を準備すること
・子ども保護カンファレンスやコアグループ会議に参加し、合意事項を実施すること
・社会福祉と密接に関わり、学校で発生するあらゆる懸念事項を伝え、最新の情報を提供すること
・校内に、内密に会議できる会議場所を確保しておくこと

　このように DSL の役割は通告した後も続く。子どもに関する懸念が子ども保護カンファレンスにかけられる場合は、子ども保護カンファレンスにも出席する。子どもが保護プラン（child protection plan）の対象になった場合、ソーシャルワーカーや学校、その他の関係者によってモニターされ、3 か月以内に子どもが安全か、プランが機能しているのかチェックする会議が開かれ、その評価をもとに定期的に会議が開かれ、専門家により子どもが安全と認められれば、子どもは保護プランから外されるが、家族に対する支援は継続する場合もある。家族の問題が深刻で、子どもが危険な状況にある場合は、ソーシャルワーカーの判断で、子どもは家族から離され、親戚のもとで暮らすか、地方自治体のケアに入る。子どもは里親のもとで暮らす場合や、養子になることもある。こうした一連のプロセスにも DSL は関わっていくことになる（図 2-3）。
　つまり、学校は発見と通告を担い、さらに子ども保護カンファレンスに

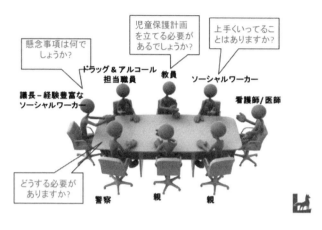

図2-3　子ども保護カンファレンス

DSLが出席し、子ども保護プランが機能するのかチェックするという一連の役割を担っている。このことからもDSLが学校と地域を結ぶパイプの役割を果たしていると言うことができよう。

　前述したように学校にはそれぞれセーフガーディングの指針があり、プリドー氏がDSLをしていた学校の指針はホームページで公開されている[5]。それによると、まず、セーフガーディングについて説明があり、学校のすべての教職員がセーフガーディングの研修を受けていることが示されている。注目されるのは、学校のDSLが写真とともに紹介されている点である。また警察と協働していること、家庭内暴力の情報を共有していることが明示されていることである。セーフガーディングに取り組んでいることを保護者や地域に知らしめるとともに、透明性を重視していることがうかがわれる。また写真でDSLを紹介することで、保護者にその存在を周知し、親しみを持ってもらう効果が期待できる。「セーフガーディングが私たちの心の最前線にある」と記されている点にもDSLと学校の心構えが表れている。

　以上、DSLの役割について見てきたが、このようにDSLがいることで、

---

5)　https://www.clcc.college/parents/safeguarding/（2019/7/9アクセス）

教職員は子どもに関する懸念を DSL と共有できるだけではなく、通告する
か否かの判断をゆだねることができる点で負担が軽減される。またジェン
ダーズ氏によると、レスターシャーでは、子どもについての懸念は 15 分以
内に DSL に報告することが奨励されており、スピーディな対応が求められ
ている。いつも子どもに接している教職員はいわばセンサーのような役割を
果たし、「発見」はすぐに DSL に報告され、その後の「対応」と「通告」は
DSL に任される。

　こうした DSL の存在は、1 人の教職員が問題を抱え込まないようにする
とともに、学校と他機関との協働 (inter-agency) システムの構築に寄与して
いる。また、DSL が管理職から選ばれるのは、このような役割を果たすに
は DSL のセーフガーディングに関する知識や経験が豊富である必要がある
こと、また他の教職員や保護者からの信頼を集め、他機関と協働し、通告を
行うという重責を担っていることなどが考えられる。

　イギリスのこのようなシステマティックな役割分担と協働のあり方は、日
本の教育現場において示唆深いと言えるだろう。今日、日本でも虐待やいじ
め、学校安全などの諸問題が議論されているが、イギリスのセーフガーディ
ングのような大きな枠組みから、様々な専門機関や教職員の協働を考えてみ
る必要があるのではないだろうか。そして、日本でも学校、社会福祉、警察
の連携が急務となっているが、そうした連携の要となる DSL のような専門
知識と、役割を実行するための権限をもった役職について検討してもいいの
ではないだろうか。

参考文献

ベネット、ケリー［著］山﨑洋子［監訳］(2013)「子どもたちの生活の向上：1997 年から
　2011 年の政策と施行」『武庫川女子大学大学院 教育学研究論集 第 7 号』
Department for Children, School and Families (2009) *Guidance of Safer Working Practice
　for the Protection of Children and Staff, 2009* (イギリス政府刊行物)
Department for Education (2016) *Keeping Children Safe in Education 2016*
Department for Education (2018) *Keeping Children Safe in Education 2018*
HM Government (2018) *Working Together to Safeguard Children, A Guide to inter-*

agency working to safeguard and promote the welfare of children

松本伊智郎（2002）「訳者による解説　イギリスにおける子ども保護制度と『ワーキング・トゥギャザー』」イギリス保健省・内務省・教育雇用省［著］、松本伊智朗・屋代通子［訳］『子ども保護のためのワーキング・トゥギャザー』医学書院

Leicestershire County Council（2013）*Children & Young People's Service, Model Policy and Procedures on Safeguarding/Child Protection for Schools*, Version: August 2013

Leicestershire County Council（2017）*Safeguarding in Education and Training Program April 2017-March 2018*

Leicestershire County Council, Children & Young People's Service, Safer Working Practice for Staff in Education Settings（レスターシャー政府刊行パンフレット）

Leicestershire County Council, Children & Young People's Service, Education Child Protection（レスターシャー政府刊行パンフレット）

田辺泰美（2006）『イギリスの児童虐待防止とソーシャルワーク』明石書店

コラム　　　　　　　　　　　　　　　　　グリーンフィールド小学校の試み

セーフガーディングのための学校づくり

　イギリスの学校では、実際に子どものセーフガーディングのために、どのような取り組みが行われているのだろうか。ここでは 2013 年 9 月 3 日に訪問したレスターシャーのグリーンフィールド小学校（Greenfield Primary School）について紹介する。

セーフガーディングのための学校づくりとは
　グリーンフィールド小学校には、プレスクールを含む 4 歳から 11 歳の子どもが通っており、DSL（Designated Safeguarding Lead）を兼任するバウピット（C. Bowpitt）校長を中心に、子どもが安心できる穏やかでポジティブな学校の雰囲気づくりに努めている。廊下の壁にさまざまな色鮮やかな掲示や展示があり、お互いに尊重し合うことや信頼する大切さがメッセージとして示されている。また、チャイルドライン（子どもの電話相談）についても、子どもに分かりやすく掲示され、電話番号がいつでも確認できるように記されている。目を引くのは、大きな耳の象の絵の下にバケツほどの大きさの缶で、子どもの意見や悩みを紙に書いて入れることができるようになっている。楽しい雰囲気の掲示物や展示物のなかに、さりげなく子どもの小さな声が届く工夫がみられる。
　また、グリーンフィールド小学校において特徴的なのは、バディ（buddy）と呼ばれる上級生が下級生の面倒をみたり、休み時間をいっしょに過ごしたり、校庭でいっしょに遊んだりするピアサポートシステムが発達していることである。バディは年少の子どもたちの居場所を作り、気軽に話ができる相談相手となっている。さらに、子どもが気軽に相談できる相談室があり、DSL や教職員の他にも巡回カウンセラーが相談に応じることもある。

このように、相談相手や方法が複数あることで、子どもは悩みに応じて相手や方法を選ぶことができる。それは、子どもの懸念を早期に発見することにつながり、子どもの安心や安全につながっていると言えよう。

セーフガーディングのための学習

　グリーンフィールド小学校はPSHE (Personal, Social, Health and Economic Education) にも積極的に取り組んでいる。PSHEでは、安全や人と人との関係 (relationship)、性教育などが扱われ、主要な3つのテーマに基づいたカリキュラムを作成している（右頁表）。テーマ1は「健康と幸せ (well-being)」、テーマ2は「人と人の関係の学習」、テーマ3は「経済的な幸せ (well-being) と責任のある市民」である。例えば、テーマ1にかかわる健康教育 (Health Education) は5歳から始まり、健康的なライフスタイルや、どのようにしたら安全でいられるかの学びがあり、最終学年では薬物教育 (Drugs Education) や性教育も行なう。PSHEは教科であるが、教科を超えて学校全体で行われることもある。2014年11月3日に再びグリーンフィールド小学校を訪れたときは「PSHE集中週間」という期間が設けられ、「親切」をテーマに様々な活動が計画されていた。たとえば、「他人が私にしてくれた親切」「私が他人にした親切」「将来私ができるかもしれない親切」などを書き込んでいく「親切ブック (kindness book)」の作成である。

　虐待の予防という意味では、テーマ2「人

信頼や思いやりが成長にとって大切であることを示す掲示（中山撮影）

チャイルドラインについての掲示
（中山撮影）

校庭で遊ぶバディの紹介
（中山撮影）

休み時間のバディの担当表
（中山撮影）

表　PSHE の主要テーマと学習内容

コア・テーマ 1 健康と幸せ（well-being）	コア・テーマ 2 人と人との関係	コア・テーマ 3 広い世界での経済的な幸せ （well-being）と責任ある市民
①健康的なライフスタイルとは ②身体、精神、感情の健康と幸せ（well-being）をどのように保つか ③身体、精神、感情の健康と幸せ（well-being）に対するリスクをどのように管理するのか ④どのように心身を安全に保つか ⑤思春期、過度期、喪失などの変化をどのように管理するか ⑥健康と幸せ（well-being）についての情報に基づく選択方法や、そのためにどのような支援があるのかを認識する ⑦緊急時の対応方法 ⑧健康と幸せ（well-being）への様々な影響を特定する	①社会的・文化的な文脈の中で、どのようにさまざまな健康的な関係性を構築し維持するか ②人間関係における感情をどのように認識し管理するか ③いじめや虐待を含むリスクや否定的な関係をどのように認識するか ④危険または否定的な関係にどのように反応し、助けを求めるか ⑤人間関係における平等と多様性をどのように尊重するか	①自他尊重と責任ある行動 ②家族、他のグループ、最終的に市民としての正義と責任 ③異なるグループとコミュニティ ④平等を尊重し、多様なコミュニティの生産的なメンバーであるために ⑤環境保全の大切さ ⑥お金はどこから来るのか、それを安全に保つことの重要性 ⑦お金が人々の生活の中でどのように重要な役割をはたすのか ⑧企業の基本的な理解

出典：Greenfield Primary School PSHE Curriculum を基に筆者作成

と人の関係」の学習内容である、③いじめや虐待を含むリスクや否定的な関係をどのように認識するか、④危険または否定的な関係にどのように反応し、助けを求めるか、が注目される。

セーフガーディングのための学校のビジョン

　このようなグリーンフィールド小学校の教育ビジョンは、学校が保護者に配布している学校案内「To inspire with the joy of lifelong learning」にも述べられている。どのような教科にどのような学びがあるのかが示されるとともに、セーフガーディングや学校のセキュリティについても記載がある。

　セーフガーディングについては、「学校が行うすべての活動において、子どもを保護し子どもの福祉を守るために有効なシステムを持つことは、もっとも大切なことです。（中略）教職員やボランティアはすべての子どもに関する懸念を見過ごさず、適切に報告します。学校には子ども保護指針があります」と

64　コラム

あり、子どもの保護に対する姿勢が示されている。さらに「学校が子どもの懸念をソーシャルケアに相談・通告する（refer）かもしれず、それが家族の苦痛や怒りを生じさせることも理解できます。重要なのは保護者や教職員などすべての関係者ができるだけ冷静に賢明に話し合うことです」と、子どもに懸念があるときに通告する可能性について予め明示している。

　セキュリティについては、「学校はセキュリティに対するニーズの高まりを認識し、グリーンフィールドの子どもと教職員の安全を確かなものにするために、あらゆる実践的なステップを踏んでいます。そのため保護者や来訪者の訪問時には受付簿に記入し身分証明書を着用することになっており、時間外の監視のためのカメラが取り付けられています」とある。このように学校を安全に保つための学校の制度と設備が示されている。

　さらに、グリーンフィールド小学校は、社会的養護の子ども（LAC）や給食が無料の子ども（free school meals：FSM）などの困難な背景をもつ子どもがいる学校に対する政府主導の財政支援制度「生徒プレミアム（Pupil Premium）」を受けている。2018年現在618人の生徒の7％に相当する44人がその制度の対象になっており、「子どもの背景や能力に関係なく、一人ひとりの子どもが、それぞれのベストに到達できる機会を持つことを目標に、子どもたちが生涯にわたって学ぶ喜びを引き出すというミッションをサポートする」というビジョンのもとで支援を行っている。

　このようにグリーンフィールド小学校では、子どもの保護やセーフガーディングについての学校のビジョンを保護者に明確に示すとともに、それを実行するために子どもが安心して過ごせる学校づくりを行っている。さらに、PSHEなどを通して子どもに安全でいるにはどうしたらいいか、また良好な人間関係について学ぶ機会を与えていることも、学校と子どもの安心と安全につながっていると言えるだろう。こうした子どものセーフガーディングに意識的な取り組みは、日本の学校にも参考になるところがあるのではないだろうか。

引用参考文献

　Greenfield Primary School, To inspire with the joy of lifelong learning（2014年11月3日受領資料）

　Greenfield Primary School PSHE Curriculum（2014年11月3日受領資料）

　Greenfield Primary School http://greenfieldprimary.net/About-Us/index.php?P ＝
　　Pupil%20Premium（2019/11/26アクセス）

Ⅱ.
学校と福祉・医療における
ケアと支援

第3章　機関連携による子どもと家庭への支援⋯⋯⋯⋯⋯⋯⋯⋯内藤　亮

第4章　イギリスの「支援を必要とする子ども」への対応と支援⋯⋯⋯⋯岡本正子

第5章　イギリスの「特別な支援が必要な子ども」への取り組み⋯⋯⋯⋯岡本正子

平岡篤武

第3章
機関連携による
子どもと家庭への支援

第1節　サセックスにおける子どもと家庭への支援
──イーストサセックスを中心に

　本章では、支援が必要な子どもと家庭に対して、医療と福祉が学校と連携しながらどのような対応をしているのか、とくに、子どもと保護者への医療的・心理的支援がどのようになされているのか、イーストサセックスを事例として、紹介する。

1.支援をめぐる状況

（1）イーストサセックス

　イーストサセックスには現在約11万7000人の18歳未満の小児がおり、これは人口（55万2259人：2017年統計）の約21%にあたる。この人口に対する小児（18才未満）の割合はイギリス全体の24%に比較し低い数字である。小児人口の中でも10歳から14歳の子どもがもっとも多く全体の人口の5.9%を占めている。19歳以下の約90%は白人のイギリス人で、大学以外の学校に通う子ども・若者の約10%はその他のマイノリティ人種で占められ、その内訳はイギリス以外出身の白人、混合人種、アジア出身、そしてアフリカ系黒人出身である。

　イーストサセックスの16歳未満の17%の子どもは貧困家庭に育ち、母親の13%は出産時に喫煙しており、母親の約4.5%（240出産）は違法薬物の使

用が予測されている。イーストサセックスでは約 320 人の母親が産後うつを発症し 6 か月後には約 370 人が、また 12 か月後には約 1150 人のうつの発症があった。2013/14 年の統計では 10 歳から 24 歳の自傷件数はイーストサセックスではイギリス国内最高の 10 万人中 461.8 人を記録した（イギリス平均は 412.1 人）。

この地域における、子どもと家族への支援を担うソーシャルサービスの一部署として、シングル・ポイント・オブ・アクセス（Single Point of Access：SPOA）、早期支援サービス（Early Help Service：EHS）、多機関協働セーフガーディングハブ（Multi Agency Safeguarding Hub：MASH）の三つの部署がある。

(2) ブライトンとホーヴ（Brighton and Hove）

ブライトンとホーヴの人口 28 万 1100 人中、18 歳未満は 19％でイギリス全体の 24％に比較しとても低い。そのうち約 2795 人の 5 歳から 16 歳の子どもがメンタルヘルスコンディションを持っていると言われている。

ブライトンとホーヴではフロント・ドア・フォ・ファミリー（Frond Door for Family：FDFF）と上述した MASH の二つの部署がある。イーストサセックスにおける SPOA と EHS の二つの機能を合わせた仕事を、具体的な内部の構成は異なるが FDFF が行っている。

2. 子どもと家庭への支援の構造

上述した SPOA や EHS（もしくは FDFF）と MASH は、それぞれの仕事内容を後述するニーズの連続体、コンティニュアム・オブ・ニーズ（Continuum of Need：CON）のレベルに応じて振り分けている。たとえばイーストサセックスでは、CON レベル 2 の案件は SPOA において、レベル 3 の案件は EHS が、そしてレベル 4 の案件においては MASH が対応する。では次に、イーストサセックスの三つの部署の役割と支援の流れを紹介する。

（1）イーストサセックスの3部署の役割と支援の流れ

① シングル・ポイント・オブ・アクセス（SPOA）：狭義

　相談者の窓口を集約化（一つの連絡先窓口に）することにより、虐待を疑ったときの相談・通告（リファー、referral）や支援要請の作業過程の簡略化を実現している。個々のケースの重症度はCONをガイドとして、SPOA内で報告・支援要請を受け付けた際に判定し、レベル1もしくはレベル2の案件レベルと判断された場合にはこのSPOA部署内からの電話により応対し情報提供を行う。

　すなわち、SPOAの支援は、電話やメールなどで相談・通告を受け付け、CON内容のトレーニングを受けた専門家（ソーシャルワーカーおよびSPOA内のサポートワーカー含む）がCONレベルの振り分けを行う。CONレベルが1もしくは2の場合には、電話での支援や他の機関の紹介などの業務を行う。また、CONにおいてレベル3の案件レベルと判断された場合は、早期支援サービスに紹介となる。

② 早期支援サービス（EHS）

　この部署はソーシャルサービス内の一部署であるが、ソーシャルワーカー（社会福祉士）の資格は持たないサポートワーカーが担当者としてケースを持ち、その子どもや家族・養育者に対する個別支援を行う。この早期支援サービスの中には心理的健康・幸せ支援チーム（Emotional Wellbeing Team）という心理精神的ケアを中心とした介入を行う組織も含まれており、社会的支援にプラスする形で心理的介入をそうしたチームの担当者が担うことになる。

　上述した①と②の組織は狭義には独立した形で存在し、マネージャーは①と②それぞれに別個人として任命されて存在するが、実際のチームとしては同じオープンスペースの部屋の中に机を近接させてコミュニケーションがスムーズに運ばれるように配置されている。

③多機関協働セーフガーディングハブ（MASH）

　CONにおいてレベル4と判断されるケースを狭義のセーフガーディン

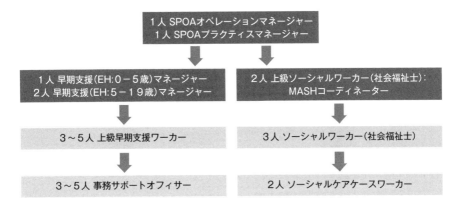

図3-1　広義のSPOAチーム組織、もしくはSPOA, EH & MASH 構成員
出典：筆者作成

グレベルとし、担当者としてソーシャルワーカー（社会福祉士）が任命され、心理的・社会的介入を多職種複合チームとして行う。多職種の内訳は、ソーシャルサービス（小児サービス）、医療、警察、プロベーション、ユースオフェンディングチーム、犠牲者支援サービス、住居サービス、早期支援サービスなどが含まれる。この多職種の間のコーディネーション、ミーティングの計画と開催などを通してコミュニケーションを先導する役割（MASHコーディネーター）をソーシャルワーカー（社会福祉士）が行う。

　上述した3部署①、②、③は、下記に詳細を述べる個々に独立したCONレベル1－2、レベル3、レベル4の案件の対応を行っているが、イーストサセックスでの実際のチーム構成はこれら3部署すべてを一括した広義のSPOAとして存在している（図3-1、組織図）。

(2) 早期支援サービス（EHS）の実践例
　早期支援サービスの具体的な活動の一例として、0歳から5歳児に対する支援チームと、5歳児から19歳児への支援チームのサービス内容を以下に紹介する。
① 0歳から5歳児への早期支援サービス
　この時期の児童への早期支援チームのサービスは、ヘルスビジター訪問支

援、小児支援センター、そしてキーワークサービスなどのサービスを仲介して0歳から5歳の児童がいる家族へ支援を供給する。内容は義務としてのヘルスビジターによるすべての子どもの定時期健康診断と医療支援（CONでのレベル1に対応）、ターゲットグループへの介入（レベル2子どもと家族に対応）、そしてキーワーカーによるホリスティック家族アプローチを訪問サービスとしてCONレベル3にある家族に提供する。

② 5歳児から19歳児への早期支援キーワーク介入サービス

この5歳から19歳児への早期支援キーワークサービスは、以前あった家族支援キーワーク（Family keywork）とターゲット青年グループサービス（Targeted youth work）を合併したものである。この新しいサービスはイーストサセックス内で個々に分かれていた地域ごとのサービスをまたいで、CONレベル3にあたると評価された家族に対して供給される。このサービスはホリスティックな家族的アプローチによって、現在の危険性を減少して子どもと家族の状況をCONレベル4に悪化させないようにする予防的な目的で供給される。このサービスは、児童の生活上で重要な関わりを持つ家族や頻繁に児童に接触する人たちで特別な介入が必要と判断された人に対して、直接働きかけて介入を行う。

3. コンティニュアム・オブ・ニーズ (CON) について

（1）導入の経緯

支援・対応レベルの異なる子どもと家族を、多機関で支援する際に、支援者同士が共通理解のもとに用いることができる用語と指標が必要であったことによる。

（2）活用状況

このコンティニュアム・オブ・ニーズを判断するための方略として、それぞれの地方自治体において様々な独自のシステムを用いている。地域によっては「コンティニュアム・オブ・ニーズ閾値ガイドライン」という非常に細かく例を挙げて分類をした表やフォーマットを公表し、CONのレベルを決

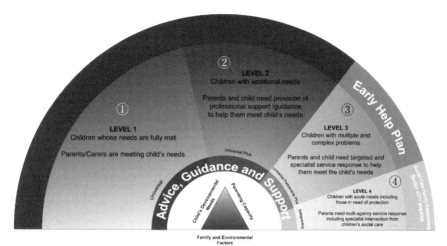

図 3-2　イーストサセックスのコンティニュアム・オブ・ニーズ（CON）：ニーズの連続体・分布範囲、その対応としての「アドバイス、ガイダンス、支援」（内藤訳は文中参照）
出典：*Children's Services Early Help Needs Assessment*, p.7　https://www.eastsussex.gov.uk/media/13165/early-help-review-needs-assessment.pdf

める手助け・指標とするところもある（たとえば、West Sussex、Lancaster など）。イーストサセックスも以前はこうした閾値ガイドラインを用いていたが、シングル・ポイント・オブ・アクセス（SPOA）がシステムとして始まってからは上述する簡素化したものを公式に一般に公表して啓蒙を促し、実際の CON レベルの判断はトレーニングを受けた SPOA 内のプロフェッショナルが個々の事案に応じて判断するシステムをとっている（図 3-2）。以下にコンティニュアム・オブ・ニーズの説明を図 3-2 の訳としてまとめる。

①レベル 1：子どものニーズが満たされ、親もしくは養育者が子どもの必要とするニーズを満たすことができるレベル。
〈ソーシャルサービス（SPOA）による介入のないレベル〉
　対応－　ユニバーサル：「アドバイス、ガイダンス、支援」

②レベル 2：付加的（additional）ニーズを持つ子どもと家族への介入レベル
　メンタルヘルスもしくは発達障がいなどの強化支援を必要とする診断名を持つ子ども、もしくはそれに順ずる親と子どもに対する専門家による支援や

ガイダンスが必要とされるレベル。

〈ソーシャルサービス（SPOA）は主に電話相談などを通して支援やガイダンスを行うが、個人への接触としての支援は行われないレベル〉

対応－　ユニバーサルプラス：「アドバイス、ガイダンス、支援」

③レベル3：複数の複雑な問題を抱える子ども、もしくは特別な支援が必要となるレベルのニーズを持つ子どもや親に対して、専門家の介入が必要となるレベル。

対応－　ユニバーサルプラスとターゲットとなる集団のためのパートナーシッププラスの「アドバイス、ガイダンス、支援」、もしくは「アーリーヘルプ（早期支援）プラン」

④レベル4：保護などの緊急性のニーズを持つ子どもに対し、複数の専門機関による介入が必要となるレベル。

ソーシャルサービスでもソーシャルワーカーによるスペシャリスト介入などを含むMASHなどの多職種協働の支援サービスを必要とするレベル。

対応－　安全保障（セーフガーディング）介入・（MASHなど多職種協働の）スペシャリストヘルプとしての「ソーシャルケア家族アセスメント、児童法（Children Act）の41/17条（Section 41/17）の適応アセスメント」

コンティニュアム・オブ・ニーズ（CON）図の中心・底辺にある「ニーズ分析のための三角形：三つの辺はそれぞれ（1）児童の発達に伴うニーズ；（2）親のペアレンティングの（許容）能力；（3）家族や環境因子；の三つの側面」として知られる全国的なガイドラインの一つである「コモンアセスメントフレームワーク（Common Assessment Framework：CAF）」には、マトリクス化したフォームを用いてCAFアセスメントの助けとする試みもある。CAFはCONよりは細分化した内容に限局しているアセスメントであり、またCONは総合判断であるためにCAFでのレベルとはそのままつながらないが、CAFアセスメントの例としてネグレクトのアセスメントで用いられるCAFの一例（ネグレクト閾値表）を資料として示す（表3-1）。

74　　Ⅱ．学校と福祉・医療におけるケアと支援

表3-1　ネグレクトのアセスメントで使われる CAF の一例（ネグレクト閾値表）

注：以下の表はあくまでも目安として用いられるもので、レベル4の項目のチェックがいくつ入ったら
　　CAF レベルが3もしくは4になる。というような使われ方はせずにあくまでもアセスメント指標の
　　一つとして総合的な判断がなされる。

（1）ペアレンティングの能力（Parenting Capacity）

身体的ケア（Physical care）

レベル1	レベル2	レベル3	レベル4
身体的なニーズが満たされている．例）適切な食料、飲料、衣料、医療・歯科医療の供給。	最低限の身体的なニーズは満たされているが改善の余地が見られる。	継続的に食料が家の中になくまた食事時間も不規則。	食料品が不足し棚に食品がなかったり、腐敗した食品しかない．また子どもが食事をもらっていない．。
	親が支援や資源を得なくても対応可能ではあるが、もし資源や支援が供給されればペアレンティングが改善される。	暖房や光熱の供給が不足することもある。	家の中の暖房がなくまた照明もないことが慢性化している。
	若く経験不足な親で家族や友人からの支援が継続的には見込めない親。	離乳できていない時期に適切な食事対応をしきれていない。	離乳食が完了していないときに危険な固形物を与える。
		学校におなかをすかして登校する。	子どもが朝食をもらっていないと報告する。
		医療対応が一貫していない。	重要な薬が投薬されていない。
		子どもが疲れてまたやつれて登校する。	授業中に眠ってしまう。また貧血がある。
		衣服や靴が乱れていたりサイズが合わないものを着ている。	気候にそぐわない衣服を着用している。
		不衛生で時に異臭や処置されていない・もしくは治癒に時間のかかっている怪我がある。	持続する無治療のしらみや感染した怪我があり、また尿や体臭などの強烈な異臭をまとっている。
		子どもが健康状態が優れずに登校するが親からの説明がない。	急性疾患に罹っていても子どもが登校させられる。
		慢性的な遅刻，または親の迎えが慢性的に遅い。	学校登校率が悪い。
		子どもの歯科衛生が悪い。	無治療の歯科病変がある。

第3章　機関連携による子どもと家庭への支援　75

		親が子どものニーズよりも自分のニーズを優先しているという証拠（エビデンス）がある。	子どもに、長期的に障がいとなるような疾患の基礎的な医学的検査や処置がなされていない。

安全面のケア（Safe care）

レベル1	レベル2	レベル3	レベル4
親が家庭でも外でも、子どもを危険から保護している。	監督・監視が行き届かないことがある。親は子どもが何処にいるのかは大体は把握してはいるが具体的に何処にいるか知らなければいけない時にもわからないことがある。	子どもが、道路や塀の上などや、遊び場でも年齢不相応な遊具・場所などリスクが高いところで遊ぶことを親がたびたび許している。	危険な遊びをして怪我をしたり遊具から転落、または車に轢かれる。
	子どもがGPに頻会に細かい怪我で受診するなど、監督不行き届きな状態が懸念される。	監督不行き届きで子どもが救急治療室受診をする。	子どもが救急受診を頻会にし、親は医療的・社会的アドバイスを無視している。
	防火柵や階段の門などの安全装具が一貫して使われていない。	10歳以下の子どもが、時折一人で家に残されたり適切な監視・監督なしで外や道にいることがある。	監視監督が全くなく、子どもがほったらかしの状態にあり、年の離れた者と一緒にいる。道端や店などで徘徊している。
	子どもに対する危険やリスクに気づかないでいるが支援があれば理解を深められる素質はある。	子どもが危険物や火器、薬物などへのアクセスを持つ。	子どもが負傷していたり、危険のある薬物や薬品を服用していたり、ナイフなどの危険物を保有している。
	経験不足であったり、数多くの異なる人が子どものケアをしており、一貫性に欠ける。	子どもが、少し年長の他の子どもたちによってケアされて、大人の関与がない。	お酒や薬物の影響下にあるような不適切な人によってケアされる状況にある。ケアする人の監視が不十分なために子どもが負傷する。
	親のしつけとしての行動の境界設定の仕方に一貫性を欠く。	子どもの行動に関しての境界設定が全くなされないために、攻撃的で破滅的な挑戦的な困難行動を子どもが呈する。	親の行動は子どもに対して脅迫的であるため、子どもに精神障がいを含む病的な行動を起こさせる。
	子どもが不適切なレベルの性的知識を持っている。	子どもが性的表現の明確な器物や書類に晒されている。	子どもが性的な危害を犯す人たちからのコンタクトに晒され保護されていない。

心理面のケア（Emotional care）

レベル1	レベル2	レベル3	レベル4
親は温かな賞賛や励ましの言葉をかけている。	親の心理的な反応に一貫性を欠く。	子どもがよく他の問題のスケープゴート（偽りの原因・犠牲）にされる。	子どもは家族の問題のスケープゴート（偽りの原因・犠牲）である。
	親自身が心理的に満たされていないニーズを持ち、そのことで子どもに対峙する能力が損なわれている。	子どもは褒められたことがない。	子どもは罰を受けまた阻害される。
	親との心理的な関係性を築く礎になる親の反応に一貫性がなく、子どもは困惑している。	子どもは一貫性のない物理的な接触や保証しか得られない。	子どもはめったに身体的な接触や保証を受けない。
	親が他の子どもや本人の障がいなどによるニーズでいっぱいいっぱいである。	年齢相応のおもちゃが家の中に不足している。	年齢相応のおもちゃが存在しない。
	子どもがほとんどの時間一人で過ごし、また娯楽遊具などに限りがある。	子どもは定期的に長期間、彼らの寝室で過ごしている。	子どもは寝室でしか過ごしていない。
	子どもの最も鍵となる関係性を持つ家族の一員が持続しない。	親は子どもを無視することが多く、子どもは注意を引くための行動を呈する。	親が自分のことのみに執着し子どもからの言語的そして非言語的な働きかけを無視する。
	家族間の複雑な事情や関係性のために不安定な家庭環境が持続する。	子どもがストレスを感じても、滅多に癒されることがない。	親は子どもがストレスを感じていることを常に無視し、また時に怒りとして反応する。
		親はほぼいつも、子どもの存在に無関心である。	親が子どもの存在を無視している。
		親が子ども間の喧嘩の仲裁をしない。	ペアレンティングの技術不足のために、きょうだい間の確執を高める。

（2）環境（Environmental）

レベル1	レベル2	レベル3	レベル4
家に基本的なアメニティと適切な器具、適切なレベルの衛生が維持されている。	家の環境は最低限のレベルで制限がある状態である。	性別の異なる子どもが寝室を共有し、また複数の子どもが寝室を共有する。寝具が清潔とはいえない。	子どもと親が居間で眠り、子どもの眠る部屋は不適切である（壊れたベッドや汚れたマットレスなど）。寝具は慢性的に糞尿がついていたり足りていなかったりする。
	親の賃貸料遅延が続きホームレスの危機に晒されている。	立ち退き要求がなされ、またホームレスの時期がある。	住む場所の確保ができず、友人や隣人の部屋で眠る。
	親が家の衛生面や修理などに苦労をしている。	洗濯やトイレなどの衛生面の環境が劣悪で非衛生的である。	トイレが詰まっていたり、お風呂や洗濯機が壊れている。
		台所が汚れた皿などで満たされている。	鋭利な刃物が床に落ちていたり、腐敗した食べ物が台所やリビングにある。
		小さい子どもに危険のあるペットを飼っている。	犬などのペットが子どもを噛んだり、糞尿を床にしている。
		住居の修復が必要である－窓やドアが壊れており、電気ケーブルがむき出しになっている、暖房や照明が不足しているなど、住居が不完全。	住居が安全でなく子どもや大人にとっての健康や安全性を脅かす状態である。暖房や照明がない。カーペットがなく壁がむき出しであるなど。

（3）発達・健康

身体的ケア（Physical Care）			
レベル1	レベル2	レベル3	レベル4
子どもが健康であり、年齢相応の発達をしている。	子どもが、器質的な疾患のせいで年齢相応の発達はしていない。	子どもの発達を促進するものの不足―アクティビティが限られている、おもちゃが少ない、幼稚園に行くのが遅れる、スポーツなどのアクティビティに参加することを勧めない。	子どもの発達マイルストーンを達成できるような努力や配慮がまったくなされない。
	子どもは持続的に何かしらの細かい健康問題を抱えている。	子どもが乳母車やカーシートに必要時間以上に放置される。	子どもが乳母車やカーシートに長時間放置されている。

78　Ⅱ．学校と福祉・医療におけるケアと支援

	鍵となる健康診断や病院受診が散漫である。	鍵となる健康診断や病院受診が稀にしかない。	乳幼児が座ったり這い這い、もしくは立ち上がったりするなど身体的発達のために床にいる時間が十分でない。
	歯科検診が年齢相当な頻度でなされない。子どもが適切なメガネや補聴器を用いずにいることが多い。	医学的な投薬や指示を一貫して守れない。歯科検診を慢性的に受診しない。補聴器やメガネなどが使われていない。	鍵となる健康診断や病院受診をしない。致命的な薬の投薬を怠る。歯科受診をしないため生涯に影響する歯の障がいをきたす。補聴器やメガネなどの使用を故意に妨害される。
	怪我などへの対応に遅れる。	怪我など小傷害が治療されずに放置される。	頭部外傷や火傷など重篤な傷害での医学対応がなされない。

出典：Child Protection Company（https://www.childprotectioncompany.com/CPC/）の資料（Neglect toolkit）から引用、筆者訳。

第2節　子どもと保護者への医療的・心理的支援

1. イギリスの医療システム、特に心理支援・精神科診療について

（1）学校やプライマリケアレベルのシステムにおける虐待への対応

1）プライマリケアレベルの心理・精神的ケア

　イギリスはプライマリケアとしての家庭医（General Practitioner：GP）のシステムが確立されており、すべての医療の窓口は家庭医（GP）を介して行われる仕組みになっている。プライマリケアレベルの心理・精神科的ケアを行う団体の例としては喪失体験や喪を支えるブリーブメントセラピー（グリーフケア）、カウンセリング協会などの非営利団体などがあり、またナショナルヘルスサービス（National Health Service：NHS）でも認知行動療法士による治療をするプライマリーケアに特化した団体や第1節で紹介した早期支援

サービス（EHS）内の心理的健康・幸せ支援のような公共サービスが運営する団体もある。こうした団体はGPと連携をとってプライマリケアレベルの心理・精神的ケアを行う。

2) 学校における医療ケアと虐待対応

　学校・教育現場での医療介入は身体的なものも心理的なものも最小限に抑えられている現状である。学校には緊急対応の訓練を受けた職員や教員がおり、学童の緊急時の対応と病院やGPへの搬送の手続きを行う。日常の教育・医療・介護・看護ケアが必要な学童の場合には、各学校にいる特別支援教育コーディネーター（Special Educational Needs Coordinator：SENCO）と呼ばれる役職につく教員が個々の学童のニーズに合わせた対応を行う。

　スクールナースはNHS、特にコミュニティNHSトラストという訪問診療を専門にしてGPと連携をする団体に所属するが、学校には常駐せずに定期的（ひと月もしくはふた月に1度程度）に巡回し、また定期検診（1～2年ごと）やワクチン接種（毎年）などを行う。

　学校・教育現場での虐待や精神面のケアに関しての啓蒙は、DSLが先頭に立って、学校における早期発見・早期対応のための兆候に関する教育機会を教員や職員へ増やすことと、実際の現場対応で行うことでなされており、スクールナースの関与は限られている。虐待の兆候を認めた際の具体的な対応は、現場の教員や職員が、①学校内のDSLへ連絡し、②DSLがシングル・ポイント・オブ・アクセス（SPOA）へ、相談・通告（リファー）する。もしくは③医療の関与が必要な時はGPもしくは病院への搬送・救急車要請、などを行う。

（2）二次医療・精神科診療システムにおける虐待への対応について

　小児・青年期メンタルヘルスサービス（Children and Adolescent Mental Health Service：CAMHS）とイーストサセックス独自のサービスであるスウィフト（SWIFT）を含むCAMHS以外の高次医療サービスについて以下に述べる。

1) 小児・青年期メンタルヘルスサービス（CAMHS）

① CAMHSの概要

　小児・青年期メンタルヘルスサービス（CAMHS）は、前述したプライマ

リケア以上のニーズが必要とされる二次医療サービスの一つとしての精神科の中の一つのサブスペシャリティとして、プライマリケアレベル以上の対処が必要な心理精神的症状に苦しむ18歳未満の児童を対象としたサービスである。

CAMHSにはGPや学校などから紹介がなされ、紹介された児童の初期アセスメント（その後プライマリケア組織への再紹介も含め）とその後のケア（更なる高次機能アセスメント、診断学的アセスメントや治療を含む）を、原則では診断名ごとに契約がなされた一定期間のみ提供する。日本の小児精神科と重複する部分が多いが、医療システムの違いがかなり大きく、基本的には「一時的」に「GPやプライマリケアに追加する形」でサービスを提供する組織という位置づけでイギリスの医療システムの中で存在する。

イーストサセックスでは、CAMHSは三つのチームがあり、各チームは精神科医師、心理士、家族療法士、芸術療法士、看護師（注意欠如多動症スペシャリスト看護師含む）、サポートワーカーなど12人前後のスタッフで構成されている。

② CAMHSで供給されるサービス

CAMHSで供給されるサービスの内容は、精神科医による診断・投薬の他、主に看護師や精神治療師（心理士、芸術療法士、家族療法士、作業療法士など）が担当者となりリスクマネージメントやケアコーディネーション（ケアマネージメント）、もしくは治療として二次医療レベルの精神療法（認知行動療法、インターパーソナルセラピー、家族療法、芸術療法など）を一定期間（契約で規定された期間だけ）、期間限定で行う。

特にCAMHSにおいてでも長期継続してフォローアップがなされる疾患には、神経発達障がい群である注意欠如多動症（Attention Deficit Hyperactive Disorder：ADHD）で薬物療法中の患者や、自閉スペクトラム症に伴う不安神経症とそれに付随する（行動的）困難事例の中でも自他に対する傷害などの危険性が伴うケース、また不安神経症などにより不登校状態になり教育の付加的サービスを地方自治体が提供しているケースで、地方自治体に対する個人の症状に関しての定期的報告義務のあるケースなどがある。これらの特別な疾患においては長期間CAMHSにフォローアップがなされるこ

第3章　機関連携による子どもと家庭への支援　81

ともあるが、原則としてその他の疾患において、特に投薬がなされない（心理社会的介入療法のみの関わりの）ケースでは、通常数か月から2年程度のCAMHSとの関わりの後はプライマリケア団体にケアの主体は移される。こうしたCAMHSなどのケア機関・団体からの介入が終了し離れる際には「Discharge：送り出し」という言葉で説明され、児童個人がどのサービスの介入下にあるかが明確化されている。

2）社会的養護の子どもや養子のためのメンタルヘルスサービス

　CAMHSとはまた独立して存在している組織で、NHSの中の二次診療サービスには、愛着障がい（Attachment disorder）に対する心理社会的介入を強化されたサービスも存在する。養子児童や社会的養護の子どもの心理・精神的ケアを提供する組織がある。社会的養護の子どものためのメンタルヘルスサービス（Looked After Child and Adolescent Mental Health Service：LACAMHS）と養子児童のためのメンタルヘルスサービス（Adoption CAMHS：AdCAMHS）がそれらで、それぞれ独立したチームとして存在しCAMHSともケースによっては連携して精神科診療を提供している。

　イーストサセックスには、LACAMHSとAdCAMHSはそれぞれ一つのチームがあり、各チームは3人の心理士によって構成されている。ここには精神科医師はいないので、投薬が必要になる時は、その子どもの地域のCAMHSの医師が呼ばれるというシステムである。

3）スウィフト（SWIFT）

　スウィフトは、イーストサセックス独自のサービスとして地方自治体の財源から作られたNHSの団体である。子ども保護（チャイルド・プロテクション）プランやセーフガーディングなどの法令の対象になる子どもと家族に対する期間限定の精神科診療・治療を、地方自治体の裁判所の命令下で法令の対象になっている時期限定で契約して供給されているサービスである。このSWIFTのサービスの主な目的は今後事態が増悪してしまい更なるセーフガーディングにまつわる手続き・処置が生じる可能性を避けることで、そのための方策としては、第一段階として子どもや家族の現状の心理社会的＋精

神科的アセスメントをするアセスメントサービス、そしてそのアセスメント
で推奨された治療としての薬物・心理社会的介入の中でも（現存するサービス
ではタイムリーに供給できていないような）特別な介入を行えるチームでの治療
サービス、の二つの側面を供え持つ以下の三つの部門・チームがあり、サー
ビスを提供している。

① セーフガーディングの一環として精神科診察や介入をする「小児アセス
メント・治療サービスチーム」

② 英国国家的 FDAC（Family with Difficulties Action Court：困難事例家族に対
応する裁判所）モデルを基盤として設立された「家庭裁判所専門科アセスメ
ント・治療対応チーム」
　（注、国の名称としては、Family Drug and Alcohol Court）

③ すでに裁判によって子どもの親権が地方自治体に移され子どもも保護さ
れた後の親を支えることを目的とした「ファウンデーションサービスチー
ム」

4）青少年犯罪者・19歳未満薬物乱用者サービス
　CAMHS と異なる地方自治体財源の独立したサービスとして SWIFT の
他にも犯罪歴のある青少年に対しては、警察との連携を密とした「青少年
犯罪者・19歳未満薬物乱用者サービス：Youth Offending and Under 19's
Substance Misuse Services」があり、ここでも期間限定のアセスメントと
心理社会的介入のサービスを提供している。

（3）医療、教育、福祉の予算と運営
　前述したサービスの運営において日本との根本的な違いとしての予算の流
れがある。イギリスでは医療、教育、福祉の予算はすべて国からの財源（税
収入）で支払われる形で運営されている。イギリスにおいては基本的には窓
口での支払いはなく、すべてが日本での義務教育において税金で賄われてい

る形と同じようなシステムで財源が振り分けられて運営されている。

　その運営のなされ方でイギリスに独自なものとして「コミッショニング」という名前で呼ばれる形がある。イギリスの医療システムである国民保健サービス（NHS）のコミッショニングは1990年代に始まり細かいシステムの変更を何度も何度も繰り返し現在に至り、また今後も変化することが予測されているが、現状は大きく分けて二つの組織（1. NHS England：国単位、と2. クリニカル・コミッショニング・グループ（CCG）：地方単位）が医療予算に関するコミッショニングを、また地方自治体が福祉と教育に関するコミッショニングをそれぞれ政府から委託されて行っている。

　1節で述べた種々のサービスの中でSPOA、EHS、FFDF、MASH、SWIFT、19歳未満の青少年の薬物に関わる問題対策サービス、警察や司法と学校などの財源は地方自治体である。GPの財源はNHS Englandで、プライマリケアサービスでもカウンセリングサービスなどNPOチャリティ団体などの行う精神医療サービスの一部や、二次・高次サービスであるスクールナース、CAMHS、AdCAMHS、LACAMHSなどはCCGの財源でコミッショニングがなされている。

　現政府での緊縮経済政策の下で地方自治体財源が毎年予算削減をなされてきている。またCCGへの予算も緊縮経済政策の下で、経済成長に伴う累年増加が最小限に抑えられてきている（以下の数字はイギリス全土の合計された予算の大枠でしかないので、あくまでも参考としての呈示であるが、イギリス全体での2017/18年予算では£73.6 billion（約10兆1500億円）がCCGにあてられている。2016/17年予算では£25.4 billion（約3兆5000億円）がNHS Englandに、また地方自治体には成人公共サービスとして約£15 billion（約2兆円）が、公衆衛生予算としては約£3 billion（約400億円）があてられている）。

2. 情緒行動の問題を示す児童への支援・治療の例

　以上に述べた蛸壺のようなシステムの中でお互いの組織・団体がどのように連携しつつ子どもへの支援・治療を行っているかを、以下に個人情報を変

更した例として紹介することで説明したいと思う。

（1）里親制度の里親に5歳から引き取られて育った15歳の少女ナオミ（仮名）

　ナオミはロンドンに住む母親がアルコールと薬物中毒に苦しんでいたため児童法（41条）によりイーストサセックスに住む里親にナオミが5歳の時に引き取られ育った。ナオミは7人兄弟姉妹の4人目で、妹や弟も別の里親に保護された。母親とのコンタクトは現在もソーシャルネットワーク（FacebookやInstagram）上では引き続いており、またきょうだい間の連絡は頻繁であると報告されている。

　里親の報告では13歳までは特にナオミの行動で目に余ることはなかったが、14歳になってからナオミは学校へ通うことがだんだん不規則になり、夜に里親の目を盗んで外出するようになった。その後、ナオミが携帯のソーシャルネットワークのアプリを使って知り合った男性と夜を過ごしていことや2歳年下の男の子と性的な関係をもった疑いの報告、また薬物やアルコールを経験していたことが明らかになっていった。15歳になってからは、避妊具としてピルから変更され同意の元で挿入された子宮内コイルを、そのとき性的関係にあった男性の子どもが欲しいという理由で自分で引き抜いた際の出血のために産婦人科緊急受診をしたり、夜中に20代の男性2人に抱えられて里親の家に意識朦朧の状態で担ぎ込まれ救急病院にて薬物の過量服用に対する処置を必要とする事態も生じ、里親のもとで様々な対応がなされたが、ナオミの夜間外出は頻度の差はあったがなくなることはなかった。

　このナオミのケースの場合、14歳の頃に学校と里親からセーフガーディングの届出がSPOAに提出されCONレベル4の判定により担当のソーシャルワーカーがつき、初めはAdCAMHSにおいて心理療法が開始された。その後薬物使用を疑われた頃から19歳未満薬物乱用者サービスのキーワーカーもつき心理教育を含めた治療が開始された。またSWIFTにおいてインテンシブな性教育の介入も並行して行われた。しかしナオミの行動の悪化がみられたため、MASHにおいてSWIFTへの診断・治療要請がなされ、SWIFTの精神科医によって胎児性アルコール症候群の診断が確定された。また同時に疑われた注意欠如多動症（ADHD）に関してはCAMHSにお

ける継続アセスメントの後に確定診断がくだされCAMHSによる薬物治療も始まった。しかしナオミの脆弱性、特に性的搾取の危険性や薬物を用いた犯罪の搾取のターゲットとなる脆弱性がさらに高まったために、MASHにおいて特に警察とソーシャルサービスが主導となり緊急にナオミの身柄を短期間（12週間）の間、地方自治体の管理する地域の拘束施設に緊急移動させ、インテンシブな心理療法と共に外出規制をする措置がとられた。この短期間の治療と教育の成果からか、その後、里親の同意によりナオミは拘束施設から寮母の管理する非拘束施設の寮に移ったが、その後の外出などの問題行動はなくなった。現在もCAMHSの注意欠如多動症の治療の継続とAdCAMHSの心理療法は継続され、またソーシャルワーカーも担当を継続しているが、期間限定であったSWIFTや19歳未満薬物乱用者サービスからは「Discharge：送り出」されている。

（2）13歳の不安障がいを持つ少年ケン（仮名）

ケンは初等学校の間はおとなしい性格のため特別目立つことはなく、学校内で大きな問題を生じることは最高学年の6年生（12歳）にひどいいじめにあうまではなかった。しかしこの6年生の時のいじめの影響でケンは学校に行くことに対する不安障がいを発症し登校できない状況に陥り、不登校で卒業式も欠席した後、新しい公立中等学校に進学することになった。この中等学校はケンの卒業した初等学校の区域から少し離れた場所にあり、いじめに関わっていた集団からは離れることができたが、ケンの不安障がいの症状は継続し、中等学校に登校できたのは初めの2日のみで、その後は自宅から出ることさえ一人では不可能な状況であった。

このケンのケースでは、12歳に不登校になった時点において学校（校長、SENCO）からSPOAへの連絡が入り早期支援キーワーカーサービス内の心理的健康・幸せ支援サービスが関与し、ケンの自宅にて心理的な支援が供給されたが、ケンの症状は改善することなく中等学校での不登校も続いた。ケンが13歳になってから、一度はCAMHSにGPから不安障がいへのアセスメント・治療のための紹介がなされたが、ケンの不安障がいの重症度はCAMHSのトリアージチームによってCAMHSを必要とするレベルでは

86　　II. 学校と福祉・医療におけるケアと支援

なく早期支援キーワーカーサービス内のエモーショナルウェルビーイングサービスが妥当であろうというアセスメントがなされ、それまでの支援が継続された。それに並行して、学校では地方自治体の財源と個々の学校からの購買資金で運営される教育支援団体の教育・行動・出席支援サービス「Education Support, Behaviour and Attendance Service：ESBAS」を頼み、サービスを購入して対応した。ケンには担当のESBASキーワーカーがつき学校との連携をしながら中等学校での授業内容・学校環境や時間割の調整を行い、また学校内の障がいを持つ学童支援主任の教員や職員による支援を行った。また早期支援キーワーカーも自宅でケンの支援を行い、また親に対しては自治体で行っているペアレンティングトレーニングの参加を促すことを含みケンに対する対応方法の相談やアドバイスなどにより両親の支援も行った。

　こうした学校と福祉の強化された支援によりケンは出席日数を現在増やしてきている。

(3) 10歳の自閉スペクトラム症と注意欠如多動症の診断を持つ少年カラム（仮名）

　カラムは自閉スペクトラム症の診断を5歳の時に、注意欠如多動症の診断を7歳の時に受けた。カラムの通った公立の初等学校では、問題行動に対処が困難な状態が続き、教育・健康ケアプラン（Education, Health and Care plan：EHCP）と呼ばれる特別なケアをがが必要と認定された子ども（Special Educational Needs and Disabilities：SEND）認定の申請がなされた。申請は認可されて、初めはその公立初等学校においてカラム専用の支援がついたが状況の改善に限界がみられたため、教育・健康ケアプランの毎年の改訂の際に特別支援学校（Special Educational School）への転校が推奨され、カラムは9歳の時に転校となった。カラムの問題行動には自閉スペクトラム症に伴う感覚過敏、特に騒音や照明への過敏症状から生じる不安・易怒性や癇癪などや、注意欠如多動症の症状である多動や衝動的な行動、また注意散漫などから授業では数分以上は集中できない状況などがあった。家庭においても3歳下の弟との喧嘩や癇癪、また高いところに上って飛び降りたり他にも危険行為のために怪我をするなどの事態が続いていたため母親は仕事につける状況では

なく、生活のために父親は早朝出勤で帰宅も遅く長時間労働が必要で週末以外は母親独りで対応していると報告していた。

このカラムのケースでは、初めの初等学校からSPOAへ連絡が入り、EHSが学校との連携の他、医療サービスに仲介して自閉スペクトラム症、注意欠如多動症が診断された。イギリス（特にイーストサセックス）では自閉スペクトラム症の診断は、11歳未満は小児科が、11歳以上は精神科が行うが、自閉スペクトラム症の症状のための治療・支援は第三機関であるNPOやチャリティ団体がコミッションされている。カラムも自閉スペクトラム症の診断がなされた後には、イーストサセックスのCLASS（CCG財源のコミッショニングで運営され学校がサービスを学童につき購入）、CLASS plus、SPECTRUMという三つのチャリティ団体が関与した。CLASSは学校内でのカラムの自閉スペクトラム症にまつわる問題行動のアセスメントと支援を期間限定で行い、CLASS plusはカラムの両親に自閉スペクトラム症に関する教育やワークショップ、また自宅での支援を、SPECTRUMは他の自閉スペクトラム症の児童や親との交流や野外体験、ゲームなどを定期的に開き、それに参加したカラムと親を支援した。注意欠如多動症のアセスメントと診断はCAMHSに紹介がなされて学校との連携のもとで行われ、カラムの場合にはEHSによる行動的アプローチの他、薬物治療も診断の後に開始されモニターされている。

こうした学校・福祉・医療と第三機関の介入により、現在はカラムは学習目標を著しく損なうことなく過ごすことができるようになった。

以上、三つの事例を通してイギリスにおけるセーフガーディングのシステムにおける様々な団体・機関の関わりの例を紹介した。これらの事例で示されているように、初めの相談・通告（リファー）が非常に大切で、その相談・通告（リファー）を受けた段階でのサインポストの能力の強化が試みられている。これらの連携ではかなり明文化された形で役割が分課しており、それらの細かい分課の仕組みは毎年の予算編成により変化しているため、それぞれの機関の相互連携の重要さが繰り返し謳われている。

引用・参考文献

Children's Services Early Help Needs Assessment. https://www.eastsussex.gov.uk/media/13165/early-help-review-needs-assessment.pdf

Community Insight, our local partnership data site. http://brighton-hove.communityinsight.org/

EAST SUSSEX Children and Young People's Mental Health and Wellbeing Transformation Plan: 2015-2020

Office for National Statistics Population Estimates. http://www.statistics.gov.uk/hub/population

第 3 章　機関連携による子どもと家庭への支援　89

第4章
イギリスの
「支援を必要とする子ども」
への対応と支援

　教育省のガイドライン「Keeping children safe in education 2018」における「支援が必要な子ども」とは、1989年児童法（Children Act）の定義に基づいている[1]。子ども保護プランケースや社会的養護の子どもはその中に含まれるが、支援が必要な子どもはこの両者以外のケースが多い（第1章図1-1）。

　そこで第1節では、まず学校におけるセーフガーディングの対象としてどのような問題が取り上げられているのか、「Keeping children safe in education 2018」に示される早期支援（early help）、および子ども虐待とセーフガーディングの特定の問題に注目して整理し、学校における支援について見ていく。次に子ども虐待への対応の実際について述べる。第2節では「社会的養護の子ども」に対する教育の必要性に焦点を当て、2018年に教育省から出された社会的養護の子ども、および元社会的養護の子どものための二つの法定指針に基づいた支援のあり方について紹介する。

---

1)　1989年児童法（Children Act）第17条第10項では、「child in need＝援助（支援）が必要な子ども」を、「a）この条項に基づく地方自治体の施策なしには、通常の健康や発達が達成あるいは維持できない子ども、またはそうなる機会が得られないと思われる子ども、b）上記のような施策なしには健康や発達が深刻に侵害される、あるいは一層阻害される恐れのある子ども、c）心身に障がいのある子ども」としています。（翻訳引用：松本伊智朗・屋代通子［訳］『子どもの保護のためのワーキング・トギャザー』医学書院）。

90　　II. 学校と福祉・医療におけるケアと支援

第1節　セーフガーディングの対象となる子どもへの学校における支援

1.　早期支援（early help）

（1）早期支援とは

　早期支援とは、子どもの示す小さな兆候に早く気づき、重大事象への発展を防ぐアプローチであり、「Working Together to Safeguard Children 2018」や「Keeping children safe in education 2018」においても、子ども保護（Child Protection）と並んでその重要性が強調されている。

　本書では、早期支援に関する地方自治体の実践例として第1章第2節においてハートフォードシャーとリーズ市の取り組みを紹介し、第3章第1節でイーストサセックスにおける、子どもと家庭へのソーシャルサービスの中の早期支援サービスについて紹介している。それらの取り組みは、早期支援を展開するためには、子どものソーシャルケア（Children's Social Care）のみの努力では適わず、保健・医療・教育等とのしっかりした連携が必要であること、また予防的な目的で行われるサービスは、地域をまたいだ多機関協働で行われることを指摘している。このことは、「早期の在宅支援を効果的に展開するために基盤となるのが多機関協働であり」、「家庭以外で長い時間を過ごす学校との協働はなくてはならない」ことを示している。このように早期支援は、学校におけるセーフガーディングの活動としても重要であることがわかる。

（2）早期支援の対象

　では、どのような子どもや家庭、あるいは事象が早期支援の対象と考えられているのだろうか。

　学校／カレッジ職員対象の「Keeping children safe in education 2018」では、どの子どもも早期支援により利益を受けるが、特に早期支援のポテンシャルニーズがある子どもとして注意を払う必要がある問題として、表4-1に

第4章　イギリスの「支援を必要とする子ども」への対応と支援　91

表4-1 〈Keeping children safe in education 2018における早期支援の対象〉

①身体障がいのある子ども、および特別に付加的ニーズがある子ども
②特別な教育的ニーズを持つ子ども（法的文書であるEHC[2]プラン対象かどうかに関わらない）
③ヤングケアラー
④反社会的行為あるいは犯罪行為に至る兆候のある子ども（ギャングに入っている、あるいは組織された犯罪グループに入っている子どもも含む）
⑤ケア（の場）や家から頻回にいなくなる子ども
⑥トラフィッキング[3]、搾取、のリスクのある子ども
⑦過激思考を持つ、あるいはそれに晒されているリスクのある子ども
⑧子どもの成長にとって問題のある家庭環境にいる子ども—たとえば薬物やアルコールの乱用、成人の精神的健康に関わる問題、ドメスティック・アビュース
⑨薬物やアルコール乱用の問題を持つ子ども
⑩地方当局のケアのもとから子ども自身の家に戻った子ども
⑪私的里親のもとにいる子ども

出典：DfE（2018）pp.7～8から筆者訳

示す問題を挙げている。これらは、学校のみならず、福祉・司法・医療保健分野と連携して早期に取り組む必要がある問題である。

　また早期支援が必要な場合は、DSLは他機関との協働のもとに他の教職員を支えることや、状態が改善されないか悪化した場合はソーシャルケアへの相談・通告（リファー）を考慮に入れたレビューを継続して行う必要性についても記載されている（第2章1節図2-1）。

（3）学校における早期支援の取り組み

　学校における早期支援の取り組みとはどのような活動だろうか。第2章表2-4「DSLの典型的な1日」から見ていきたい。

□「インターネットの安全」の問題がある子どもAへの支援

　　「娘の携帯電話に不適切なメッセージを見つけたため警察へ報告した」との保護者からのDSLへの電話でスタート。まず子どもAに面接して状況を把握し、インターネットの安全に関して話した結果、大丈夫のようなので警察からの電話を待つことにした。その後に警察からの連絡を受けて、

---

2)　教育・健康ケアプラン（Education, Health and Care plan）：子どもや若者の特別な教育・健康・ソーシャルケアニーズについて書かれた法的文書。
3)　女性や児童を性的搾取などのために取引する行為。

92　　II. 学校と福祉・医療におけるケアと支援

DSLが警察に電話をかけなおし、その日に警官が来校するアポイントを取る、との流れで、警察との連携を視野に入れて動いている。

この場合、子どもと面接した上で安全を確認し、インターネットの安全について指導している。その後、警官が来校した時の動きは、警察官と子どもとの面接の場の設定を行い、情報を交換する流れになると思われる。子どもと警察官との面接が行われた場合は、性的虐待や性的搾取・セクスティング・ネット犯罪などに巻き込まれていないかの確認が行われ、その可能性があると判断された場合は、警察による更なる調査などの展開になると思われる。この事例では、その心配はないと判断され、インターネットの安全に関する指導が行われている。

□「自傷行為」のある子どもBへの支援

「娘の腕に気になる跡があり、自傷行為と思われる」との保護者からのDSLへの電話でスタート。子どもBとの面接で「両親が頻繁に言い争うので別れるのではないかと心配した、自傷行為についてはインターネットで調べた、傷つけたあとは気持ちがましになった」ことを把握している。DSLの動きとしては、保護者からの電話の時点で、スクールナースとの連携を視野に入れて保護者の了解を得、また子どもにも「スクールナースに診てもらいたい」との意向を確認し、「そのことを保護者にも伝える」ことを子どもに伝えている。

この場合、子どもの面接で、自傷行為の背景や子どもの状態を把握している。自傷行為の背景には、虐待やいじめ、家庭の問題などが潜んでいる場合があり、またケアにあたっては、子どものメンタルヘルス専門機関への診察につなぐ必要がある場合もあるため、子どもと保護者の了解の上でスクールナースへつなぐという動きをしている。子どもが繰り返し自傷行為を行う場合は、両親間にDVがあり子ども自身への虐待もある場合や、いじめ等で積極的な治療的介入が必要になる場合もあるため、慎重な対応が必要である。

□「登校を拒否している子ども」への支援

「息子が学校に行くことを拒むのでいじめにあっているのでは」との保護者からDSLへの相談でスタート。保護者との面接で、「息子と話した結

果、宿題ができていないことが理由という事がわかった」とのことを把握している。保護者の心配を受けて、担任教師へ繋ぐ動きをすると思われる。この事例では、宿題のみが原因かどうかまだわからないが、少なくとも保護者の心配を担任教師に繋ぐ動きをしている。

　登校拒否／不登校の背景には、いじめや虐待、家庭の問題などが潜んでいる場合もあるため、子どもやクラスの状況を知っている担任教師との話し合いをしながら、また保護者を支えながら支援する流れになると思われる。

　上記3事例は、「インターネットの安全」や、「メンタルヘルス・情緒面でのウェルビーイング（精神的安定）のために特別なニーズのある子ども」への支援である。事例がその後どのように展開するか、この時点ではまだ定かではないが、悪化することを防ぐ活動という点から、早期支援の活動と言えよう。

2. 虐待（abuse）と、セーフガーディング に関わる特定の問題

（1）虐待（abuse）

　ガイドライン「Keeping children safe in education 2018」では、教職員は「虐待とネグレクトやセーフガーディングの問題は単独で起こることは少なく、多くのケースでは複数の問題が重なっている」ことを知っている必要があるとの記述がある。また虐待について、「家庭や施設、コミュニティにおいて、被害者は顔見知りや稀には顔見知り以外から虐待され」、「オンラインやオフラインでも起こりうる」もので、「加害者は成人（1人あるいは複数）、または他の子ども（1人あるいは複数）の場合がある」と説明している。その上で虐待の類型として、身体的虐待(physical abuse)、情緒的虐待（emotional abuse）、性的虐待（sexual abuse）、ネグレクト（neglect）についての説明がある。

　上記の abuse に関する説明は、日本の児童虐待防止法における子ども虐待の定義とは異なる部分があり、特に加害者に保護者や監護者以外の大人や子どもも含まれる点が異なっている。しかし「子どもの権利の侵害」という基本的な観点と重大な危害を被るという点は共通している。

表4-2　子ども虐待およびセーフガーディングに係る特定の問題

①虐待
②ドメスティック・アビュース
③ネットワーク上のいじめを含むいじめ
④子ども間の虐待（性暴力／セクシュアルハラスメント、身体的暴力など）
⑤学校からいなくなった子どもたち
⑥居所不明児
⑦子どもを対象とした性的搾取
⑧薬物乱用
⑨メンタルヘルス
⑩刑事裁判における目撃者としての子ども
⑪薬物売買や運び屋などの犯罪に未成年者が利用されること
⑫ギャングおよび青少年の暴力
⑬セクスティング [4]
⑭強制結婚
⑮女性性器切除
⑯過激思考の予防
⑰ホームレス
⑱私的な里親養育

出典：DfE（2018）p15、pp.87-88 から筆者抽出および訳

（2）セーフガーディングに係る特定の問題

　ガイドラインは、教職員は子どもを害するリスクがある問題として「薬物やアルコール乱用・学校からいなくなること・セクスティングなど」を知っている必要があり、また「子ども間で起こる虐待（アビュース）」も明らかなセーフガーディングの問題であることを知っている必要があると指摘している（子ども間の問題とは、いじめ、身体的虐待、性暴力やセクシャルハラスメント、セクスティングなど）。さらにセーフガーディングの特定の形態として、子どもと裁判（刑事裁判における目撃者としての子ども）や、家族が服役中の子ども、も挙げられている。

　表4-2は、ガイドラインに詳細な情報が載っている「子ども虐待およびセーフガーディングの特定の問題」である。それらには現在の日本においても課題である問題と、イギリスの社会状況が反映されている問題がある。

　前述した早期支援の対象と比較してみると、教員が知っているべき「特定

---

4)　社会的メディアを用いて性的欲求を刺激する画像をやり取りする行為。

の問題」とは子どもの安全と健全な発達を阻害するリスクが高く、よりインテンシィブに対応する必要がある問題である。すなわち、子ども虐待やいじめに関連する諸問題、児童福祉、精神保健、司法／警察との連携が必要な問題などで、学童期〜青年期にかけて学校現場で重要な事案として取り組む必要のある問題である。

　さて、次に上記特定の問題の中から、本節では「子ども虐待」、「性暴力（sexual violence）／セクシャルハラスメント（sexual harassment）」、「ドメスティック・アビュース（domestic abuse）」についてより詳しく見ていきたい（子ども虐待への取り組みは、次項で述べる）。

〈学校／カレッジにおける子ども間の性暴力とセクシャルハラスメント〉

　ガイドライン2018年版では、事象を理解する際の概要として、「どの年齢・性でも起こりうるもので、それによる否定的影響は長い間続き、学業達成にも甚大な影響を与える。性暴力とセクシャルハラスメントは連続しており、時には一緒に起こることもある。オンラインでもオフラインでも起こりうるが決して容認されるものではない。子どもからの相談に対する最初の対応は重要で、すべての被害者は真剣に受け止められて適切な支援と安全の確保が重要である。またスタッフは、女児、特別な教育的ニーズや障がいを持つ子ども、LGBTの子どもは被害を受けるリスクが高いことを知っているべきである」と説明されている。

　スタッフが性暴力について相談・通告（リファー）する際は、「『the Sexual Offences Act 2003』に記載されている性犯罪を相談・通告する」と述べられており、レイプ（rape）[5]、挿入を伴う暴力（assault by penetration）[6]、合意なく性的に触れること（sexual assault）の具体的な説明と、同意（consent）についての記述がある。

　またセクシャルハラスメントについては、「性的な様相をもつ望まない行為（unwanted conduct of a sexual nature）で、オンラインでもオフラインでも

---

5)　合意なく膣や肛門や口にペニスを挿入すること。
6)　合意なく身体の一部や物を膣または肛門に挿入すること。

起こりうる」、「セクシャルハラスメントに関して相談（リファー）する際は、子ども間のセクシャルハラスメントという文脈で相談（リファー）する」との説明がある。

性暴力とセクシャルハラスメントへの対応に関しては、パート5に13頁にわたって記述されている。たとえば、「被害児が打ち明けた時の対応」に関しては、「子どもからの相談に対する最初の対応は重要で、すべての被害者は真剣に受け止められて適切な支援と安全の確保が必要である。スタッフが気づいたり子どもから打ち明けられた時は、相談・通告（リファー）のプロセス（本書では第2章図2-1）に沿ってフォローすべきである」と記述されている。また、「リスクアセスメント」「ソーシャルケアへの相談・通告（referral）や警察への報告（report）」「被害児を守り支援する」「加害児と被害児がともにクラスにいる時の対応」「加害児への対応とサポート」などが詳細に記載されている。

「子ども間の性暴力」への対応と支援は、「大人から子どもへの性暴力」の対応と支援とは異なる側面がある（八木・岡本2017）。ガイドラインは学校やカレッジにおける事象への対応を扱っているが、日本の学校や児童福祉施設でこの問題に対処していく際に参考になる内容である。

イギリスにおいては上記の問題に限らず、「性的虐待」や「性的搾取」、「セクスティング」などが以前から重要な問題として認識されており、「性・人間関係教育」や「人格的・社会的・健康教育（PSHE）」に代表される予防教育のテーマとしても扱われてきている状況がある（第6章2節参照）。日本においても、予防教育をどのように行っていくかは重要なテーマである。

〈ドメステイック・アビュース〉

ガイドラインでは、「ドメステイック・アビュースは、あらゆる形での支配・強制・脅す言動であり、それは性別にかかわらず、16歳以上の親密なパートナー間あるいは家族メンバー間で起こる暴力や虐待である」と述べ、続いて、類型（身体的・心理的・性的・経済的・情緒的）と、長期にわたる否定的な心理的影響について説明している。また、被害児者がサポートを求めることができるリンクの紹介もある。

筆者らが研究の一環として、2014 年に訪れたセントラル・ランカシャー大学（UCLAN）のロレーヌ・ラドフォード（Lorraine Radford）教授の研究室では、ドメスティック・アビュースの予防教育の研究に重点をおいており、協力校でその実践を始めていた。またイーストサセックスでは地方当局が中等学校向けの予防教育の資料（East Sussex Domestic Violence and Abuse Protocol for Schools）も発行していた。

「ドメスティック・アビュース」に関しては、今後、日本の学校や子ども家庭福祉分野においても、DV がある家庭に子どもがいる場合の被害を受けた親子への対応や支援について、警察や女性相談機関、民間組織等との連携でどのように取り組んでいくか、大きな課題となっている問題である。この問題に関するイギリスにおける研究や実践は、日本においても示唆に富むものとの印象を持った。

3. 子ども虐待への対応——学校・福祉・警察の連携

（1）モデル事例から見る子ども虐待への対応

　イギリスにおける子ども虐待への対応の仕組みに関して、第 1 章ではソーシャルケアの立場から、第 2 章では学校の立場から述べてきた。

　ここでは、レスターシャーのセーフガーディング開発オフィサーであるサイモン・ジェンダーズ氏による 2016 年日本子ども虐待防止学会おおさか大会国際シンポジウム報告資料に沿って、第 1 章のフローチャートと第 2 章の図 2-1 を念頭におきながら、子ども虐待対応の一連の流れを見ていきたい。

　提示されたモデル事例は、「登校してきた時に、顔に傷があった事例（小学生）」で、対応の優先度が高い事例としての提示である。

〈登校してきた時に教員が顔の傷を発見した小学生〉

①学校での発見～相談・通告（第 2 章図 2-1 参照）
◇傷に気づいたスタッフが、子どもに「何があったの？」と尋ね、懸念がある場合はそれを DSL に報告する（他の子どもがいない静かな場所で尋

ねる、また子どもの話す中身は裁判所での証拠になるかもしれないので、詳細な質問はすべきではない）。

◇DSLは地域の子どものソーシャルケア（Children's Social Care）に電話をかけて、起こっていることを伝え、家族の情報もすべて提供する（相談・通告の様式がある）。

◇もし、顔の傷が家族によって引き起こされたと判断した場合は、親によって証拠が隠滅されることを防ぐために、この時点で親への接触はしない（親が子どもに黙っているように説得したり、虚偽の話をねつ造したりするよう圧力をかけたり、といった機会を防ぐため）。

②相談・通告後の警察とソーシャルワーカーの動き（第2章図2-1、第1章フローチャート1、2、3、4）

◇DSLから相談・通告を受けたソーシャルケアでは、ソーシャルワーカーがその事案にどのように対応するか決定する。この事例のようにリスクが高いと判断しているケースを相談・通告する際、DSLは子ども保護ユニット（Child Protection Unit）の警察官がソーシャルワーカーと一緒に学校にきて子どもと話をすることを想定している。子ども保護ユニットの警察官は高度な研修を受けており、また明らかにそれとわかるような制服を着ずパトカーでも移動しない。

◇警察官はソーシャルワーカーと学校に到着して簡潔（briefly）に子どもと話をし、ビデオ記録を取りながら子どもに話を聞く（筆者注：司法面接）かどうかを決める。

◇そのように決定したら、司法面接を行う場所に子どもを連れていって司法面接を行い、裁判所へ提出するための記録を取る（そうすることで、子どもは苦しい話を繰り返す必要がなくなる）。そして何が子どもにとって最も利益になるのかを考慮しながら、ソーシャルワーカーと一緒に、裁判所を提出するすべての証拠を集める。怪我の程度や、その傷がどうやって引き起こされたか、何らかの道具でなされたものか、等について専門的に評価してもらうために、子どもは資格のある医師（Qualified Doctor）による医学的診察を受ける必要がある。証拠のための写真も撮られる。

第4章　イギリスの「支援を必要とする子ども」への対応と支援　99

◇その結果、家族によってその傷が引き起こされたと判断された場合、ソーシャルワーカーと警察官は、誰が子どもの面倒を見るのに最適かを決める。加害者を逮捕して（子どもを）加害者ではない親の元に戻すかもしれないし、それが不可能な場合は祖父母など他の家族に預けるかもしれない。ソーシャルワーカーは誰が最適かを照会（enquiry）する。そして加害者は、安全な人が同席しているとき以外は自分だけで子どもと会うことは許されない。

③子ども保護カンファレンス（第1章フローチャート4、5）

◇ソーシャルワーカーが、子どもが更なる危害や虐待にあうリスクがあると判断した場合、最初の子ども保護カンファレンスを設定する。この会議は、親を含むすべての関係者（たとえば、学校のDSL、ソーシャルワーカー、警察、医療・保健の職員など）が出席する会議である（第2章図2-3）。

◇子ども保護カンファレンスでは、経験豊富な（experienced）ソーシャルワーカーが議長を務め、子どもの安全に関するすべての懸念（家族の他の子どもにもリスクがあるかもしれない）について議論を行う。懸念事項は、家族に明確に説明され、会議の出席者全員が、子どもたちにとっての危険やリスクについて意見を述べる。彼らはまた、家族の中でうまくいくことは何か、子どもへのリスクを軽減するためにはどのような対応をしたらよいか、特定しようと努める。

◇もし子ども保護プランの対象となった場合、子どもは、ソーシャルワーカー、学校、子どもと定期的に接触のあるすべての人によって、モニタリングされる。

④子ども保護レビューカンファレンス（第1章フローチャート5）

◇子ども保護プランを再検討する初めての子ども保護レビューカンファレンスは3か月以内にもたれ、計画がうまくいっているか、子どもは安全か、の確認が行われる。深刻な危害の懸念が残っている場合、子ども保護プランは継続して検討され、会議は数か月ごとに行われる。すべての専門家が満足できるようであれば、深刻な懸念はもはや存在しないということで、子ども保護プランの対象から外れる。その後、家族への支援を今後も継続するか決定する。

◇問題に対処する家族を支援するために提供される幅広い様々な支援サービスがある。たとえば、子どもの問題行動に対処する子育て支援、ドラッグやアルコールに関する支援、負債の管理、メンタルヘルスのカウンセリング、等。

⑤地方自治体のケアに入る（into care）（第1章フローチャート6）

◇家族の問題が非常に深刻で、子どもが安全でない場合は、ソーシャルワーカーは子どもを家族から引き離す決断をする。通常、子どもにとっては、広い範囲での家族に世話をしてもらうのがベストだが、適切な人が誰もいない、あるいはその子どもを支援したくないといった場合は、子どもは地方自治体のケアに入る。

◇子どもは報酬を受け取っている里親と暮らすことが多い。しかし時には、家族の状況が改善された場合には、子どもは自分の家族のもとに帰ることもある。また、ずっとそのまま新しい家族と暮らすこともある。子どもが一生新しい家族のもとで生活するかどうかは、家庭裁判所が決定する。

〈ジェンダーズ氏のメッセージ：このような流れの中で大事なことは、当該の子どもと家族についてのすべての情報が集約されることで、そうすると、最善策を見つけることができます。また重要なことは、子ども自身がなにを望んでいるかを見出すことです。常にそれが可能とは限りませんが、子ども自身が望んでいることを見出すことは重要です。〉

出典：2016年11月26日に開催された日本子ども虐待防止学会おおさか大会国際シンポジウム資料を基に筆者作成

　上記事例では、子ども虐待対応における機関連携の重要さを示している。学校での対応に注目すると、発見時の留意点や、通告に際しての保護者への対応に関する留意点（第2章1節参照）が示されている。またDSLの関与としては、ソーシャルケアへの通告、子ども保護カンファレンスや子ども保護レビューカンファレンスへの参加、および子ども保護プランの実施に際しての役割も示されている。

第4章　イギリスの「支援を必要とする子ども」への対応と支援　101

（2）相談・通告後のソーシャルケアや警察の動き──2017年の訪問調査から

　モデル事例に示された相談・通告後のソーシャルケアや警察の動き、またソーシャルケア部門から見た学校との連携の実際などについて把握するために、2017年にレスターシャーへの訪問調査を行った。

　ソーシャルケア部門の動きについては、子ども保護カンファレンスの議長も務めたことがあるソーシャルワーカーのマーク・ゴダード（Mark Goddard）氏へのインタビュー調査を行った。（2017年9月20日、21日）

　学校からの相談・通告（リファー）はソーシャルケアの一部門である第1対応部門（First Response）で受理して事案のプライオリティレベル（第2章表2-1参照）を判断し、どのように対応するかをソーシャルワーカーが決定する。モデル事例のように、学校に警察官とソーシャルワーカーが出向いて子どもに会う必要があると判断した場合は、警察官とソーシャルワーカーが一緒に学校を訪問し、学校で子どもへの短い面接を行う。その結果、事案が犯罪（criminal）行為にあたらない、あるいは司法対応を行うレベルではないと判断した場合には、ビデオ記録をとるインタビュー（司法面接）は行わない。司法面接へと進まない場合は、警察官は帰り、その後、ソーシャルワーカーが子どもと家族へ対応する。

　上記のモデル事例では、子ども保護カンファレンスに、親（保護者）も出席すると紹介しているが、実際は、保護者の出席を認めない場合もある（第2章第1節）。出席を認めるかどうかは、カンファレンス議長が判断する。また子ども保護カンファレンスへの子どもの参加に関しては、子どもの意向を聴きながら慎重に判断しているとのことである。

　さらに、DSL制度ができたことによる学校とソーシャルケアとの連携のあり方について、ゴダード氏は次のように述べ、DSL制度を高く評価した。「DSL制度ができる前は、子ども保護プラン対象の子どもや社会的養護の子どもへの学校の対応は、そのような子どもたちによく対応し支援する校長と、逆に社会的養護の子どもが入学することを好まない校長もいたが、DSL制度導入後は、学校間でそのような差はなくなり、ソーシャルケアとの連携は非常にスムーズになった」

　一方、連携の質に関しては、DSLとソーシャルワーカーの個人的要素に

左右される点もあるとの見解も述べられた。

　また、この訪問時には、警察（Wigston Police Station）、性暴力支援セン
ター（Juniper Lodge）[7]、社会的養護の子どもの生活施設の一つである子ども
の家への訪問調査も行った。警察ではセーフガーディング・ハブ担当者から、
学校との連携や子どもを対象とする性的搾取チームなどに関する説明を受け
た。Juniper Lodge は、警察署とは離れた場所にある独立した建物で、そこ
には司法面接を行う部屋、医学診断を行う部屋、付き添ってきた保護者のた
めの待合室などがあった。Juniper Lodge では、ビデオを用いての司法面接
の説明も受けた。

　2017 年にはブライトンとハヴのソーシャルケア部門の訪問調査も行った
が、今回の調査では、ソーシャルケアや警察の動きに関しては、現場の動き
の概要を把握したに留まっている。しかし、ソーシャルケアの立場から見て
も、学校との連携に関しては、DSL の存在の意義が大きいということを確
認した。

第 2 節　社会的養護の子ども（Looked after Children：LAC）への学校における支援

1．社会的養護の子どもの教育に関する支援

（1）社会的養護の子どもの教育に関する支援の流れ

　社会的養護の子ども[8]とは、里親等の代替養育にある子どものことで、現
在、イギリスにおける代替養育の約 70% は里親養育が占めている（第 1 章 2

---

7)　Juniper Lodge：www.juniperlodge.org.uk/about-us/
8)　Looked after Children とは、1989 年児童法によると、地方自治体に養護されている、あるいは 24
　　時間以上自治体に保護されている子どもである。それには以下が含まれる。
　　○親との自発的合意（セクション 20）により地方自治体によって措置されている（accommodat-
　　ed）子ども、○ケア命令（Care Order、セクション 31）、または暫定命令（セクション 38）の
　　対象となっている子ども、○緊急保護命令（セクション 44）の対象となっている子ども（*The
　　designated teacher for looked- after and previously looked-after children 2018*、p41、石川由美訳）。

第 4 章　イギリスの「支援を必要とする子ども」への対応と支援　　103

節）。

　近年は、その子どもたちの予後（outcome）調査等により、福祉的支援のみならず教育分野における支援の重要性が指摘されてきている。

　そこで、社会的養護の子どもへの教育に関する支援の流れを考える時、まず里親に委託された子どもの教育や学校との連携のあり方はどのように扱われてきたのか、という視点から見ていきたい。

　近年邦訳された里親のための『フォスタリングチェンジ』から見ると、社会的養護の子どもの教育に関する知見の積み重ねにより、その子どもたちの予後を改善する（委託の安定性を高め子どもの健康と学業成績を向上させる）ことが目標として掲げられ[9]、第2版では「子どもの学習を支援する」セッションがプログラムの中に取り入れられてきた流れがある。この第2版では、「2008年の児童青少年法以来、すべての学校にはLACのための特別教員が配属されることが法的に義務づけられたこと」や、個別教育計画（Personal Educational Plan）、里親と特任教員の連携の必要性、ソーシャルワーカーの役割や責任、などについても記載されている。また専門家や里親にとって必要なこととして「若者が自らの教育的経験について語っていることに耳を傾け理解すること」で、「委託されている若者は自分たちの肯定的属性を理解し、肯定的で現実的な期待、特に教育的および学業成績での期待を寄せてくれる養育を必要としており」、これは社会的養護下の子どものレジリエンスと保護的要素の促進にとって重要な部分であると指摘している。この指摘は、国が変わっても非常に重要なことで、子どもの周囲にいる大人たちは常に心にとめて取り組む必要がある。

　さて、この流れは、地方自治体においてはどのように実践されてきたのだろうか。

　一例として、筆者らが2016年にオックスフォードシャーの学校を視察した際に入手した、地方当局発行の里親や養親向けのハンドブックの構成を見ていきたい。ハンドブック[10]には、里子や養子を迎えた家庭にとって子どもが学校生活を送るうえで知っておきたい知識、たとえば「①入学前から入

10）Anne Peake（2010）参照。

学後の手続き、②初等学校から中等学校への移行、③バーチャル・スクール（virtual school）[11]、④学校における社会的養護の子どものための特定教員（Designated Teacher）、⑤個別教育計画（Personal Educational Plan）、⑥特別な教育的ニーズ（Special Educational Needs：SEN）、⑦子どもが学校生活をスムーズに送るための知識、⑧停学や退学、⑨宿題やインターネットとの付き合い方」などがわかりやすい表現で網羅されている。これから見ると、国の施策のみではなく各地方においても社会的養護の子どもへの教育の必要性が認識され、取り組まれてきたことがうかがわれる。

（2）統計からみる、イングランドの社会的養護の子どもの予後（outcome）

　2019年4月に教育省から公表されたイングランド地方自治体による社会的養護の子どもの予後に関する2018年の統計[12]によると、キーステージ2[13]の社会的養護の子どもの読み・書き・計算・文法に関する達成度は、社会的養護の子どもを省いた支援が必要な子ども（child in need）より少しよいが、両者とも社会的養護ではない子どもの達成度より有意に低いことが示されている。またキーステージ4の平均的達成度においても、同様な結果が見られている。

　次に特別な教育的ニーズ（Special Educational Needs）との関連では、社会的養護の子どもはすべての子ども（all children）よりも約4倍の特別な教育的ニーズがあり、特別支援教育ステートメントや教育・健康ケアプラン（EHCプラン）の保有率は約9倍との結果がある。その場合、<u>特別支援教育ステートメントか教育・健康ケアプランを持つ社会的養護の子どもに最も多く見られる、特別な教育的ニーズの主な課題</u>（primary type of Special educational need）は、<u>社会的・情緒的・メンタルヘルス</u>（Social, emotional and

---

11）バーチャル・スクールとは、実際に存在する建物で青少年が学ぶのではなく、子ども・学校・家族局内の特化した専門家によって、幼稚園・学校・カレッジなどで社会的養護の子どもおよびケアリーバーが成功するよう、教育上の支援を促進し調整するサービス。（大ロンドン merton 行政区の説明から）。バーチャル・スクールに関する情報（優先事項、業務内容、職員構造なと）は、オックスフォードシャー作成のリーフレット「社会的養護の子どもとケアリーバー（0-25）のためのバーチャル・スクール」と「オックスフォードシャー VSH 報告 2016-2017」も参照の事。

12）DfE（2018）。

13）第6章表6-3参照。

mental health）の問題であり、約40%弱の社会的養護の子どもがこの課題を持っている。一方、自閉スペクトラム症、言語／コミュニケーションの問題、特定の学習障害（限局性学習症）などの発達障がい関連の課題を持つ子どもは、すべての子どものグループの方が社会的養護の子どものグループより多いとの結果が示されている。

　以上の結果は、社会的養護の子どもへの教育的支援が必要であることを統計的に示している。

（3）社会的養護と元社会的養護の子どもへの教育的支援の必要性

　ここでは2018年に教育省から出された四つの文書から、社会的養護と元社会的養護の子どもへの教育的支援の必要性について、見ていくことにする。

　Keeping children safe in Education 2018 では、パート2に社会的養護と元社会的養護の子どもに関する記述がある。そこには、「①社会的養護になる理由は大部分が虐待やネグレクトの結果であり、②学校管理者はスタッフがそのことを知り、安全を守る知識を持つことを保証すること、③実親との接触に関する情報やケア・アレンジメントなどの情報を知る適切な人物が必要なこと」が述べられている。また「④ DSL は当該の子どものソーシャルワーカーやバーチャル・スクール・ヘッド[14]（virtual school head）に関する詳細な情報を持っている必要があり、⑤社会的養護の子どもの教育的達成を促進するために、学校管理者は学校内に社会的養護の子どものための特定教員（Designated Teacher：DT）を置かねばならず、特定教員（DT）は元社会的養護の子どもの教育的達成を促進する責任もある」と述べられている。

　また、子どもを支援する教職員向けに出された文書「学校におけるメンタルヘルスと行動」に記載された社会的養護と元社会的養護の子どもに関する項[15]では、「子ども時代に虐待やネグレクトの体験や、他のトラウマ的な逆境体験がある場合は、子ども時代から成人期に至るまでその影響が続く。その子どもたちは支援が必要な子どもとして、あるいは社会的養護の子どもと

14）脚注10）のバーチャル・スクールの最高責任者。本文3（1）を参照。
15）DfE（2018）p.19.

106　Ⅱ．学校と福祉・医療におけるケアと支援

して法的なケアを受けているだろう」と述べている。そして「教員は、この子どもたちがどのような体験をしてきたかや、子どもたちは特別な教育的ニーズやメンタルヘルスへの支援の必要性が高いことを知っていることが鍵であり」、そのうえで、「子どもを総合的に理解し支援するためにも学校とソーシャルケアとの協働は必要で、社会的養護の子どものための特定教員（DT）やバーチャル・スクール・ヘッドが助言や専門的アドバイスをするだろう」と述べている。

　そのような状況を背景に、社会的養護と元社会的養護の子どもの教育的支援を実施するための二つの法定指針「The designated teacher for looked-after and previously looked-after children 2018（以下、法定指針『社会的養護と元社会的養護の子どものための特定教員』と表記）」、「Promoting the education of looked-after children and previously looked-after children 2018（以下、法定指針『社会的養護と元社会的養護の子どもの教育促進』と表記）」が発行されている。二つの指針では、支援の必要性について、「社会的養護と元社会的養護の子どもの多くは、学校の中断や学校に行かない時期が長いなどの空白期間を持つ子どもが多く、育ってきた体験からの情緒的影響により学業促進が妨げられることや、特別な教育的ニーズがある子どもの比率が多いことがある。学力水準データでもキーステージ2とキーステージ4で遅れが見られること等から支援が必要である」と記述されている。

　このように四つの文書の表現は多少異なるが、いずれも統計的データをもとに社会的養護と元社会的養護の子どもに対する教育的支援が重要であることを指摘している。

　では次に、法定指針「社会的養護と元社会的養護の子どものための特定教員」と、「社会的養護と元社会的養護の子どもの教育促進」を中心に、どのような支援構造があるのか、また実際の取り組みはどのようになされているのか、見ていく。

2.　社会的養護の子どもの教育に関する指針が基づく法律と対象者

　法定指針「社会的養護と元社会的養護の子どものための特定教員」と、

「社会的養護と元社会的養護の子どもの教育促進」が基づく法律とその対象者は、次のように定められている。

□法定指針「社会的養護と元社会的養護の子どものための特定教員」は、2009年の「社会的養護の子どものための特定教員の役割と責任」の改訂版で、2008年児童青少年法の第20条、2017年児童およびソーシャルワーク法、2009年社会的養護の子ども等に関する特定教員（イングランド）規則に言及している。指針の対象はイングランドの公立学校の理事会、アカデミー経営者、それらの学校における社会的養護と元社会的養護の子どものための特定教員（DT）である。

□法定指針「社会的養護と元社会的養護の子どもの教育促進」は、1970年地方自治体ソーシャルサービス法の第7条に基づいて発行されており、2014年7月に発行された「社会的養護の子どもの教育上の成果の推進」にとってかわるものである。また1989年児童法、2014年児童法および家族法、2017年児童およびソーシャルワーク法により修正されたものに言及している。対象は、地方自治体の職員（特にチルドレンズサービスの責任者）、バーチャル・スクール・ヘッド、ソーシャルワーカー、地方自治体の養子縁組後サポートチーム、入学決定権限機関としての地方自治体の役割担当職員、特別な教育的ニーズおよび障がいの部署、独立審査官、ケア終了サービスの主要メンバーなどである。

3. 社会的養護の子どもへの教育に関する支援の担い手

支援の担い手は、地方自治体に雇用されるバーチャル・スクール・ヘッドと、各学校で指名される社会的養護の子どものための特定教員（以下、特定教員）である。

（1）バーチャル・スクール・ヘッド（VSH）

バーチャル・スクール・ヘッドは、その自治体が担当している社会的養護の子どもの教育体験と成果を向上させるために体制を整備する最高責任者であり、イングランドの各地方自治体はそれらの子どもの教育上の成果を推進

する義務を果たすために職員を雇用し任命しなければならない。また元社会的養護の子どもに関しては、バーチャル・スクール・ヘッドは親にアドバイスや情報を提供することで、できるだけ有効に親が子どもの養育者になれるように支援する役割を担う。

（2）特定教員（Designated Teacher）

　公立学校の理事会およびアカデミー経営者は、適切な資格を持つ特定教員を指名し、学校に在籍する社会的養護と元社会的養護の子どもの教育上の達成を促す責任を果たすように留意しなければならない。そのために、特定教員が適切なトレーニングを受けるように留意する必要がある。

　特定教員を指名する際に考慮されることを以下に示す。

□ベテランで専門的経験があり、社会的養護と元社会的養護の子どもへの教育や学習上のニーズに関して決定するようなリーダーシップを持ち、トレーニング・情報・課題や、（子どもに関する）アドバイスを関係者に提供できるかどうか

□学校内で上層部や理事会と協力して社会的養護と元社会的養護の子どもの育ちを適切に進めることができるような力があるか

□研修は授業担当義務の軽減を含み十分確保できるようにしているか（1年のうち最低2日）

□特別な教育的ニーズ、身体的健康、メンタルヘルスのサポートなどについて、学校内外でどのような専門的サポートを活用できるか

（3）バーチャル・スクール・ヘッドと特定教員の役割と支援の実際

　表4-3はバーチャル・スクール・ヘッドと特定教員の役割と支援の実際について、二つの指針から一部抜粋要約したものである。子どもの声を聴き子どもが望みを持つように働きかけることなど、子どもを中心において支援することを強調しており、その際の具体的な動きに関して整理されている。

（4）特定教員の役割の果たし方

　特定教員には表4-3に示した役割があるが、その役割の果たし方は学校に

第4章　イギリスの「支援を必要とする子ども」への対応と支援　109

表4-3　バーチャル・スクール・ヘッドと特定教員の役割

バーチャル・スクール・ヘッドの役割
1）子どもの声を聴くこと 　　子どもの年齢と理解度に応じて教育上のニーズを特定し充足する。その際、他の関係者たちが教育や個別教育計画に関する<u>子どもの希望や気持ちを聴き、考慮することの大切さ</u>を理解するように手助けする。 2）適切な教育を確保すること 　　適切な学校に配置されるよう、ソーシャルワーカーをサポートする。 3）有効なシステムを構築すること 　＊社会的養護の子どもの最新状況を把握し、学校への配置、出席、教育上の進歩についての情報を収集する。 　＊子どものメンタルヘルス、特別な教育ニーズまたは障害についての十分な情報が教育現場に知らされており、それによって適切な支援が提供されるようにする。 　＊校長や特定教員に、バーチャル・スクール・ヘッドの所属する地方自治体の社会的養護の子どもが在籍していることを伝える。 　＊ソーシャルワーカー、特定教員、学校、養育者、独立審査官が児童の個別教育計画を始動・作成・見直し・更新する上で各自の役割と責任を自覚し、個別教育計画で特定されたニーズの充足のために何ができるかを理解するようにする。 　＊個別教育計画は教育の成果に焦点をおき、最新内容になっており、有効、高品質であるようにする。そしてすべての社会的養護の子どもがそのような個別教育計画を持つようにする。 　＊適切な教育の中断や遅れを回避する。また、複数の機関が連携して動くことに伴って教育体制が予定外に打ち切られないようにする。このために他の自治体との交渉が必要な場合は、子どもの利益を最優先して迅速に行う。 　＊社会的養護の子どもの福祉促進の責任を持つ全員が、社会的養護の子どもの教育上の達成が優先事項であることを認識するようにする。 4）社会的養護および元社会的養護の子どものための教育助成金（pupil premiun plus）の適切な運用

出典：「社会的養護と元社会的養護の子どもの教育促進」から筆者抽出、石川由美訳

特定教員の役割
1）社会的養護と元社会的養護の子どもの教育的達成を促進するリーダー 　　バーチャル・スクール・ヘッドと共に学校に在籍する社会的養護と元社会的養護の子どもの教育を促進し、学校全体の風土を、彼らの個人的学習ニーズが大切にされ、個人的・情緒的・学業上のニーズが優先されるようにする。 2）社会的養護と元社会的養護の子どもが、<u>どのように学び成果を出すか</u>、<u>学校全体でいかに教育的達成を支援するか</u>、の2点に影響を与える事項を学校のスタッフ全員が理解する上で重要な責任を負う。 　＊社会的養護と元社会的養護の子どもの学習に高い期待を持ち、教育上の発達進度を上げるための目標を設定する。 　＊家族の喪失や離別などの心理的影響で大人との信頼関係確立が難しい子どもがおり、そのことが子どもの行動への影響を与えるとの認識を持つことへの支援。 　＊彼らを均質な集団ではなく個人として扱い、また他の子どもから区別して扱わないこと。 　＊社会的養護と元社会的養護の子どもであることを誰が知っているかに関わる重要性について、教職員全員が理解することの支援。 　＊教員・ソーシャルワーカー・養育者との理解の共有、また自分がサポートされていることを子ども自身が理解する上で、個別教育計画が中心的役割を果たしていることをスタッフ全員が知っていることの支援。 　＊元社会的養護の子どもの教育を決定する際に親や養育者と協働することの大切さをスタッフ全員が理解し、親や養育者がアドバイスを求めるときの窓口になること。 3）社会的養護と元社会的養護の子どもに関する<u>学校風土の促進</u>。 4）VSHとの連携のもとに、<u>各学校で教育助成金（pupil premiun plus）を適切に運用する</u>。

出典：「社会的養護と元社会的養護の子どものための特定教員」から筆者抽出、石川由美訳

在籍している社会的養護と元社会的養護の子どもの人数、そして子どもたちの個別ニーズによって異なると考えられ、学校の状況によっては特定教員が複数必要となる学校もある。また、特定教員が社会的養護と元社会的養護の子どものニーズを適切に反映しているか判断する際には、次のような点が考慮される。

□周囲の子どもに比べて社会的養護と元社会的養護の子どもが過去12か月間で期待される発達（教育、社会性・情緒の発達）に到達したか

□学校の方針は社会的養護の子どものニーズに配慮しているか（例：課外学習へのアクセスの有無、子ども自身がケアされていることについて抱いている望みや感情を尊重しているか、個別教育計画で特定されているニーズに全般的に対応しているか）

□社会的養護と元社会的養護の子どもに関して、DSL が認識しているセーフガーディングの課題はないか

□特別な教育的ニーズのある社会的養護と元社会的養護の子どもの有無、そのニーズは適切に満たされているか

□メンタルヘルスに関するニーズのある社会的養護と元社会的養護の子どもの有無、その子どものニーズが特定され満たされているか　　　　　　など

4. 個別教育計画（Personal Educational Plan: PEP）

（1）個別教育計画の位置づけと内容

すべての社会的養護の子どもに対してケアプランが作成される必要があり、ケアプランはその子どもに責任を持つ地方自治体によって作成され継続的に見直される。ケアプランにはヘルスプランと個別教育計画も含まれていなければならない。

このように、個別教育計画はケアプランの不可欠な一部をなすものであり、学業および他の達成に関する包括的・継続的な記録で、ケアプランの法定見直しにおいて教育に関する議論のすべてに情報を与えるものでなければならない。そのため、教育上／発達上のニーズの全範囲をカバーしなければならず、短期的長期的な教育達成目標を、子どもおよび（該当する場合は）養育者

と共に設定する。<u>自分の進み具合に関する子ども自身の考えも含む。</u>

（2）個別教育計画の始動、作成、見直しの流れ

　図4-1はオックスフォードシャーの個別教育計画会議のフローチャートである。子どものケアの開始にあたり、ソーシャルワーカーが学校およびバーチャル・スクールと連携して、初回の個別教育計画会議を開催する（バーチャル・スクールが電子上の個別教育（ePEP）が設定されるように準備し、会議前にログ・オンする）。最初の個別教育計画会議後、8日以内に特定教員とソーシャルワーカーが個別教育計画を承認し、バーチャル・スクールが承認した後に、個別教育計画文書は養育者に送られる。以降、子どもがケアを受け続けるなら、個別教育計画の記入と更新は学校の責任で、特定教員が責任をもって行う。また特定教員は第2回目以降の会議の招集と進行を受け持つ（第1回の招集者は、ソーシャルワーカー）。会議の出席者は、ソーシャルワーカー、特定教員、養育者、子ども本人、キーワーカー、親であり、個別教育計画の作成には子どもに関係する専門家のみならず、子ども本人が参加して行われることになっている。ここでも子どもを中心に動く原則が見える。またこのフローチャートは、いつまでに誰が何を行うのかを示しており、ソーシャルワーカー、学校、特定教員、バーチャル・スクール、独立審査官の役割が具体的に示されている。

　フローチャートを引用したオックスフォーシャーのウェブサイトには、個別教育計画会議ガイダンスや、個別教育計画様式、個別教育計画のために子ども自身の声を聴く様式、会議の前に特定教員が他の教員に見解を求める手紙の様式なども含まれている。

（3）担当ソーシャルワーカーの役割

　社会的養護の子ども担当のソーシャルワーカーは、その地方自治体のバーチャル・スクール・ヘッドのサポートを受けて、次において主導的な役割を果たすべきとされている。

□（子どもの）措置（placement）の中断や変更などで当該児童の個別教育計画に大きな変化があった時に独立審査官に知らせること

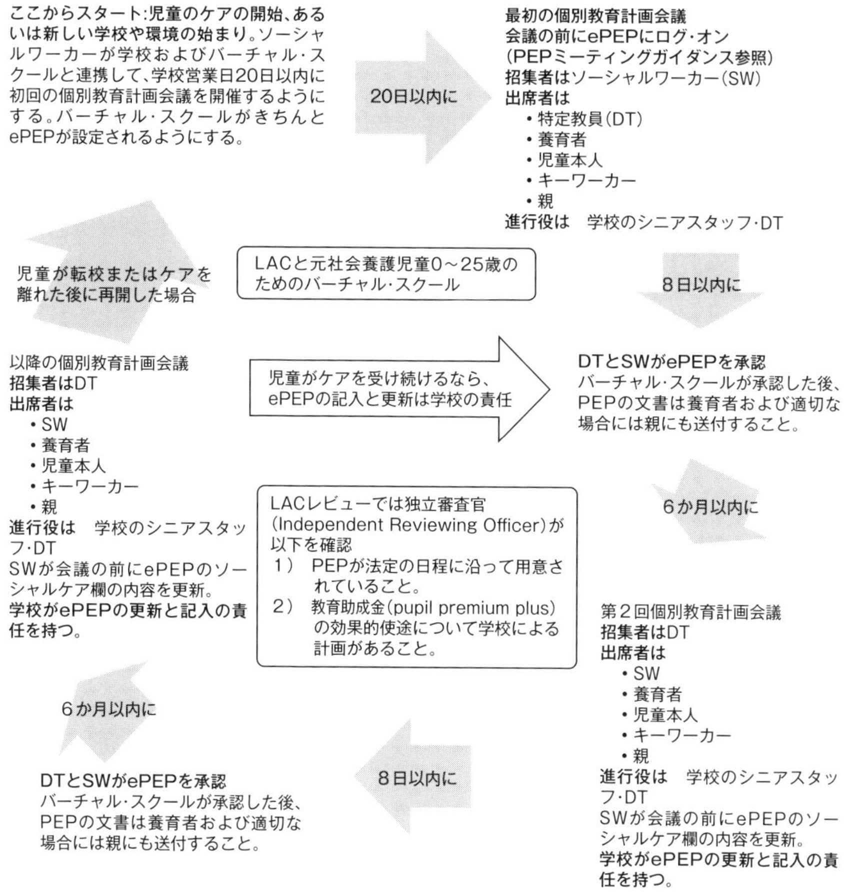

ここからスタート:児童のケアの開始、あるいは新しい学校や環境の始まり。ソーシャルワーカーが学校およびバーチャル・スクールと連携して、学校営業日20日以内に初回の個別教育計画会議を開催するようにする。バーチャル・スクールがきちんとePEPが設定されるようにする。

20日以内に

最初の個別教育計画会議
会議の前にePEPにログ・オン（PEPミーティングガイダンス参照）
招集者はソーシャルワーカー（SW）
出席者は
・特定教員（DT）
・養育者
・児童本人
・キーワーカー
・親
進行役は　学校のシニアスタッフ・DT

児童が転校またはケアを離れた後に再開した場合

LACと元社会養護児童0〜25歳のためのバーチャル・スクール

8日以内に

以降の個別教育計画会議
招集者はDT
出席者は
・SW
・養育者
・児童本人
・キーワーカー
・親
進行役は　学校のシニアスタッフ・DT
SWが会議の前にePEPのソーシャルケア欄の内容を更新。
学校がePEPの更新と記入の責任を持つ。

児童がケアを受け続けるなら、ePEPの記入と更新は学校の責任

DTとSWがePEPを承認
バーチャル・スクールが承認した後、PEPの文書は養育者および適切な場合には親にも送付すること。

6か月以内に

LACレビューでは独立審査官（Independent Reviewing Officer）が以下を確認
1）PEPが法定の日程に沿って用意されていること。
2）教育助成金（pupil premium plus）の効果的使途について学校による計画があること。

第2回個別教育計画会議
招集者はDT
出席者は
・SW
・養育者
・児童本人
・キーワーカー
・親
進行役は　学校のシニアスタッフ・DT
SWが会議の前にePEPのソーシャルケア欄の内容を更新。
学校がePEPの更新と記入の責任を持つ。

6か月以内に

DTとSWがePEPを承認
バーチャル・スクールが承認した後、PEPの文書は養育者および適切な場合には親にも送付すること。

8日以内に

図4-1　個別教育計画会議のプロセス（オックスフォードシャーのフローチャート[16]）

□子どものケアプランの法定見直しの合間にその子どもの学校や他の教育の場と協力して最新内容の個別教育計画の情報がこれらの見直しに使われるようにすること

□見直し会議の前に、子どもの教育上の進歩と支援ニーズについてのすべての関連情報が最新内容であり根拠がそろっているようにすること

16）https://www.oxfordshire.gov.uk/residents/schools/virtual-school-looked-after-children-and-care-leavers-0-25/pep-toolkit から引用（石川由美作成、訳）。

□独立審査官によって子どもの教育上のニーズを満たすために必要と特定された
れたすべての変更に対処すること、である。

（4）公式な個別教育計画の記録の転送

　個別教育計画は全体的ケアプランの一部をなすと同時に、社会的養護の子どもの公式な学校記録の一部でもある。そのため、すでに学校に在籍している子どもが社会的養護になる場合や、社会的養護の子どもが転校する場合は、その子どもに責任を負う地方自治体は確実に当該校と転校先の特定教員にそのことを知らせ、最新の個別教育計画を緊急に送るようにしなければならない。また社会的養護の子どもが在籍している学校の特定教員は、個別教育計画と他の学校記録を、転校先や子どもに責任を負う地方自治体の主要コンタクト先（通常ソーシャルワーカー）に、速やかに送付しなければならないことになっている。

5.　メンタルヘルス関連の課題がある場合

　法定指針では、「バーチャルス・クール・ヘッドや特定教員はメンタルヘルスの専門家になることを期待されてはいないが、それらの兆候に気づくことが重要で、必要な場合は小児・青年期メンタルヘルスサービスや教育心理士と連携するうえで大事な役割を持つ」とされている。このことは前述したように、社会的養護の子どもの特別な教育的ニーズの主な問題は、社会的・情緒的・メンタルヘルスの問題という統計的データがあることを背景に、誰がそれを担うかに関して言及していると思われる。またこのことは、教育省から出された文書「学校におけるメンタルヘルスと行動」の内容（106頁）とも連動している。

　日本には、上記の業務を担う教員として養護教諭が存在するが、イギリスには日本の養護教諭と同じ専門性を持つ教員はいない。スクールナースは身体医療面での関わりが多く、学校には所属していず、また常駐もしていない（第3章2節参照）。その点、特定教員は兆候に気づき専門機関と連携することが期待されていると思われるが、養護教諭が各学校に配置されている日本

のシステムは非常に意義があり、日本においては学校内外の連携のキーパーソンの1人として、今後ますます重要になると考える。

6. 特定教員（DT）の研修（トレーニング）

特定教員（DT）への研修に関しては、法定指針「社会的養護と元社会的養護の子どもの教育促進」に、関係者に対する研修の必要性とその内容に関する記載がある。

個別教育計画会議のフローチャートを引用したオックスフォードシャーの、「社会的養護の子どもとケアリーバーのためのバーチャル・スクール」のウェブサイトには、教職員やソーシャルケアの職員と里親向けの研修プランが提供されている。その内容は教職員向けとしてはアタッチメント、トラウマ、個別教育計画などであり、ソーシャルワーカー向けは、個別教育計画、教育・健康ケアプラン（EHCP）など、また里親向けは、家庭における学習の支援、個別教育計画、読書などを提供している。このサイトでの特定教員向けの研修内容は、特定教員の役割と法的義務、親と協働することなどや、個別教育計画会議の運営、個別教育計画の記入法、生徒の教育助成金（Pupil Premium plus：PP+）の効果的な使い方、などである。また特定教員は、毎年学校理事に研修報告をすることが法に定められた要件であること、を認識している必要があると記載されている。

特定教員とソーシャルワーカー向けのトレーニングに関するレスターシャーのウェブサイト[17]を見ると、新たに特定教員に任命された教員向けのトレーニングは年間3回開催されており、1回の時間は3〜5時間である。内容は、地方当局の保護下にある子どもに対する特定教員の役割、子どもや若者がインケアになった時に起こること、バーチャル・スクールの役割と学校との連携、社会的養護の子どもや若者における学習上の障壁と支援の方法、である。また複数の特定教員が議論する合同セッションが年に2回開催されており、さらに、特定教員とソーシャルワーカーに向けたアタッチメントと

---

17) Leicestershire County council, Leicestershire Virtual School.

トラウマに関するトレーニングも紹介されている。

　以上、二つの法定指針を中心とした資料から社会的養護と元社会的養護の子どもへの教育保障の状況について概観してきた。そこで次に実際の現場での運用状況を把握するために行った追加調査から、現場での指針の運用状況を見ていきたい。

7. 特定教員（DT）の活動の実際

　2018年12月に前述のプレドー氏に、特定教員の活動に関するインタビューを行い、次のような状況が把握された。特定教員の活動の一事例として紹介する。（インタビューは石川由美氏の協力による）
①特定教員の選任
　特定教員を各学校に置くことは法律で決まっているので、学期初めに社会的養護の子どもがいない学校であっても、社会的養護の子ども担当の特定教員は各学校に必ず1人はいる。選任は学校の運営組織が行うことになっているが、実際には校長に選任を委ねることが多い。現状として、小規模の小学校などの場合は校長が特定教員であることが多く、副校長のこともある。また規模が大きい学校ならばDSLや特別支援教育コーディネーターとの兼任も多い。
②社会的養護の子どもの受け入れ（転入）に際して
　社会的養護の子どもの受け入れが決まると、受け入れ先の特定教員が転校前の学校における最後の個別教育計画会議に出席し、これまでの教育面での状況や最新の個別教育計画を手に入れることができる。また生徒のそれまでの経歴やケアの状況に関しては、ソーシャルワーカーから口頭で教えてもらう。そして転校後に社会的養護の子どもと関わることになる他の教師に必要な範囲で情報を伝え、また個別教育計画のために日常的な学業の進み具合や行動をモニターして教えてくれるように頼む。生徒が社会的養護の子どもであることは教師からは公にしないが、生徒自身が周囲の子どもに伝えることが多い。

このように、レスターシャーでは、転校前の学校と受け入れ先の学校間において緊密な連携が行われている状況が見える。間接情報（記録等）による引継ぎよりも、直接顔を合わせて引き継ぐことで、詳細な情報伝達ができることから、この動きは非常に重要と考える。

③個別教育計画会議

個別教育計画は、各学期に一度ずつレビューミーティングで検討される。会議はおよそ1時間半で、特定教員はクラス担任や学科担任から生徒の様子を聞いて目標の達成状況や交友関係、素行、出欠状況について会議で報告し、次の目標（通常は読み・書き・数学）を合意する。この会議には生徒自身も希望する場合は出席し、自分の学校での進み具合や問題などを発言する。また生徒の教育助成金プラスの使用効果について見直し、今後の使途について話し合う。もし生徒が出席しなかった場合は、個別教育計画会議の結果は特定教員から生徒に伝えられ、情報を寄せてくれた教師にも結果の概要を伝える。

④社会的養護の子どもの養育者や子ども自身の相談窓口として

日常の学校生活において、社会的養護の子どもの養育者および子ども自身の相談窓口として、会って話したり、電話で連絡を取り合ったりする。

⑤バーチャル・スクール・ヘッドと特定教員

バーチャル・スクール・ヘッドは、社会的養護や元社会的養護の子どもがきちんとした教育を受けているかどうかをチェックし、社会的養護の子どもの教育的達成が同年齢の子どもに比べて劣らないようにサポートする（社会的養護の子どもの教育面で問題や不明点がある時に特定教員はバーチャル・スクール・ヘッドへ相談をすることができる）。ただし、実際に個々の児童に関わるのはバーチャルスクールの中の教員／教育オフィサー（地方自治体によって名称はいろいろ）である。また夏休みなど、学校の長い休みの間に子どもが参加できるような活動・イベント・旅行の企画や、教育において上を目指すように大学の見学なども行う。さらに、生徒の教育助成金（pupil premium plus）を各学校に配分する役割も担っている（その使途は特定教員や養育者が提案して決める）。

以上、本節ではイギリスの社会的養護と元社会的養護の子どもの教育に関

して、二つの法定指針を中心に概観してきた。指針からは、彼らの教育保障に対する地方自治体と学校の役割、またそれを実行する際のバーチャル・スクール・ヘッドと特定教員の役割と責務、子どものケアプランの中に位置づけられる個別教育計画、その作成時の特定教員やバーチャル・スクール、ソシャルワーカー、独立審査官の関与、子どもと養育者の参加に関すること、さらに子どもが転校する際に誰がどの情報を誰にどのように伝達するかということ、などを見てきた。またそれらの法定指針が学校現場では実際どのように運用されているのか、インタビューを通して把握した。

　法律の施行後の現場の運用状況に関しては、このインタビューのみから判断はできない。しかし法定指針が制定され施行されている意義は大きい。

　日本においても社会的養護下で生活している子どもの教育に関する重要性の認識が高まり、近年は民間からの経済的支援も徐々に増えてきている現状にあるが、より実効性のある体制整備のためには、イギリスの制度は示唆に富むものと言えよう。

引用・参考文献、資料

Anne Peake（2010）*The Educational Handbook for Foster Cares and Adopters,* Oxfordshire County Council

DfE（2018）*Keeping Children Safe in Education, Statutory guidance for schools and colleges*（2019/01/10 最終アクセス）

DfE（2018）*Mental Health and Behaviour in Schools*（2019/01/15 アクセス）

DfE（2018）*Outcomes for Children Looked After by Local Authorities in England.* https://assets.publishing.service.gov.uk/government/uploads/system/uploads/attachment_data/file/794535/Main_Text_Outcomes_for_CLA_by_LAs_2018.pdf（2019/03/25 アクセス）

DfE（2018）*Promoting the Education of Looked-After Children and Previously Looked-After Children: Statutory Guidance for Local Authorities*（2018/08/06 アクセス）

DfE（2018）*The Designated Teacher for Looked-After and Previously Looked-After Children: Statutory guidance on their roles and responsibilities*（2018/08/06 アクセス）

Department of Health, Home office, Department for Education and Employment（1999）*Working Together to Safeguard Children: A guide to inter-agency working to safeguard and promote the welfare of children*（松本伊智朗・屋代通子訳（2002）『子ども保護の

ためのワーキング・トゥギャザー』医学書院）

East Sussex County council（2016）*East Sussex Domestic Violence and Abuse Protocol for Schools, May 2016.* https://vsb.eastsussex.gov.uk › article › document（2017/08/06 アクセス）

HMGovernment（2018）*Working Together to Safeguard Children: A guide to inter-agency working to safeguard and promote the welfare of children*（2018/08/20 アクセス）

Karen Bachmann et al（2011）*Fostering Changes: How to Improve relationships and manage difficult behaviour second edition*（上鹿渡和宏、御園生直美、SOS子ども村 JAPAN 監訳（2017）『フォスタリングチェンジ』福村出版）

Leicestershire County council, Leicestershire Virtual School. https://resources.leicestershire. gov.uk/leicestershire-virtual-school/professionals/training-opportunities（2019/05/27 アクセス）

Merton council（2019）*Virtual School for Looked After Children.* https://www.merton. gov.uk/social-care/children-young-people-and-families/childrens-social-care/fostering-adoption-and-looked-after-children/adoption/virtual-school-for-looked-after-children （2019/09/07 アクセス）

文部科学省（2006）研修教材「児童虐待防止と学校」http://www.mext.go.jp/a_menu/ shotou/seitoshidou/1280054.htm（2019/07/31 アクセス）

文部科学省（2019）「学校・教育委員会等向け虐待対応の手引き」http://www.mext.go.jp/ a_menu/shotou/seitoshidou/1416474.htm（2019/07/31 アクセス）

Oxfordshire County council, Personal Education Plan（PEP）Toolkit, A toolkit for effective planning for a looked after child's or care leaver's education. https://www.oxfordshire. gov.uk/residents/schools/virtual-school-looked-after-children-and-care-leavers-0-25/pep-toolkit（2019/02/24 アクセス）

Oxfordshire County council,Virtual School policies and procedures, leaflet. https://www. oxfordshire.gov.uk/residents/schools/our-work-schools/virtual-school-looked-after-children-and-care-leavers-0-25/policies-and-procedures（2019/07/06 アクセス）

Oxfordshire County council, Virtual School policies and procedures, Virtual School Headteacher Report 2016-2017V https://www.oxfordshire.gov.uk/residents/schools/ our-work-schools/virtual-school-looked-after-children-and-care-leavers-0-25/policies-and-procedures（2019/07/06 アクセス）

Pupil Premium Plus 2018/19：A PAC- UK Education Service Guide. https://www. pac-uk.org/wp-content/uploads/2018/04/Pupil-Premium-Plus-Guide-booklet-V1.4.pdf （2019/09/07 アクセス）

八木修司・岡本正子［編］（2017）『性的虐待を受けた子どもの施設ケア－児童福祉施設における生活・心理・医療支援』明石書店

第5章
イギリスの
「特別な支援が必要な子ども」
への取り組み

本章では、研究の一環として 2013 ～ 2017 年度に行った現地調査のうち、学校や施設におけるセーフガーディングの実践を把握するために視察した、Woodeaton Manor School（特別支援学校）、The Mulberry Bush School（児童心理治療施設）、そして Welland House（子どもの家）の実践を紹介する。

第1節　ウッドイートン・マナー・スクール
Woodeaton Manor School（特別支援学校）
における支援

Woodeaton Manor School は、オックスフォード市中心部から車で 40 分ほどの郊外で自然に囲まれた環境にある特別支援学校である。筆者らは、2015 年 11 月 4 日に、アン・ピーク氏（Ann Peak：教育心理士、Wood Eaton Manor School 勤務、オックスフォードシャーのセーフガーディング研修担当者）の紹介で、当学校を視察した。当日は、校長で DSL のアン・パース（Ann Pearce）氏による学校の歴史と概要やセーフガーディング全般などに係る説明、セーフガーディング研修の実際や教員の行動マネージメント指針などに関する各主任担当者へのインタビュー、アン・ピーク氏による教育心理士としての学校への関わり方と精神保健機関との連携の説明、そして授業参観、生徒や教職員と一緒の食事、社会訓練のための宿泊施設の見学、午後のサークルタイムへの参加、という流れで調査を行った。本文は、訪問調査と資料調査に基づいている。

120　　II．学校と福祉・医療におけるケアと支援

1. 学校および生徒の概要

（1）学校の概要

　Woodeaton Manor School は、重篤な情緒・社会性の困難（アタッチメントの困難や自閉スペクトラム症を含む）を持つ、キーステージ（Key stage）2 からキーステージ5（7歳〜18歳）の生徒のための特別支援学校で、学校の目標は、生徒の情緒の安定・ソーシャルスキルと経験の向上・学業達成の向上である。

　学校は 280 年前の建物で、第二次世界大戦後から特別支援学校として使われ、2002 年までは寄宿制だったが、現在は地域からの通学で、別棟に社会生活訓練のための宿泊施設がある。

　2019 年 5 月に公表された Ofsted の評価は、全体評価は「よい：good」であるが、個人の発達・行動・健康で安全であることは「優れている：outstanding」である。またセーフガーディングは、効果的に実施されている（effective）との評価で、その内容は、学校全体で「生徒の幸せ（well-being）」に重点をおいており、生徒の安全を守るために職員は家庭や外部機関とよい連携を保っているとの評価である。

　また同校の「入学に関する指標」は、資料によると次のようである。

□子どもの指標

　特別支援教育（Special Educational Needs：SEN）のステートメントか、教育・健康・ケアプラン（Education, Health and Care Plan：EHCP）を持っており、加えて特別な学習困難（読字障がい、ストレス、トラウマ体験等による）がある、または社会的養護・養子縁組・親族里親などのもとで生活していて付加的支援が必要な場合、など

□家庭の指標

　保護者にメンタルヘルスの課題がある家庭や崩壊状態の家庭、死別や喪失などの歴史がある家庭、小児・青年期メンタルヘルスサービス（Children and Adolescent Mental Health Service：CAMHS）やソーシャルケア、保健、教育心理が子ども／家族の生活は重大な機能不全状態であると判断した家庭

□専門家・機関の指標

発達アセスメントで子どもに継続した困難がある場合、（地域の）学校の
サービスでは校内外のサービスを用いても学業到達度は有意に低い場合、
など

(2) 生徒の概要

　学校の定員は 84 人で、男女混合である。2015 年の訪問時に把握した、
2013 年〜 2015 年に在籍した生徒の概要は、ほとんどの子どもに自閉スペク
トラム症の診断があり（82 〜 97%）、精神科医療を受けている生徒は約 70 〜
80%、服薬している生徒は 60% 前後ということであった。またソーシャル
ケアの関与がある生徒は 10 〜 20%、DV の目撃または被害を受けた経験は
20 〜 30%、被害者として警察等の調査を受けた経験は 20% 弱、社会的養護
の生徒は 5% 前後ということで、精神科医療や児童福祉機関、警察との連携
が必要な子どもと家庭の姿が見える。

2. 学校生活

　授業は、ティーチング・アシスタント（TA）のサポートのもと、生徒 4
〜 9 人と教師 1 人の授業形態で、個別にパソコンを用いるなど電子教材を活
用していた。また PSHE や美術で自己表現する授業も重視していた（カリキ
ュラムに関しては HP 参照）。筆者らが参観した一つの教室では、数人の生徒が
地域の芸術祭に出展する作品作りをしており、美術の教師とティーチング・
アシスタントが生徒とよい距離を保ちながら活動していた。視察中には生徒
がパニックになった場面には遭遇しなかったが、もし授業中に生徒がパニッ
クを起こした場合には、その生徒の行動評価を行い、何がパニックの引き金
になったのかその経過と結果などの分析も行うとのことであった。
　時間の流れはルーチンを重視していて、その中に 1 日 2 回のサークルタイ
ム[1] があり、また朝食と昼食は生徒と教職員が一緒に食事をするという設定

---

1)　サークルタイムとは主に欧米で用いられる教育方法で、子どもと保育者（教師）が一つの輪
　（circle）を作って床や椅子に座り、クラス全体に関わる話題の話し合いやゲームなどを行う活動。

写真 5-1　白板に書かれた1日のスケジュールと教室の構造（花房昌美撮影）

である。

　筆者らが生徒と一緒に朝と昼の給食を食べた時の様子は、調理された食材を各々が並んで選び、数人の生徒と教員が一緒にテーブルを囲み談笑しながら食べていた。その間、逸脱行動はなく、食事場面での子どもの様子を子どもと交流しながら観察しケアする機会になっていた。また午後のサークルタイムでは、生徒と教職員が一堂に会し、校長先生の司会のもとに、生徒は挙手をして最近の出来事（ソーシャルストーリー[2]を重視）を発言していた。この時間も子どもの状態や家庭のことを理解する良い機会になっていた。

3. セーフガーディング（Safeguarding）

　第2章第1節で、「すべての教職員はセーフガーディングについて知り実行することが求められており、教職員は各学校にある『子ども保護指針』や『教職員の行動指針』について就任時に説明を受けることになっている」ことが紹介されている。では、特別支援学校である Woodeaton Manor School においては、それはどのように行われているのであろうか。

---

[2]　ソーシャルストーリーとは、自閉スペクトラム症に代表される発達障がい児の、社会的な状況の理解を促進することを主たる目的として開発された介入方法。

2015 年の学校訪問と 2018 年の「子ども保護とセーフガーディング指針」から見ていきたい。

（1）2015 年の学校訪問時に把握したセーフガーディングの実践

　2015 年に筆者らが Woodeaton　Manor School を訪問した時は、校長がDSL を、シニアスタッフが副 DSL を担っており、セーフガーディング担当理事とアン・ピーク氏を加えてセーフガーディングのチームを作っていた。

① 訪問時に把握した実践状況

　訪問時に観察した実践例を挙げると、学校への訪問は基本的に予約し、訪問時には名札を着用すること、学校内の掲示板へのセーフガーディングに関わる掲示物の掲示、授業に使用する教材の配置や保存・整理、意見箱の設置（校長室の前の廊下に設置）、生徒が相談したい時には所定の記入用紙がありそのことを生徒へ周知していること、授業中やそれ以外の時間における生徒への接し方、などがみられた。また子どもの状態の評価は、教職員と DSL の日常の会話や、毎日 2 回の食事時間と 2 回のサークルタイムを有効に用いていた。サークルタイムの生徒の言動から子どものセーフガーディングに関する懸念事項が把握された時は、早速チームが外部機関との情報交換を含めた対応をしていた。

② セーフガーディング A とセーフガーディング B

　この訪問時には、セーフガーディングに関する事項を二つのグループ（AとB）に分けて整理していた。筆者の臨床経験からの理解では、A は子どもの安全に関する重要事項で、B は日常生活上の安全に関する事項との印象を持った（A を表 5-1 に、B の抜粋を表 5-2 に示す）。

　内容を見ていくと、A には児童保護やセーフガーディングに関わることや救急蘇生などの学校の危機管理に関する項目と、教職員の生徒への不適切な関わりに関連する項目、子どもへの予防教育、（保護者からの苦情の）申し立てなどが入っている。また B には、危機管理のレベルまではいかないが、当該校の子どもを安全に守り、心身の成長と自立を促進する際の項目が入っている。

　Woodeaton Manor School に在籍している生徒の状態を考えた時に、A、

124　　II．学校と福祉・医療におけるケアと支援

表5-1　セーフガーディングＡ（子どもの安全）

①セーフガーディングと子ども保護
②いじめ（bulling）
③人種差別的虐待
④ハラスメントと差別
⑤肯定的な取り扱いに関すること
⑥医療ニーズがある生徒のニーズに関する会議
⑦救急蘇生
⑧薬物や物質乱用
⑨親密なケア
⑩インターネットの安全
⑪学校安全
⑫（保護者からの苦情の）申し立て
⑬PSHE カリキュラム
⑭性教育
⑮教職員募集と選考
⑯学校訪問

出典：訪問時入手資料を基に筆者作成

表5-2　セーフガーディングＢ（日常生活上の安全）からの抜粋

①事故やヒヤリハット事例に関する調査方針
②投薬管理
③出席状況に関する方針
④携帯電話に関わること
⑤入浴やシャワーの指導
⑥異性の生徒との関わり方
⑦タッチ（身体接触）に関すること
⑧火事発生時の対応　　　　　　　　　　　　　など

出典：訪問時入手資料を基に筆者作成

Ｂ共に重要な項目である。その中で「教職員の生徒への関わり方」という観点で筆者が関心を持ったのは、「肯定的な取り扱い」「親密なケア」「異性の生徒との関わり方」「タッチ」である。

　学校や児童福祉現場において、もし子どもへの不適切な関わりがなされた場合は、虐待的行為（身体的・心理的・性的・ネグレクト）に発展する危険性がある。

　筆者の臨床経験や研究からは、子どもに「アタッチメント（愛着）の課題がある」場合や「性暴力被害体験がある」場合に、それらの体験による影響を大人が理解していないと、「身体的暴力や心理的拒否」「性的に不適切な関わり」が一般校や特別支援学校、児童福祉施設などにおいても起こりうると

第5章　イギリスの「特別な支援が必要な子ども」への取り組み　　125

考えているからである。前記項目は、それらを予防する方略の一環として意義があり、その中のセーフガーディングB、⑥異性の生徒との関わり方や⑦タッチに関すること、という事項は、「性的に不適切な関わり」の予防に繋がり、「教員と生徒間のバウンダリー（境界）」という観点からも重要で常に意識しておく必要がある。それらのことを取りあげた指針があることは意義があるとの印象を持った。

(2) 子ども保護とセーフガーディングに関する 2018 年の指針から

① Woodeaton Manor School の子ども保護とセーフガーディング指針の概要

　Woodeaton Manor School の指針は教育省のガイドライン「Keeping Children Safe in Education」に準拠しており、12 か月ごとに検討され更新されている。2018 年 9 月に更新された指針は、パート 1、パート 2、付録 A,B,C で構成されている。表 5-3 にパート 1、パート 2 の内容を示すが、パート 1 は Keeping Children Safe in Education 2018（以下、国のガイドラインと表記）のパート 1 を簡略化した内容である。ついでパート 2 は国のガイドラインのパート 2 とパート 4 をベースに当該校に即した構成となっており、最初の頁に Woodeaton Manor School の DSL・副 DSL・子ども保護とセーフガーディング担当理事・校長の各々の氏名と連絡先が記載され、それ以降に学校に求められている役割が示されている。また付録 A はパート 1・2 で扱われたセーフガーディングに係る特定の問題に関する詳細な説明、付録 B は教職員に対する申し立てのフローチャート、付録 C は教職員が子どもの福祉に関して何らかの懸念を持った時の相談・通告（リファー）に関するフローチャート（第 2 章図 2-1 の簡易版）である。

② パート 2 から

　パート 2 で筆者が注目したことは、まず DSL 等の氏名と連絡先が最初の頁に記載されており、続いて理事会、校長、DSL、一般教員の役割がはっきり述べられていることで、次に各項目いずれに関しても、学校の実態に沿った実践的な記述がなされていることである。

　ここでは、「子どもが虐待を受けていると打ち明けた時の対応」と「DSL

表 5-3　Woodeaton Manor School のための 2018 年子ども保護とセーフガーディング指針
　　　　（パート 1、パート 2）

パート 1	パート 2
＊指針全体の紹介（法律、目的など） ＊用語説明 ＊学校とカレッジ職員の役割 ＊学校とカレッジ職員が知っておくべきこと（子ども保護とセーフガーディング指針、DSL など） ＊学校とカレッジ職員が注目すべきこと（早期支援の対象、虐待とネグレクトの兆候に気づく、子どもの最善の利益のために行動する、DSL に相談する、など） ＊子どもの福祉に何らかの懸念がある場合に学校とカレッジ職員がすべきこと ＊子どもが危険な状態（リスクがある）の時に学校、カレッジ職員がすべきこと ＊他の教職員に関する懸念がある場合に学校、カレッジ職員がすべきこと ＊学校、カレッジ職員がセーフガーディングの実践に懸念がある場合にすべきこと	＊DSL・副 DSL・担当理事・校長名 ＊理事会・校長・DSL・教員の役割 ＊子どもを支援すること ＊すべての子どもと若者の支援目標と機関連携について ＊情報の機密 ＊職員の支援 ＊教職員に対する申し立て ＊身体拘束／肯定的な取り扱い ＊反いじめ ＊健康と安全 ＊特別な教育的ニーズを持つ子ども ＊虐待とネグレクトのタイプ ＊特定のセーフガーディングの問題 ＊オンラインセーフティ ＊セーフガーディングの教育（PSHE と SRE） ＊子どもから子どもへの虐待 ＊子どもから虐待を打ち明けられた時の対応 ＊記録の保管

出典：2018 Child Protection and Safeguarding Policy for Woodsaton manor school を基に筆者作成

　の業務に関する実践的な記述の例」を抜粋して紹介したい。

〈子どもが虐待を受けていると打ち明けた時の対応〉

　子どもが虐待を受けていると打ち明けた時の対応は、センシティブで重要な問題である。第 7 章で紹介しているように、筆者らの大阪府と北海道の調査[3] においても、発見の経緯として「子どもが教員に打ち明ける」ことが一定あり、ことに中学校や高校では多いという結果が見られている。また玉井（2010）の学校における性的虐待に関する調査からは「『先生にだけ打ち明けるから秘密にしてほしい』と子どもが言った時の対応」が重要な課題である

---

3)　「子ども虐待防止の実践力を育成する教員養成のあり方」の研究の一環として行った調査。

表5-4　子どもが虐待を受けていると打ち明けた時の対応

○ Receive（受け止める）
　虐待（あるいは疑い）行為について、生徒があなたに話す時には、常に（行動を）とめて傾聴すること。（あなたの）ショックや不信感を示さず、語られたことを真剣に受け止めること。
○ Reassure（安心させる）
　落ち着いて、（打ち明けられた人が）判断することや強調しないことが重要。「子どもが語ったこと」の秘密を守ると、決して約束しない。（そのことを）知る必要のある人にのみ話すということを保証する。子どもには告げる（tell）権利があると、元気づける。（筆者注：話したことは勇気があること）
○ React（対応／反応）
　そのことをリファアーする必要があるかどうか、あなたがはっきりさせる必要がある時のみ生徒（の言ったこと）に対応すること。しかし詳細については決して質問しないこと。リードする質問はしないこと。もし打ち明けられたこと（disclosed）のもっと細かいことを知りたい場合は、「私にもう少し説明して（tell me, describe to me, explain to me）」のような質問をすること。（筆者注：オープンクエスチョン'開かれた質問'のことを述べて、誘導質問にならないよう注意喚起している）
　もしあなたが更なる質問をする時は、生徒の反応と同時に、必ずあなたの質問も記録することを忘れないこと。
　加害者を批判しないこと；生徒は彼／彼女（加害者）に愛情を持っているかもしれない。あなたが次にすることを生徒に説明すること（例；誰が生徒と話すか、次にどのようなことが起こるか）。
○ Record（記録）
　可能なら、生徒が語った内容をその場で簡単に書き留めること。もしその時に記録できなかったら、できるだけ早く記録すること。あなたの解釈ではなく、生徒が語った言葉をそのまま記録すること。日付、時間、場所、非言語的行動（表情など）も記録すること。
○ Report（報告する）
　DSLにその出来事を報告し、他の大人や生徒たちには話さないこと。
○ Record Keeping（記録の保管）
　DSLは必要な書類を完成させ、関連する人たちへ送り、安全で確実な場所に保管する責任がある。その記録は、子ども一人ひとりの懸念事項について、年代順に保存された首尾一貫した事実の記録になることを意味している。

出典：2018 Child Protection and Safeguarding Policy for Woodsaton manor school, p.21, 22を基に筆者作成

との問題提起がなされた現状がある。このような状況を踏まえて、文部科学省の虐待に関する研修教材[4]においても、「子どもへの質問の仕方」に関して詳しく説明されている。

---

4)　文部科学省（2006）研修教材「児童虐待防止と学校」。

Woodeaton Manor School でも、このことに関しては丁寧に扱われており、表5-4 に示すように重要なポイントが具体的に記述されている。

　これらは、日本においても重要なポイントとして意識されている内容である。また筆者の臨床経験から見ると、「もしあなたが更なる質問をするときは、生徒の反応と同時に、必ずあなたの質問も記録することを忘れない」や「加害者を批判しない」は、虐待の事実確認や被害児の心理的ケアを考える際に重要な留意点であり、その記載もあることは興味深い。

〈実践的な記述の例〉
　DSL の日常業務のあり方の中に、次のような記述も入っている。
□　職員が DSL に報告したことや子どもが打ち明けた内容は記録して安全に保管される必要があり、子どもの一般的な記録からは分離して保管する必要がある
□　子ども保護プラン対象の子どもが説明なしに 2 日以上欠席した場合は、ソーシャルケアに知らせること
□　子ども保護プランの子どもが学校を去る時は、その情報を新しい学校やソーシャルワーカーに知らせること（国のガイドラインでは、子ども保護関連の書類の送付は、他の書類とは別に送ることも記載されている）　　など

③　付録 A に採り上げられた特定の問題
　Woodeaton Manor School の付録 A には、「学校からいなくなった子ども」「ドメスティック・アビューズ」「学校／カレッジにおける子ども間の性暴力とセクシャルハラスメント」「子どもを犯罪に利用すること」「性的剥奪」「過激思考の予防」「強制結婚」「女性性器切除」などと並んで、「子どもと司法システム」「家族構成員が刑務所に収監されている子ども」「ホームレス」などの項目も入っている。

　当該校には、ソーシャルケアの関与や、DV の被害経験、被害者として警察等の調査を受けた経験などの厳しい家庭環境で生きてきた子どもも在校していることから、「子どもと司法システム」「家族構成員が刑務所に収監されている子ども」「ホームレス」にも紙面が割かれていると思われるが、教職

第 5 章　イギリスの「特別な支援が必要な子ども」への取り組み　　129

員にとっては実践的な指針があるのは心強いとの印象を持った。

　ここで、上記の問題の中から、2018 年に詳細な情報が加わった「学校／カレッジにおける子ども間の性暴力とセクシャルハラスメント」について、特別支援学校の Woodeaton Manor School ではどのように記載されているかを見ていきたい。

〈学校／カレッジにおける子ども間の性暴力とセクシャルハラスメント〉
　第 4 章 1 節で紹介したように、国のガイドラインでは、一般的知識や用語についての説明があり、つづいて事案に気づいた時の対応と支援に関して詳細に記述されている。

　すべてのスタッフに向けた Woodeaton Manor School の指針では、「子ども間の性暴力とセクシャルハラスメン」に関する一般的知識や用語に関する説明は、国のガイドラインに沿って記述されており、また生徒が被害を打ち明けた時の対応についても具体的で実践的な記述がある。しかし、打ち明け後の対応と支援に関しては、国のガイドラインの方が詳しい。

　「性暴力」に関する説明は第 4 章 1 節に述べているので、ここでは「セクシャルハラスメント」に関する記述を見ていく。まず「セクシャルハラスメントとは、性的な様相をもつ望まない行為（unwanted conduct of a sexual nature）で、オンラインでもオフラインでも起こりうる」との国のガイドラインの説明があり、加えて複数の具体例が記載されている。
たとえば
○相手に対して性的なことを言う；性的な話をする、衣服や外見について性的に注目する、性的な名前で呼ぶ　など
○性的な“ジョーク”を言う／罵しる
○故意に接触する、衣服を勝手に触る、性的ニュアンスのある写真や画などを見せる
○オンライン上のセクシャルハラスメント（これは単独で行われたり、セクシャルハラスメントや性暴力の一部のこともある）
　・性的な映像や声を同意なく（他の人と）共有する
　・インターネットでの性的ないじめ

・性的剥奪（強制や脅し）　など

「性暴力」や「セクシャルハラスメント」などの、用語の意味や、その行為への対処に関しては文化や時代の影響が大きい。

しかし、当該校のガイドラインに書かれた状況は、現在のイギリスでセクシャルハラスメントとして注意喚起を行っている内容であり、当該校に在籍する生徒の性的逸脱行動を理解してきちっと対応するには、すべての教員に対して、一般的理解と用語の意味している状態や行為を丁寧に伝える必要があるとの印象を持った。

（3）個人情報の取り扱いに関する枠組み

学校内での連携や機関連携の際に、「情報の取り扱い」は非常にセンシティブで、ルールを決めておく必要がある。学校や児童福祉現場で子ども虐待を中心とした問題への対応や支援に関わった筆者の経験では、「個人情報の取り扱い」は機関連携をスムーズに行うために、また子どもと家族の権利を守るという点からも整備していく課題と認識している。そこで、Woodeaton Manor School では、そのことについてどのように取り扱っているかを 2018 年の指針から見ていきたい。表 5-5 は、指針の内容を「個人情報の取り扱いに関する枠組」として整理したものである。

Woodeaton Manor School における機密性のある個人情報の取り扱いについて、日本に即して考えた場合、①②③④は研修等でも扱われてきていると考えるが、⑤と⑥に関しては、日本の事情に即した機関連携の際の情報共有のあり方について、ルールを決めて明文化していく必要がある課題である。

4. 肯定的な取り扱いに関する指針

Woodeaton Manor School には、状態によっては危険な行動（興奮し、自傷／他害／物を壊すなど）を示す子どもも在籍している。そのために当該校には「教職員の行動指針」に加えて、「肯定的な取り扱い」に関する指針（Woodeaton Manor School Positive Handing Policy）がある。教員はリスクのあ

第5章　イギリスの「特別な支援が必要な子ども」への取り組み　131

表 5-5　個人情報の取り扱いに関する枠組み

①児童保護に関連するすべてのことは機密性の情報であること ② DSL は他のスタッフには知らせる必要がある基本的な情報のみを知らせること しかし ③子どもを守るためには、すべてのスタッフは専門家の責任として他の機関と情報を共有する必要があることを知っているべきであること ④生徒の安全を損なう可能性のある「秘密を守る」との約束を、生徒との間ではすべきではないことをスタッフは知っていること ⑤学校はソーシャルケアへ相談・通告（リファー）することを保護者や養育者と共有することとしているが、もし生徒が重大な害を被るリスクがある場合や犯罪捜査を妨げる可能性がある場合にはそのことは適用されない。もしその疑いがある場合は、学校のセーフガーディングチームやソーシャルケアにコンサルテーションを受けること ⑥生徒に対して懸念していることを多機関協働セーフガーディング・ハブや地方のコミュニティサポートチームにコンサルテーションを受ける時は、生徒の名前は伏せて行うが、もし名前を明らかにすることを要請された場合は詳細な情報を開示し、それはリファーになると理解していること

出典：2018 Child Protection and Safeguarding Policy for Woodsaton manor school P.14-15 より筆者作成

る行動を示した生徒について「肯定的な取り扱い計画書」を作成する必要があり、この計画書は、その生徒が持つ「ステートメント」や他の計画書に並んで考慮すべきものと位置づけられている。

（1）概要

「肯定的な取り扱い」に関する指針には、現場で教員が子どもの安全を守りながら成長を支援する際に必要なことが網羅されており、次頁表 5-6 にその内容を示す。

　表 5-6 に示した内容は、一般校においても必要な内容であるが、当該校の生徒の状態を考えた時に、教職員が疲弊しないためにも具体的なガイドがあることは意義深い。

（2）苦情の申し立てに関すること

　スタッフの不適切な対応に対して生徒が（苦情）申し立てをする際に、学校には正式な申し立て手続きがある。教職員は生徒にその手続きがあることを思い出させ、不適切な行動を用いずに適切な方法で申し立てをすることが奨励されている。加えてこの方針は、教員サイドにも平等に適用されると記

表 5-6　肯定的な取り扱いに関する概要

□身体的なコントロールを用いないで対応する際の心得（タイムアウト、刺激を減らす、生徒との交流、など）
□安全な環境設定（ペンやコンパスなどの危険物の管理、置物の管理、興奮した生徒が落ち着ける場所の設定など）
□職員間での支えあい
□子どもへの効果的な言葉かけ（言葉をかけない選択も含む）
□生徒の行動がエスカレートして他の方法が有効でない場合に用いる<u>身体的な介入</u>
　（注：<u>チームテイーチの訓練を受けたメンバーのみが行使できる</u>）
□生徒が傷つくような危険行為の際の行動指針
□<u>リスクアセスメントの使用</u>
□<u>チームテイーチ、に関すること</u>

出典：Woodeaton Manor School Positive Handing Policy より筆者作成

述されており、職員の安全と安心を守るうえでも有効な手立てとなっていることがうかがえる。すなわち学校は職員と生徒の福祉を守るために透明性のある方針を持ち、それを実施する体制をとっている。

（3）インシデント（事故、事件など）への対応 [5]

　何らかのインシデントがあった場合は、関与したスタッフは 24 時間以内に記録（1 枚のインシデント記録用紙）を完成させ、機密文書として番号をつけて製本し保管することになっている。当該校には、インシデント記録用紙に記録する際のガイドラインもある。そこには情報を客観的に記録する際のポイント（自分の考えではなく見て聞いた事実を記録する、行動が起こった順番に記録する、判断を加えず言葉をそのまま記録する、など）や、インシデントを減らすためにスタッフとしてどのように行動したらよいのかの記載例示もあり、インシデントの再発を未然に防ぐために個々のスタッフが自らの力をつけていくことも意図した内容になっているとの印象を持った。

5. アセスメント

　Woodeaton Manor School においては、特別な教育的ニーズを持つ生徒を

---

5)　Woodsaton manor school のガイドライン「Guidelines for accurate and objective recording of behaviours」.

第 5 章　イギリスの「特別な支援が必要な子ども」への取り組み　133

理解し支援するために、アセスメントを重視している。実効性のあるセーフガーディングを実施する際にアセスメントの充実は欠かせない。ここでは当該校で行っている入学時のアセスメントとリスクアセスメントについて見ていく。

（1）入学時のアセスメント

　入学時のアセスメントは学業レベルのみではなく、社会性やコミュニケーション、生育歴や診断名・治療歴、家族背景を含む包括的なアセスメントを行っている。そのためのアセスメントシートは、家族理解のための3世代にわたる家系図（ジェノグラム）の作成や、子どもの現在の状態把握のために発達歴、トラウマ体験の有無、自傷行為などの行動の問題の有無、睡眠／食事／身辺自立、対人関係、趣味、親子関係などの項目で構成されており、教育心理士（Educational Psychologist）を中心にアセスメントが行われている。その上でアセスメントから得られた所見をスタッフ間で共有し、子どもの支援目標を立てることに活かしている。

（2）リスクアセスメント

　リスクアセスメントの使用は、前述の「肯定的な取り扱い」の一環としても位置づけられている。Woodeaton　Manor School では、オックスフォードシャー当局から発刊されているリスクアセスメントシートを用いており、その充実のために記入時のガイダンス[6]もある。ガイダンスには、まず生徒のリスクを減らす方法として他の指針でも扱われている内容が記載されており（表5-7）、続いてアセスメントシート記入に関する記載がある。

　これらのことは、セーフガーディングの営みを考える時に、一般校や子どもの生活施設においても取り組まれることではあるが、Woodeaton Manor School においては、特に⑥，⑨、⑩、⑫が重要な位置を占めているとの印象を持った。学校では、1年間を通じてリスクアセスメントシートを用いて把握したリスクの内容や頻度などの統計的処理も行われており、現場での実践に活用していた。

---

6)　Woodeaton Manor School Pupil Risk Assessment: Staff guidance notes.

表 5-7 生徒のリスクを減らす方法

①常に子どもの情報を把握していること
②懸念事項があったら毎日の短い話し合いで仲間や校長と相談すること
③入学後の早い時期に生徒と1対1で接すること
④子どもの行動を家族に知らせ家族から情報を得ること
⑤健康的な食事のプログラム
⑥1日2回のサークルタイム
⑦公式・非公式を問わず専門職のアドバイスを得ること
⑧リラックスのための場所や時間
⑨チームティーチ
⑩肯定的な取り扱い計画書
⑪安全な交通手段
⑫リスクアセスメントの充実

出典：Woodeaton Manor School Pupil Risk Assessment より筆者作成

〈リスクアセスメント項目〉

リスクアセスメントには、「<u>自分を傷つける</u>、<u>他者からの侵害</u>、<u>他者を傷つける</u>、<u>それ以外のリスキーな行動</u>」の四つの軸があり、過去12か月の間の該当行動の有／無／不明を記載する形式になっている。またリスクに影響する要因として 「身体状況・現在の精神状態・主なライフイベント・（生徒が）助けを求めることができない・（生徒が）リスクに気づかない・家族がリスクに気づかない・肯定的な成果に導く力」についてチェックすることになっている。このような整理は日本の現場でも活用できるのではと考え、次p頁表5-8にその内容を示す。

6. 行動マネージメント指針

　学校には14頁にわたる教員向けの行動マネージメント指針（Woodeaton Manor School Behaviour Manegement Policy）があり、表5-9に示す項目で構成されている。またこの指針は、学校の「肯定的な対処指針（Positive Handling Policy）」「タッチに関わる指針：Touch Policy」「反いじめ指針」「セーフガーディング指針」、そして「子どもと大人からの（苦情）申し立てへの手続き」と一緒に読むべきものであると位置づけられている。

第5章　イギリスの「特別な支援が必要な子ども」への取り組み　135

表5-8　リスクアセスメント

自分を傷つける	他者からの侵害	他者を傷つける	リスキーな行動
□自殺を意識した行為 ・交通機関の前を歩く ・大量服薬 ・飛び降り ・重篤な自傷行為 ・首つり ・覚え書き・図 □自傷行為 ・カミソリで切る ・脱毛 ・火傷 ・ヘッドバンギング ・拒食／過食 ・アルコール／薬物乱用 ・過量服薬 ・乱交 □希死念慮 ・友人・職員・家族に話す ・ＳＮＳ上のメッセージ ・自殺に関するインターネットサイトへのアクセス □生理的ニーズの無視 ・不潔 ・季節に合う服を着ない ・適切な食事をしない ・体調に注意を払わない	□次のリスクがある： ・ネグレクト ・性的虐待 ・性的搾取 ・身体的虐待 ・情緒／心理的虐待 ・家庭内暴力 ・経済的虐待 ・不法な拘束 ・服薬に関するリスク □アルコール／薬物乱用の知識 ・家族にアルコールや薬物乱用がある／その歴史がある場合の子どもが巻き込まれるリスク	□不適切な性的行動 ・この行動を示す大部分の子どもは、明確な境界がないネグレクトの体験がある、また性的虐待や他の虐待の被害者であることもある □暴力 ・家庭内の暴力 ・他の生徒やスタッフへの暴力、攻撃 ・一般人への暴力・攻撃 □武器の使用	□出席状況 □不従順（ルール等に従わない） □言葉の暴力 □ネット上のいじめ □教室や学校からの無断外出 □許可がない場所への勝手な出入り □器物破損 □盗み □タバコ □動物に対する残酷な扱い

リスクに影響する主な要因
□身体状況　　　　□現在の精神状態　　　□主なライフイベント □（生徒が）リスクに気づかない　　　□家族がリスクに気づかない □（生徒が）助けを求めることができない　　□肯定的な効果に導く力

出典：Woodeaton Manor School Pupil Risk Assessment を基に筆者作成

表 5-9　行動マネージメント指針の項目

□学校の気風	□行動のマネージメント	□生徒と良い関係を作る
□生徒支援の実際	□親や養育者への支援	□学校におけるルールと行動規範
□不適切な行動の予防	□難しい行動への対処	□報酬（Rewards）
□許可／罰則と結果(Sanctions & Consequences)		
□重篤な破壊的行動と攻撃性のマネージメント		
□肯定的な取り扱い	□役割と責任（学校理事・職員・生徒・保護者／養育者）	
□職員研修		

出典：Woodeaton Manor School Behaviour Manegement Policy より筆者作成

　指針の冒頭には、成功的な行動マネージメントプログラムは、「生徒個人や他の生徒・職員・社会の安全と幸福を確実にすること、(生徒が)自分を傷つけることを防ぎ、不適切な行動を適切な行動へと変えること、(生徒が)セルフコントロールができ自分の行動に責任を持つように教えること、そして(学校や生活)環境を守ること」などを助けると、プログラムの意義が書かれている。続いて表5-9に示す項目について具体的に記載されている。

　このことは、虐待的環境で育った子どもや、種々の要因でトラウマを抱えて情緒行動の問題を示す子ども、発達障がいを有し二次的な問題が見られる子どもたちを、教職員がどのようにケアし自立を支援するのかということを考えた時に、基本的な指針になると考えるため、以下にその内容の一部を抜粋し紹介したい。

（1）「不適切な行動の予防」

　不適切な行動の予防には、特別支援学校である当該校のみならず、日本の学校においてもあるいは教員養成段階でも把握しておくべき一般論が述べられている。

　たとえば

　・生徒と良好な関係を築きクラスの雰囲気を肯定的でサポーティブな雰囲気にすること

　・生徒のニーズに沿った学習プランを立てることや前回の学習との関連を持たせること

　・(生徒の)怒りやフラストレーションへの対処の仕方について(生徒に)

第5章　イギリスの「特別な支援が必要な子ども」への取り組み　137

戦略的に教えること
・問題解決技法／サークルタイム／投薬を使用すること
・生徒がクラスや学校コミュニティーに所属している感触を持てるように
　すること
・生徒が不安に圧倒されたり、常に自尊感情を脅かされることがないよう
　に生徒自身が活動を選択する機会を提供すること
・生徒自身や他の生徒が学習することを妨げるような反社会的・攻撃的行
　動に対処すること
　など

(2)「難しい行動への対処」

「難しい行動への対処」では、難しい挑戦的な行動へ対処する際の概要と
対処時の戦略が述べられている。これらは日本の学校や生活施設でも用いら
れ（てい）る原則的なことであるが、経験年数が少ない者でも応用できる具
体的な記述である。

たとえば、
・「生徒が難しい行動を示している時でも生徒を尊重する態度で向き合う
　こと
・関わることがむしろ混乱を助長する時はいったん行動を無視し（関わら
　ず）、後ほどもっと適切な時に必ず向き合うこと
・生徒と話をする時は、1 対 1 で静かな場所で話すこと。アイコンタクト
　や表情を用いて落ち着いた短い言葉で『その行動は受け入れられるか受
　け入れられないか』を伝えること、生徒の行動だけではなく行動がもた
　らす影響についても話すこと
・生徒が混乱していたらチームティーチの助けを得ること
・教員が時に生徒に対して適切な形で怒りを示すことがあるが、その際、
　『先生は、ジミーにあなたが言った不親切な言葉にとても怒っている』
　のように、「I（私）」メッセージを用いること（「私」を主語にして、自分
　自身がどう感じているかという思いを伝えること）
　など

(3)「許可／罰則と結果」

「許可／罰則と結果」では、当該の子どもを守りながら、他の生徒も守り授業や活動を保証する際に用いる具体的な方法が記述されている。教員1人で行えること、他の職員の助けを得ながら行うこと、警察など他機関との連携も視野に入れること、そして難しい行動に対する学校全体の規範などである。

たとえば、

・席替えや、ティーチングアシスタント（TA）のサポートのもとに教室（部屋）を変えること
・タイムアウト（子どもも職員も冷静になる時間を持つこと。具体的には子どもが一旦その場から離れ、一人で冷静になる時間をとること。）
・インシデントの記録をつけ毎年3回保護者に知らせること、保護者と毎週コンタクトをとり行動プランを合意すること
・身体的な抑制（肯定的計画書を参照）
・激しい暴力時の警察との協力の可能性
・停学や退学に関すること
など

(4)「重篤な破壊的行動と攻撃性のマネージメント」

「重篤な破壊的行動と攻撃性のマネージメント」は、学校のみならず子どもや青年と接する仕事をする大人にとっては必要なことである。このことは、子どもを心理的に理解しケアすることを目的とした書籍には記述されているが、学校の行動指針としてすべての教職員が読み実施するように設定されている点が興味深い。

指針で示されている内容は原則的なものであるとの断りのもと、具体的な内容が1頁にわたって記載されている。たとえば、

・客観的に冷静に対処することが重要である
・生徒の行動は内面の葛藤が外在化していることが多いことを知り、生徒の行動の意味を常に考え適切な対処について考える
・自分の行動の振り返りと同時に同僚と相談するなどお互いをサポートす

る

・（生徒は）自分自身をコントロールできないがコントロールを望むことがあり、その際、教員は心理的に包み込む状況を作るために身体的な介入を行うことがある
・危険な行動を呈している生徒の周囲にいる生徒への対処
・「あなたが落ち着いて他の誰をも傷つけないために」のメッセージのもとに生徒をその場から移動させる
・（生徒が）身体的な安全を保ち、皆が身体的に傷つくことを常時予防するなど

(5)「役割と責任」

「役割と責任」には、「生徒の役割と責任」も入っており、「どのような行動が受け入れられるか自分たちの選択による利益と犠牲について意識している（aware）責任があること、（許容されない）行動を減らすために大人が提供する戦略を使用すること、安全で意味のあるふるまいと学校の基準を尊重すること」が期待されると記述されている。学校構成員の一員としての生徒自身の役割と責任が、大人と同列に記載されているところが大変興味深い。

7. 最後に

大部分の子どもが自閉スペクトラム症で家庭背景の厳しさがある子どもや、地域の学校では対応が難しい情緒行動の困難を伴っている子どもたちへの取り組みの中で、「セーフガーディングの実践」に焦点を当てて述べてきた。その子どもたちへの「セーフガーディング」に関わる取り組みは、家庭におけるマルトリートメント（子ども虐待）の発見と対応という枠組みのみならず、「発達特性や生育環境／経験に基づく、情緒行動の困難と学習困難を持つ子どもの安全を保障しながら成長を促す」取り組みであり、そのために子ども理解のための詳細なアセスメントやリスクアセスメントを用いながらの実践である。また日常の学校生活を落ち着いて静かに過ごせ学業に取り組むための工夫、リスキーな行動への対処、肯定的な取り扱い計画書など、日本

の学校や児童施設での実践に通じ、参考になるとの印象を持った。印象に残った個々についてはすでに述べてきたが、まとめると、法的な枠組みを背景としたセーフガーディングの体制、チームワークと機関連携を視野に入れた方針整備、また「肯定的な取り扱い」に見られる子どもと同時に職員が守られ、安心して働ける環境創出の工夫などは、特に印象に残った。

引用・参考文献、資料

DfE (2018) *Keeping Children safe in education-Statutory guidance for schools and colleges*

西田幸代 (2011)「第2部第1章イギリス」『平成22年度障がいの或る児童生徒の就学形態に関する国際比較調査報告書』(調査委員長嶺井正也)、平成22年度内閣府委託報告書、平成23年3月WIPジャパン株式会社。https://www8.cao.go.jp/shougai/suishin/tyosa/h22kokusai/pdf/03.pdf (2019/3/15アクセス)

Ofsted (2018) *Woodeaton Manor School*. https://reports.ofsted.gov.uk/provider/25/123329 (2019/7/1アクセス)

Oxfordshire County Council (2018) *2018 Child Protection and Safeguarding Policy for Woodeaton Manor School: In Line with keeping children safe in education 2018*. https://www.woodeaton.oxon.sch.uk/publicpolicy/Safeguarding-2018-2019.pdf (2019.03.25アクセス)

岡本正子・二井仁美 (2014)『「子ども虐待防止の実践力」を育成する教員養成のあり方に関する研究』2011～13年度文部科学省科学研究費助成事業報告書、「子ども虐待防止の実践力」を育成する教員養成のあり方研究会

玉井邦夫 (2010)「教育・福祉・保健機関等の職員のための子どもへの性的虐待初期対応ガイドラインの策定および啓発・研修に関する研究」厚生労働科学研究費補助金 (政策総合研究事業)『子どもへの性的虐待の予防・対応・ケアに関する研究』(研究代表柳澤正義)、平成21年度総括分担研究報告書

Woodeaton Manor School HP. https://www.woodeaton.oxon.sch.uk/ (2019/5/30アクセス)

Woodeaton Manor School (2018) *Woodeaton Manor School Behaviour Manegement Policy*. https://www.woodeaton.oxon.sch.uk/publicpolicy/Behaviour%20Management%20Policy.pdf (2018/11/1アクセス)

訪問時に入手した資料

Guidelines for accurate and objective recording of behaviours- Pink incident report sheets

Woodeaton Manor School Behaviour Manegement Policy, September 2015

Woodeaton Manor School Positive Handing Policy

Woodeaton Manor School Pupil Risk Assessment: Staff guidance notes

第2節 マルベリー・ブッシュ・クール The Mulberry Bush School（児童心理治療施設）における支援

　マルベリー・ブッシュ・スクールは、1948年創設のオックスフォードシャーにある子どもの教育、心理治療を行う入所施設である。以下の調査事項は、2015年11月3日に訪問し、施設長ジョン・ダイアモンド（John Diamond）氏、照会・渉外部長アンガス・バーネット（Angus Burnett）氏、主任ケアワーカーキャロル・デイ（Carol Day）氏、心理治療・ネットワークチーム主任ジェニファ・ブロウナー（Jennifer Browner）氏からインタビューを行ったものをまとめたものである。

1. マルベリー・ブッシュ・スクールにおける支援

（1）マルベリー・ブッシュ・スクールの概要と支援対象

　施設は豊かな自然に囲まれた環境にあり、学校、生活の場である広い芝生のある寮（2棟が隣り合わせに配置され、必要時に職員は行き来が可能、写真①）や心理治療の場がある。

　支援対象は、重度の心的外傷を抱えた子ども（5〜13歳、注意欠如多動症、自閉症スペクトラム症、愛着障がい等3分の1〜2分の1が精神科治療を受け、投薬されている）とその保護者（実親、里親）で、全国（イングランド、ウェールズ）から受け入れ、年間38〜52週の教育・心理治療・行動改善のケア、家庭訪問を含む家族再構築支援、学校長期休暇中の生活の場提供や、教師・専門職への研修を行っている。

（2）生活の場と学校を包括した治療的養育環境

　入所した子どもには個別に治療チームがつくことになる。治療チームの構成は、教師、ケアワーカー[7]、心理療法士と家族および機関連携対応職員

---

7)　寮で子どもと起居を共にし、安心・安全な生活を送るための直接、間接の支援を行う職員。

（Family & Network Practitioner）である。ここでは約 100 人のスタッフにより、あらゆる場面で即時的な心理治療的・教育的介入が想定、実践される、統合的な心理治療環境が用意されている。

　また、ここには D. ウイニコットによる精神分析的なトレーニングを受けた、という歴史があるが、創設者の 1 人である B. ドッカー－ドライスデイル（Barbara Docker-Drysdale）は、愛着形成に躓きのある子どもたちのニーズを満たすためには、正統的な精神分析スタイルよりも、日常的な養育という環境の中での子ども－職員間の心理治療的相互作用を重視し、ここでの心理治療や支援法は、「治療的養育（Therapeutic Child Care）」として発展してきた。このことは、日常生活、学校で子どもが起こす行動に対応するケアワーカーや教師の質の高い介入や、生活の場である寮や学校で行われる子どもの集団セッションに心理療法士が参加するという面に現れている。

　ここでの現在の治療方針に関して、心理治療・ネットワークチーム主任は次のように説明していた。「ここで行われているのは、非常に変形した精神分析療法である。ほとんどの子どもは通常の精神分析療法という形をとるといろんなものが浮き上がってきたりして、対応できない。1 回そういうことをすると、どこかへ行って戻ってこない。そういう適用の問題がある。そういう意味で、実際に言語化した治療よりは、むしろ非言語のプレイセラピーとか、演劇療法とかを用いて、表現力を違う形で高めていくことを主体とした、より実際的な形の治療の方が効果的で、子どもは取り組みやすい。実際にプレイセラピーをしながらでも、言語化して掘り下げていくというよりは、むしろ過去に行くのではなく未来志向で、何かが起きた時にそれを踏まえてその後何につなげていくか、という視点でやっている。そのようなことを、寮の話し合いの時間（Talking Time）[8] に参加した際に、ケアワーカーに伝える。たとえば、今まで注意されてきたようなことが繰り返して起こる時、これまで通り叱るのではなくて、それを踏まえて建設的にしていくような形のアプローチをそこで実践することで、寮や学校での子どもとスタッフの関

---

[8]　生活する子ども・タッフが集まり、寮での生活に関係するあらゆることをオープンに話し合う時間。自分の感情、考えを整理し、相互に伝え合い、気づきを体験する場を提供する。誰かが起こした心配な行動について、事実、状況、きっかけ、感じたことなどを話し合うこともある。

写真 5-2 ①　（平岡篤武撮影）

係性の構築をより強化していく方が、実際に効果的であると思っている」。

　このような実践の背景には、心理療法士の資格取得には我が国とは比較にならない量の基本的トレーニングが課せられるということがあり、これが心理治療実践の基盤を支えている。また、トラウマケアにおけるトップダウン[9]とボトムアップ[10]という二つのアプローチから考えると、これまでよりボトムアップによる支援が強調され、それをトップダウンによって認知行動調節を促進するというように、トラウマケアを念頭においた、統合的心理治療の実践が行われている。

2. 生活の場（寮）

　最大入所児数31人（定員40人だが職員とのバランスからこれを上限にしている）を4棟（5〜13歳で入所期間は最大3年間、1棟：最大8人、平均5〜6人、男女混合）で受け入れている。4棟での年間居住期間は学校のある38週で、残り14週の帰省日は、家庭または里親家庭で過ごす。4棟中のうち1棟は、2009年から始めたアセスメントのための寮（概ね12週間、登校するが昼食は寮でケアワーカーと食べる）で、最初は全員ここで生活する。アセスメント期間が終わると、アセスメントに基づいて二つの寮に分けられる。その後、成長に応じて退所に向けた寮（訪問当時は5人在籍しており、そのうち2人は保護者のいる地域での生活に戻る準備をしていた）に移る。これとは別に、2018年の夏からは長期休暇に帰ることのできる場所がない子どものための寮（年間52週を通して利用可）が新設されている。

---

9)　ボトムアップは、身体の緊張を和らげる（迷走神経系と脳幹の連携を促進する）ことによって、内臓感覚（ムカムカする、締め付けられる、スッとする、満たされた等）を含む身体的感覚と感情のつながり、調節を狙う。

10)　トップダウンは、言葉を使い論理的思考能力に働きかけて、トラウマにまつわる怒りや不安を喚起する記憶の整理や感情、行動の調節を狙う。

アセスメントのための寮は、「入所してすぐは、新しい生活環境に圧倒される」という子どもたちからのフィードバックを基に始められている。ここの目的はアセスメントを行い、支援計画を立てることだが、第一の目的はここで落ち着き、生活の場であることを受け入れるようになることにあるため、スタッフとの関係性を構築することが中心で、ここにいる間は基本的に心理治療を受ける子どもは少ない。

写真 5-2 ②〜③　（平岡篤武撮影）

各寮に庭があり、居室はすべて個室（2009 年から）で、TV のある部屋、ミーティングルーム（写真②）、PC ゲームのある部屋等子どもが選んで使えるスペースを多く配置し（ミーティングのできる部屋は二つ、バスルームは三つ用意されている）、家庭的な雰囲気を重視している。登校前に各部屋を整理整頓することは子どもたちの大きな課題だが、それは容易なことではなく、毎日ケアワーカーの支援が必要となっている。子どもが寮での生活を安全と感じられるよう、夜間は廊下に逸脱行動監視用のカメラを設置してあり、当直職員の部屋からモニターできる（逸脱行動のため、部屋のドア開閉時にブザーが鳴るようにされている子どももいる）。子どもの特徴（注意欠如多動症、愛着障がい、ネグレクト、トラウマ等）によっては、安全感を実感できるよう本人の意向を尊重して部屋に手を入れていた。ある子どもは、本人の希望により、部屋外部からの光刺激に過敏なため遮光カーテンを使用し、不安が高まると狭い所に入ると落ち着くことからベッド下に巣穴状の入口を作り、そこからベッド下に潜り込めるよう工夫されていた（写真③）。また、感情を適切に表現することをはじめとして、コミュニケーションスキル・記憶力・自己肯定感等の向上を目指して、絵や文字で自己表現したり、自分の課題や現状の目標達成度を視覚化したりするための掲示物が個室、寮内の壁に貼られている。

3. 学校

クラスは四つ（アセスメント寮のための基礎クラス、ステージ1～3、各クラスは平均して6人程度）あり、1クラスを少人数にして1人の子どもへの支援が多くなるよう子ども8人に対して教師4人の配置をしている。ステージ3は通常学級の形態に近づけた、地域の学校に復帰する手前の段階である。それぞれのステージは社会的側面、感情的側面からの課題があり（年齢別ではない）、子どもは各自「私は～ができる」、「私は～ができない」というような自己評価を記述して行動目標を明示している。これを表にし、できたところを色塗りすることで視覚化して、自分のステージを客観視できるようにもしている。このステージ評価は学校、寮で微妙に異なる場合があるが、できるだけ両者を統合させるよう取り組んでいる。

授業は個別の課題への取り組みと、グループでの話し合いの時間が組み合わされている。グループでの話し合いの時間から次の個別の課題取り組みの時間への移行に気持ちが準備できず、クラスに入れないで教室の壁を外から物で叩いてその気持ちを表現するような子どももいる。

活動中混乱を起こした場合は、教員が1対1で対応し、ステージ1から基礎クラスへのように、別のスペースへ移動させることもある（ある活動から次の活動への切り替えがうまくいかないことが多い）。教室外には、クールダウンのための遊具（鉄棒、ボルダリング、ボールプール等、写真④）が設置されているスペースが体育館の隣や学校の空きスペースに設けられている。落ち着かせる場合、教師だけでなく、寮のケアワーカーが学校に応援に行くことや、寮に戻すこともある。ここで重要なことは、学校と生活の場という境界線が曖昧にならないように、スタッフ間で子どもの行動の意味や対応の目的を話し合い、逸脱行動パターンを分析した上で子どもにとって最も適切な過ごす場所、時間を決めるようにすることである。

写真 5-2 ④　（平岡篤武撮影）

4. アセスメント、心理ケア

　心理治療・ネットワークチームは7人（専門は、子ども青年期：1人、音楽療法：1人、演劇療法：1人、看護師：1人、家族関係：3人、2019年7月現在）。

　入所後すべての子どもに実施されるアセスメント期間（12週間）において、心理療法士は、プレイセッション（心理療法士とのプレイを通して行われる）と、ナラティヴ・ストーリー・セッション（子どもが自分の育ってきた情緒的歴史を心理療法士と探求し、そこで得られた情報や体験を教員その他の職員が共有する）を通したアセスメントを担当する。この期間は、子どもが新しい環境に馴染み、学校・宿舎で職員との関係性を構築していくことを重視し、「この子にはこのような対応が必要だろう」という支援の方向性をつかむ段階なので、この時点で心理療法が実施されることは通常ない。それには、ここのスタッフは経験豊富なので、他の治療的介入を導入しなくても対処できているという面も大きい。アセスメント棟ではアセスメントだけでなく、治療的介入が始まるまでの期間にしっかり生活面、対人関係面のケアをすることを重視している、ということでもある。

　その後、何らかの心理療法（主に音楽療法と演劇療法の集団療法）を受けている子どもは全体の4分の3程度。個別の心理療法（プレイセラピー、カウンセリング）を受けている子どもは2人と少ない。音楽療法は、早期のネグレクトを受けた子どもや幼児期の愛着が成立する前後の問題行動を示すような子どもたちに効果的で、演劇療法は自分の思考や感情に気づくことや、感情表現が苦手な子どもたちに効果的との印象を持っているとのことだった。

　また、心理治療における非公開、守秘義務、時間等の治療枠を守ることは大事にしているが、それに縛られるということはなく、廊下での何かしらの話の中で、心理療法的な取り組みをすることもあり、従来の伝統的な心理療法という枠はもう持っていない。ここの心理療法士は、担当ケアワーカーと一緒に子どもに会ったり、担当ケアワーカーに必要な対応スキルやアプローチを助言したりして、支援を共有していくということを実践している。できるだけその子どもが一番信頼している人が、心理療法的なスキルを実践できるよう強化していくことを目指している。スタッフミーティングに参加して

実施中の心理療法についての情報提供や情報交換を行うこと、寮の話し合いの時間（Talking Time）や、学校のサークルタイム（Circle Time）[11]のような集団活動に入っての治療的介入を行うこと等も行っている。

イギリスの心理治療の現状としては短期的に結果を求めるような、エビデンス・ベースト、認知行動療法が増えている状況にあるが、以前のような自分と違うアプローチに排他的な態度は減り、統合的で、どの流派がよいかというよりはよいところを持ち寄って実践するという傾向になっている。

1人の子どもについての施設内ケースカンファレンスは、その子に必要で、接することのあるマルベリー・ブッシュ・スクールにおける関係スタッフ全員が集まり、チームごとに年2回実施されている。このカンファレンスでの協議事項は明確に決まっており、支援目標の進捗状況（行動面、学習面）評価と新たな治療目標についてである。

5. 職員研修

支援は、入所以前に実施される子どもの発達上のニーズ（Child's Developmental Needs）、親のペアレンティングの（許容）能力（Parenting Capacity）、家族や環境因子（Family and Environmental Factors）の3側面に関するアセスメント（第1章第2節 Common Assessment Framework: CAF 参照）に基づいて行われるが、子どもに関わる職員は州指定のセーフガーディング（Safeguarding）研修を受けなければならない。それには、虐待、子どもへの性的搾取、自傷、DV、支配・強制、強制結婚、人身売買、女性性器切除、過激思想等の基本知識、アセスメントの枠組み、加害と事故の外傷の違い、機関連携、子どもからの被害開示への対応等を含む。州指定の研修は就任時だけでなく、毎年研修を受け直す義務があるのが特徴。

ここで働く人たちは明確な意識や経験があり、研修を積んでくる人も多いが、発生する逸脱行動は重症・頻回なので、子どもの逸脱行動に対する対応力を向上させるためには、施設内研修以外のピアサポートがいつでも受けら

11）脚注8）「話し合いの時間」と同じ目的の学校（教室）で行われる活動。

れる環境を整えることが重要と考えられている。専門教育を受け意欲があっても、経験の浅い職員は突発的な事件が起きた際、事後にそれを解説、報告する能力に優れていても発生時に適切な対処は苦手だとか、子ども同士で起きた性的逸脱等の不快な情報に接して強いショックを受けてしまう、ということが起きやすいため、研修はこれらを補うことも目的としている。

　訪問時に、セーフガーディングに関する研修として紹介されたのは、第一に上記の州指定の研修の内容である。それに加え、その時点で施設のセーフガーディングに関するテーマであった「性的逸脱行動」に関する内容も学ぶことができた。性的行動や性的加害行動への対応に関する研修教材は、他の施設との情報交換やタビストック・クリニック[12]で訓練を受けた照会・渉外部長と主任ケアワーカーが自分たちの施設に合わせて作ったものである。研修では、重症例に接することで生じるスタッフ自身のストレス軽減を図る取り組みや、子どもの性的な行動について話し合い、事例を基に子どもの行動をレベル1：正常な性的な行動、レベル2：心配な行動（正常であるとは判断できない）、レベル3：重大な問題行動（自他への危害あり）、に分類する演習等を行う。

　性的問題行動や性的加害行動において問題になるのは、それが自他に危害を及ぼすものか、スタッフはどう反応したらよいかということである。第一の判断基準は、年齢的に起こり得るレベルのものかということである。特にここにくるような子どもたちは、暦年齢ではなく、現状の性に関する発達レベルで考える必要がある。子どもの自然で、健康な性的行動の特徴は、情緒発達とバランスが取れているか、自発的・相互的で続けるのが楽しいような遊びレベルか、時間や頻度が限定された行動か、性への関心とそれ以外のものへの関心のバランスが取れているか、恥や怒りの強い感情はないか、発覚後その行動は減るか、その行動は子どもらしい単純で自発的なレベルか、等で判断される。

12）1920年、ロンドン北部ハムステッドに設立された力動的治療を専門とする医療施設。愛着研究で有名なJ.ボウルビィが副所長を務めていた。教育や研修にも力を入れており、医師、心理士、研修生合わせておよそ1000人近くが在籍している。

6. 機関連携

ビクトリア・クリンビエ事件[13]は、多くの機関、専門職が関わっていたにもかかわらず、関係者間のコミュニケーションが不足していたために子どもの死亡に至ってしまった。実際に虐待を客観的に説明できる事実が得られなかったとしても、機関間で漏れなく情報交換していくことを重視していくルールがこの事件によりでき、現在地方子どもの安全保護委員会（Local Safeguarding Children Board：LSCB）という組織が各地域にある。

また、それぞれの地域では実務レベルの多機関連携ネットが構築され、オックスフォードシャーでは、その中核機関が多機関協働セーフガーディングハブ（Multi Agency Safeguarding Hub：MASH）と呼ばれている。構成機関は、警察、子どものソーシャルケアチーム、成人のソーシャルケアチーム、健康保健チーム、早期介入チームである。これに加え、青少年犯罪チーム、救急隊等が必要に応じてリンクする。各機関が外部機関と連携する際は、各機関の子どもの安全保護管理者（Designated Safeguarding Officer）と連絡を取っている。これは、一般的には教育委員会、学校組織にある教頭級の役職（DSL）だが、マルベリー・ブッシュ・スクールは、学校と生活施設が統合されている組織であるため、教員ではなく、照会・渉外部長と主任ケアワーカーが担当している。

7. 危機管理

ここでは上記で述べたように子どもの安全保護管理者は、教員ではなく生活場面での支援を統括する2人の管理職（照会・渉外部長、主任ケアワーカー）が担っている。学校、寮で起きた子どもの現れ（よい行動、逸脱行動、気になる行動等）やその他の情報は、IT企業が開発したPC管理システムにより記録・管理され、全職員がアクセス可能である。学校、寮、帰省中の家庭での

---

13) 8歳のアフリカからの移民女児が100か所以上の傷を受け死亡した事件。12もの機関が関わっていたが、保護できていなかった。これを受けイギリス政府は調査報告書を作成、2004児童法制定につながった。機関連携が大きな課題とされ、福祉、教育、保健、行政機関の統合が行われた。

150　　II．学校と福祉・医療におけるケアと支援

心配な情報を得た職員が情報を記入すれば、そのデータは即時2人の子どもの安全保護管理者に届き、緊急対応処理を記録するワークシート上で共有できる。情報を得た子どもの安全保護管理者は直ちに協議し、それがどのレベル（レベル1：問題なし、レベル2：はっきりしないが問題あり、レベル3：自他への危害という重大問題あり）かを判断し、レベル2、3であれば措置機関である地方自治体や学校、寮を管轄する地方自治体の虐待対応部門と連絡を取る。このようにして報告された事案に関しては、必ず1ケースずつ、1～2週間に1回定期的に再検討が実施される。再検討の内容は、支援経過の確認、情報・アセスメントの見直し、支援方針の再策定・修正の検討、実施担当者の確認で、メンバーは、子どもの安全保護管理者、教頭、心理療法部門主任の4人である。各部門の代表者が集まって毎週再検討を行うことで、各部門間でのコミュニケーションが増え、子どもの全体像を把握できる、確実に支援を行える、今後の対応案が出やすい等につながっている。また、心理療法部門では子どもの心配な行動に関する判断についてMASHのような外部機関と協議をしたり、親や里親に子どものショッキングな行動内容を伝える際に臨席したりして、機関や保護者とうまく連携できるための橋渡しの役割を担っている。

8. 子どもが不穏・パニックになった時の対応、予防的対応

　以前はホールディング[14]が中心だったが、現在はなるべくホールディングせずに対応できるようにしている。具体的には、子どもが安全にクールダウンできるような場所を用意すること、職員が緊張緩和技法（De-escalation Technique）を研修で身につけることを行っている。怒って椅子を振り上げ投げようとしている子どもに対しての、緊張緩和技法の例を挙げると、そのような時、職員は大きな声、叱責のような過剰な反応をせず、落ち着いて「それを投げたら遊ぶ時間がなくなってしまうよ」というように声をかけ、

14）興奮した子どもが暴れたりして行動制限が必要な場合、怪我をしないよう配慮しながら背後から腕などを抑えるなどしてクールダウンに導くこと。

子どもが取ろうとしている行動とその結果のつながりを教えていくのである。

また、学校、寮のあらゆる場面での心理ケアを配慮した取り組みとして、普段から肩に手を回す、優しく背中を撫でる等の触れ合いを重視している。これは、愛着に問題がある子どもが多いので、関わってもらえない、触れてもらえない、関心を持ってもらえないということはない、というメッセージを非言語的にも伝えるためである。

9. 性的逸脱行動の捉え方、基本的な支援法

性的逸脱行動に関して他の逸脱行動と分けて特別に扱うことはせず、他の暴力等の逸脱行動に対して行う支援と同じように扱っている。そのためには逸脱行動の意味、背景を常に個別に考える必要がある。たとえば、ストレスが大きくなると性的な行動として発散するタイプの子どもであれば、性教育というアプローチよりもストレスコーピング対策にまず取り組む必要がある。また、性的逸脱、悪ふざけ、問題のない行動の区別のつかない子どもの場合には、安全のワーク（Keeping Safe Work）という1対1の個人セッションで、触れてよい関係、よい場所等個人間の境界や安全について、具体的な例を使いながら学ぶ必要がある。

対応例1）安全のワーク　子どもに大きな模造紙のような紙の上に寝転がってもらい、本人の身体の輪郭を描いて、「どこだったら触ってもいい、大丈夫だと思う？」、「誰だったら、どこを触っていいと思う？」等の質問を通して、安全な行動を教えていく。

対応例2）寮で性的逸脱行動が多く見られるような場合。話し合いの時間（Talking Time）に、子どもたちに、実際に逸脱が起こったのはいつか、起こった時にどんなことを感じたか、どういう状況でそういうことが行われたか、何が引き金になったのか、ボーフレンド・ガールフレンドについての話等を、オープンに話してもらうように促すということが重要になる。その際、特に自分の感情がわからない子もいる。そのような時に、職員が手助けしながら内的な体験を表現する物差し（不快を0～10で表わす等）を示したり、それに基づいて話すことを促したりして、子どもに実際に逸脱行為が行われた時に、

152　　II. 学校と福祉・医療におけるケアと支援

どんな内的な変化があったのか、ということを具体的に理解させる、気づきを増やすということをしている。

対応例3）性的逸脱行動が大変目立つ子への指導の例。そのような行動に遭遇した職員は「ダメ」と怒るのではなく、その行為が行われたその時に、どのような感情を体験したのか、何がそれを引き起こしたのか、その結果どんなことになったか、それは安全だったかどうか、ということをその子が話しやすい場所で、十分話し合う必要がある。また、怒るのではなく、実際に起こしたことをしっかり理解し、気づきを促すことが目的なため、担当のケアワーカーによる1対1のセッションを週1回行う。

10. 家族支援

家族支援は3人の家族および機関連携対応職員（Family & Network Practitioner）（家族ソーシャルワーカーの資格があるのは1人）が担当している。彼らは支援スタッフの一員として、個人心理治療に関する情報を共有しており、問題行動等子どものあらゆることに関わっているので、子どもと実親、里親、養子縁組した親等を含め、家族との間のネットワーク作りに関与し、家族をつなぐハブ、キーパーソンの役割を担っている。子どもが挑戦的行動をした場合、もしくはそういう子どもが家族の中にいる場合には、どのような影響を他の家族が受けるかをアセスメントしたり、それを家族と共有したりする。仕事として大きい割合を占めているのは、高校進学もしくは高校卒業の時、特に卒業、退所後のネットワーク作りである。ここを退所して出身地域の学校に戻る場合（親元よりも里親等の方が多い）、地方自治体のソーシャルワーカー、施設と転出先の学校との連携は子どもの安全保護管理者である主任ケアワーカーの監督下で行われるが、実務上の動きとしては、子どもの担当である治療チーム（教師、ケアワーカー、心理療法士と家族および機関連携対応職員）が担うことになる。この中で、心理治療部門である心理療法士と家族および機関連携対応職員が、新しい生活の場や学校とこれまでの支援経過情報を共有したり、協議の場を設けたりする。ケアワーカーまたは教師は、可能な限り子どもと（可能なら家族も）、新しい生活の場を事前に訪問する。転

第5章　イギリスの「特別な支援が必要な子ども」への取り組み　153

出する際は、家族が立ち会えなければケアワーカーが付き添うことになる。

　ここに入所する子どもや家族のレベルは重症なため、虐待を受けた家族の元に戻る例は少なく、ほとんどは里親宅、養子縁組先に引き取られるので、里親、養子縁組の親に子どもの特性、背景を理解してもらうための介入支援を多く行っている。

　子どもに性的逸脱行動があった場合には、「家に戻ってきたら私の子ども（または孫）にそういうことをしないだろうか」「家にいた時はそんなことがなかったのに、なぜそちらに行ったらそういうことが起きたのか」というような質問を受けることが多い。そのような場合には、その子どもを理解するために情報共有が必要になる。子どもが性的虐待を受けてきた、というような成育歴や、他のいろいろな背景が子どもによってあり、そのような経験が影響するということについて、心理教育的介入を行う。まれに、その子どもの成育歴がまったくわからないケースがある。そのようなことがわかった時点で、学校・寮を管轄する地方自治体のソーシャルワーカーに連絡する。ソーシャルワーカー同席で成育歴を共有することもある。成育歴を共有し、どうしてその情報を聞かされなかったのか明確にした上で（何か特別な事情がある場合は地方自治体からの許可が必要になる）、子どもの性的逸脱行動だけでなく、子どもの行動の背景にあることをお互いに理解し合うことを目的に話し合う。ソーシャルワーカーがそのような情報を得ていても、関係者と共有していない場合もある。そのような場合には、その情報を共有することがいかに重要であるかに関して、ソーシャルワーカーへの教育を行う。

　夏休みやクリスマスなどの長期休みの時には、基本すべての子どもが家族、里親、養子縁組の元に帰る（帰る家がない場合、2018年夏以降は新設の寮を利用する）。可能なケースでは、週末に家族を招いて、ファミリーグループワークをしたり、親だけ（または親ときょうだい）が心理教育的なグループに参加したりする機会がある。ある父親からの虐待のケースでは、父親の虐待によって現在の子どもと父親の関係がどうなっているか、ということに焦点を当てたものだった。

　親に改善意欲があり、心理治療を受ける場合は親に対する集中的な心理治療が行われる。ケースとしてはネグレクトの場合の方が多いが、施設では短

期の支援プログラムしかないので、家族のいる地域ネットワーク網を充実させ、再発防止に向けてネグレクトが起きる背景への介入が重要となる。ここで行われる支援費用の支出根拠はあくまでも「子どものため」なので、親自身の治療が必要な場合は他の機関につなげることになる。

11. 外部への研修、研究

学習・研究センターの下に研究部門、アウトリーチ部門、治療的養育国際センターがあり、外部への学習・研究支援を行っている。研究部門では現在、治療的住宅、里親ケアの研究に取り組んでいる。アウトリーチ部門では様々な組織への訪問無料相談、治療的養育国際センターでは治療的養育とトラウマインフォームドプラクティス[15]の推進、治療的住宅や里親ケアの研究を行っている。

文献

田澤あゆみ (2017)「イギリス福祉政策にみる「児童保護」制度の軌跡と課題」『社会保障研究』2巻2・3号、pp.202-215

八木修司・岡本正子［編］(2017)『性的虐待を受けた子どもの施設ケア−児童福祉施設における生活・心理・医療支援』明石書店

https://mulberrybush.org.uk（2019/7/20 アクセス）

https://11ja.wikipedia.org（2019/10/21 アクセス）

---

15) 入所した子どもが虐待などでトラウマを受けていることを念頭に置き、安全・安心感覚の確保、愛着の修復を目指す。子どもに、不適応症状はトラウマへの適応的な反応であることを心理教育として学んでもらい、現在に焦点を当てることでダメージを受けた記憶を安全なものにし、行動修正に取り組むことを支援する。

第3節　ウエランドハウス Welland House（子どもの家）における支援

　筆者らは、2017年9月21日にレスター州のセーフガーディング開発オフィサー（Safeguarding Development Officer）であるサイモン・ジェンダーズ氏の紹介で、ウエランドハウス（Welland House）を訪問した。以下の調査事項は、訪問時に施設長マーチン・プライス（Martin Price）氏からインタビューしたものと、レスター州ソーシャルサービスの主任ソーシャルワーカーのジェイソン・グレゴリー（Jason Gregory）氏に後日（2019年2月）補足質問したものからまとめられている。

1. 社会的養護の子ども（Looked after children）を受け入れる施設

（1）レスター州における小規模施設ウエランドハウス

　ウエランドハウスはレスター州唯一の社会的養護の子どもを受け入れる小規模公立施設（定員4人）である。このような公立施設はレスターシティでは5か所（一部は定員6人）、レスター州では1か所だが、民間会社への運営委託（どちらも Care Quality Commission：CQC が監督する）もある。ウエランドハウスは、入所児を問題の子どもに特化していないので、マッチングが難しい面や、外部の専門家の支援が必要な場合がある。一方、民間施設には自閉スペクトラム症、性的加害行動等に入所対象児を特化させているものがある。これは地方自治体が民間施設に施設機能を特化するよう奨励しているからである。

　ウエランドハウスの外見は一般の民家で、訪問時（2017年9月）は10～18歳の3人が入所していた。2017年の1年間では、3部屋（3人）は同じ子どもで、残り1部屋に延べ4人が入れ替わり短期で入所していた。

（2）施設小規模化への流れ

　社会的養護の子どもが家庭から離れ、施設や里親に措置される流れには、

156　Ⅱ. 学校と福祉・医療におけるケアと支援

両親の同意（保護者の権利あり）と、裁判所の命令（地方自治体が親権を預かる）の2種類がある。両親同意がなく里親委託等になったケースの中には、18歳時点で家に戻れず自立していくケースもある。18歳を過ぎ、里親委託できないようなケースには18〜25歳が利用できる施設（子どもの施設学校対象の教育水準局：Ofstedが監督）ではなく、ケアの質委員会（老人ホーム、障がい者ホーム、医療施設、歯医者など、保健ケアやソーシャルケアを提供するあらゆる施設が対象）監督下の施設が用意されている。

　施設長の家族支援に関する考えは、「個々のケースにより異なるが、全国調査によれば親権から一時離れた子どもの約半数は21歳までに家族のもとに戻っている。したがって、ここでやることは、自分の家族は理想的な家族ではないけれど、どのように自分の身を守りつつ家族と付き合うかを学んでもらうこと。家族の近くにホテルをとって、家族と話し合う、ということも行っている」という言葉によく表れていた。

　施設長は1970年代にロンドンの定員25人、学校併設の男児のみの施設で勤務をスタートしたが、当時は入所した子どものことを不適応児（Maladjusted Boys）と呼んでいたという。この40数年で施設はここのような少人数の小規模施設に変わり、大規模な施設は発達障がい等の通所形態で残っているくらいである。施設の呼び方は、レスター州にある二つの大規模施設（定員14人、定員6〜7人）はユニットと呼ばれ、ウエランドハウス（定員4人）規模のものはホーム、ハウスと呼ばれている。

　23年前には定員16〜17人の施設規模が主流だった（ただし、通常は個室）が、その後、子どもたちを集団で扱わず、個々のニーズを考えるようになっている。このため、現在ほとんどの小規模施設が3〜4人の子どもが生活するサイズになり、地域の学校を中心に、その周囲9キロ前後の範囲で小規模施設を配置することが一般的となっている。また、規模だけでなく、一般的な環境という点でも大きく変化して、最近の小規模施設は、より居心地のよい、温かな雰囲気の場所になっている。

　ウエランドハウスの間取り（大きなキッチンとダイニングエリア、仕切りのないオープンプランではなく、各個人が1人きりになるスペースが確保されている）や家庭的な雰囲気は、住む子どもの気持ちや行動、さらにはスタッフの仕事へ

の動機づけや行動にも大きな影響を与えていると考えられている。さらに、ここ数年の変化として、入所時のマッチングが重要であるという認識が高まった。新たに入所する子どもがある場合、その子どもがすでに入所している子どもたちに悪い影響を及ぼさないか、そしてすでに生活している子どもたちがその子どもに悪い影響を及ぼさないか、に最大限の注意を払っている。

このような施設の小規模化と並行して、里親への措置を優先する変化もあった。地方自治体は、基本はホームでよりも一般家庭（里親）での方が子どもの発達にはよいと考えている。しかし、それがまた変わりつつあるという。施設への措置が必要なケースの増加、措置する子どもの低年齢傾向である。それにつれて、再び小規模ホームの必要性が認識されるようになった。今後小規模施設が数軒増える可能性もある。また、レスター州には民間の小規模施設がかなりたくさんある。社会福祉サービスを、利益追求の民間団体に委ねてよいのか、国や地方自治体が行うべきかの意見は分かれている。民間施設への措置に関しては、措置部門が事前にその施設が適当であるかどうかを調べ、措置後も定期的に訪問審査をすることになっている。また、教育水準局（Oftsed）の評価で良い（Good）以上が求められている。

施設長によれば、少人数になれば、その分楽か、と言えばそう単純ではない。少人数になるほどスタッフと子どもの距離は近くなり、成育歴で蓄積された怒り、悲しみ等の感情や攻撃をスタッフがぶつけられることも増える。しかし、スタッフも少なくなるので、トラブル対応でスタッフと子どもの関係がこじれた際に、対応スタッフが交代することは難しくなる。このあたりのところが最も苦労する、ということだった。

2. ウエランドハウスにおける支援

（1）入所が決定されるまでの措置機関内での流れ、手続き、措置後の支援

まず、措置担当部署からソーシャルワーカーに打診があり、措置担当のソーシャルワーカーとしてキーワーカー（key worker）が決まり（担当決定には子ども側の希望も配慮される）、子どもと措置先のマッチングを行う。その子どものニーズ、行動、生活環境の変化に対する反応を考慮し、現在入所して

いる子どもたちと一緒になった場合、何か問題があるかを考える。問題がないと判断されると、独立審査官（Independent Reviewing Officer）[16]、その他の重要な関係者に、「このような子どもが入所予定だが、何か潜在的問題や異議があるか。反対するとしたら、その理由は何か」という内容の質問票を送る。その回答が概ね肯定的な場合に入所を決定し、その子どもを引き合わせるプロセスに入る。施設を見せたり、遠隔地に住んでいるならば施設スタッフがそこを訪ねたり、施設で夕食を食べたりというように行き来して、少しずつ慣れてもらう。また、現在生活している子どもとの相性をかなり重視するため、すでに入所している子どもに入所予定の子どもについて概要を知らせ、どう思うかも聞く。すでに入所している子どもの意向も取り入れることで、より家庭的で誰でも受け入れるような開放的な環境をなるべく早く整えようとの考えである。

　また、措置後は、子どもを担当しているソーシャルワーカーが最低6か月に一度、子どもの様子を見るために子どもに会うことになっている。ウエランドハウスで会う時もあるし、外出して外で会うこともある。

（2）ウエランドハウスの組織

　子ども1人に対してケアワーカーは3人1組のケアチームが3チームあり、その上にアシスタントマネージャーが2人、これを施設長（レジスタードマネージャー：新入園児決定の権限、適切な子どもを受け入れる責任を有する）が統括している（図5-1）。勤務は2交替制で、早出は7:00-15:00、遅出は14:00-

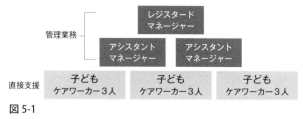

図 5-1
出典：ウェランドハウスの訪問を踏まえて筆者作成

16）措置されている子どものケアプランが最善のものかを定期的に評価するソーシャルワーカー。地方自治体はすべての措置されている子どもに任命する義務がある。子どもやその関係者からの意見聴取、ケアプラン検討会議の座長などを行い、地方自治体からは独立して意見を述べる。

第5章　イギリスの「特別な支援が必要な子ども」への取り組み　　159

10:00（夜間は2人、その内の1人が当直）である。

（3）支援方針

　子どもたちの中には、「大人が信用できない」ということが最大の課題である子がいる。そのような子どもたちに、「大人は信用できる」ということを緩やかな支援の中で理解してもらい、その後に家庭に戻ってもらうことが目標になる。具体的には、安全に養育できる環境を提供し、子どもが適切な決定をすることができるよう働きかけていく。

　日々の生活は、普通の家庭のように毎日ケアワーカーと子どもが話し合って決め、生活のあらゆる側面において、子どもたちが自分で決めることを推奨している（最近塗り替えた居間の壁の色は入所している子どもたちが決めたもの）。支援に関しては、家族にも関わってもらうようにしている。また、心理士、医療、保健関係者とも連携している。

　生活の自由度は、各子どもの能力、リスクによって異なる。友人と通学したり、1人でバスを使って町の中心部まで出掛けたりする子どももいる。また、発達障がい、性同一性の問題等で苦労している子も入所してくる。施設は、10年前までは個々の子どもの抱えるリスクに対して慎重な態度だったが、「普通の家庭環境に近づける」という目的があり、一つひとつのリスク内容を評価したうえで、子どもが発達上、最大限の機会を得るためにはよいリスクは挑戦させよう（心配だけれど、このレベルなら一般家庭だったら禁止しないだろう）、という方針に変化している。

（4）入所する子どもの特徴と支援方針

　イギリスでは、一般的に子どものために最良の環境は家庭だと考えられており、実の親や親族と住めない場合の第一選択は家庭的環境の里親委託になる。しかし、子どもによっては自分の家庭以外の家庭での生活を受け入れることができない場合がある。それをはっきりと言う子もいれば、行動で示す子もいる。子どもの意見と行動を見て、里親では対応が難しく、より高度の対応技術が必要と判断した場合、ここに措置されている。

　子どもたちは様々な障がいを持っていてひとくくりには言えないが、共通

しているのは大人との対人関係が難しいという点である。里親での不調を経験している場合も多いが、そのようなケースは最初の里親とのマッチングがうまくいっていないことが多い。そうなると子どもは、「大人を信用できない」と思ったり、「どうせまた1か月、数か月で放りだされるのにどうしてそんなに強要するのか」とか、「どうして大人の一方的な期待に応えなくてはならないのか」という考え方になったり、自分を守る殻を作るようになったりしてしまう。スタッフとしては、子どもがここで生活することによって、そのような考えや行動が緩和されることが目標となる。また、子どもたちにとってのここでの生活目標としては、大人を信用すること、大人に信用してもらうこと、自分のことを表現し主張できるようになること、が重要となる。

　このようなことから、愛着や愛着関連のトラウマに関する理論の理解が大変有効である。また、ウエランドハウスに入所するに至る直接の要因は様々だが、多くのケースでは根本的問題は幼少期から始まっている。そうした背景を遡ったケース理解が重要であるし、そうした問題がどのような子どもの行動として現れているか、を理解することが大切だと考えられている。それにより、子どもの問題行動を予防（引き金になる先行要因を特定し、そうした要因に子どもが反応することを防ぐことが可能になる）したり、そうした問題が起こった時に深刻化するのを防ぐような介入方法を考えたりすることができる。さらに、職員自身が争いやストレスに満ちた状況に遭遇した時の自分の感情を理解し、コントロールすることも重要になる。スタッフが自分の感情や行動について、自己分析できることが望ましい。時に、スタッフがむきになったり、周りが見えない状況になったりすることもあるが、同僚がいれば、それを指摘して、修正することができる。1人で問題や悩みを抱え込まず、同僚同士で問題を共有すること（ピアサポート）はこのような施設での支援では非常に有効である。

　施設長の役割は、スタッフが難しい子どもの養育ができるようになることであり、そのために、子どものパターンを見極めて、子どもの取り組むテーマ、危険なサインを見逃さない、ということが目標になる。子どもたちの大人への心理的な壁が高いのでそれを少しでも下げる、ということでもある。

　このような取り組みの中、性的虐待を受けた子どもで、1年を経てようや

く自分の受けた被害について話せるようになったことがあった。子どもが心をさらけ出した時、スタッフがそれを受け止められる器のようなものになることを目指している。

さらに、心理士、メンタルヘルスワーカー、専門看護師、言語療法士、理学療法士、作業療法士等と情報・支援のネットワークを築いている。逸脱行動に発展しそうな黄色信号（行動）に気づいた時には、このネットワークを活用して、問題を解決するための支援計画を作成する。長い間、逸脱行動を抑えることしかしてこなかったが、問題を解決するという視点が欠けていたため、今はそれを行っている。

(5) 通学に関する支援

ウエランドハウスには教育主任（Education Champion）が配置されている。教育の専門家であり、子どもの行く学校と継続的に良好な関係を維持するのが役目である。その子どものキーワーカー（措置担当のソーシャルワーカー）やケアチームと共に学校でのミーティングに出たり、学校との連絡、対話の窓口になったりと、学校との関係において、親が果たすような役割を果たしている。子どもが転入する際の具体的な流れは、まず教育主任が学校と情報交換し、その情報をキーワーカーやケアチームに伝える。そして、順調に登校できるようになったら、学校とのやり取りは教育主任からキーワーカーやケアチームに引き継がれる。その後は、ソーシャルワーカーや社会的養護の子どものための特定教員（Designated teacher for looked after child：DT）やバーチャル・スクール（virtual school）の担当教諭と連携していく。さらに、バーチャル・スクールが、1対1の学習指導、コンピューターや教材など学習上のサポートの提供が適当かどうか、履修しているコースが適切であるかどうか等を支援する体制になっている。

教育に関して、ソーシャルワーカーと学校は子どもの個別教育計画（Personal Education Plan：PEP）を作成する。ここでも、施設は親代わりなので、教育主任が参加してこの子にはこういうことが必要というような要求を、子どもの権利擁護として行う。これは1～6か月で進行管理を行い見直す。同様に親が参加する会合、行事には必ずケアチームが参加する。ただし、学

校には、子どもに関する必要な情報のみ伝えるように注意している。

　なお、学校側の窓口は、社会的養護の子どものための特定教員（DT）である。レスター州の主任ソーシャルワーカーは、「子どもに関する支援継続性の重要さや、社会的養護の子どもとのラポール形成に関して理解のある特定教員（DT）の存在は、教育機関にソーシャルケア部門が直接介入しなくても、子どもが学校に馴染むプロセスを2倍速くしてくれている」と特定教員（DT）の役割を高く評価している。

　主任ソーシャルワーカーの印象では、入所する子どもの学校イメージは、「とても嫌な所」と「日々の生活の中で唯一まともで、いかれていない、安定した、いい所」の両極端に分かれるという。なお、基本的には施設近くの学校に通学するが、入所前のよく馴染んでいる学校に通学が可能な場合は、引き続き前の学校に通学することもある。義務教育修了時の16歳で受験する統一試験（General Certificate of Secondary Education：GCSE）等の大きな試験のある学年の場合には、連続して授業を受けられるよう入所前の学校に通学することもある。これらの場合、離れた学校への送迎も施設スタッフが手配する。行き帰りとも誰かに付き添われて通学する子どももいるし、行きは送ってもらい帰りは1人で下校する子もいる。また、高学年の場合は、行き帰りとも1人ということもある。一番大切にしていることは、子ども本人にとって最もよい条件の学校に通学させることである。

（6）施設からの通学に関する配慮

　一般家庭から学校に行くのと同じような状況を作り出すよう努力している。子どもに関するデータの保護には気を遣っており、学校の教職員で子どもがウエランドハウスから通っているということを知っているのは、それを知る必要のある人だけに限られている。また、その情報もすべてではなく、必要な範囲のみである。子ども自身は自分がウエランドハウスからきていることを平気で周りに言う子もいるし、ひたすら隠そうとする子もいる。後者の場合、学校に車で送る場合も日によって異なる職員が乗車しているのは不自然なので、学校から離れた所で子どもを降ろして周りから見られないようにしたり、制服、遠足、保護者面談等で、キーワーカーとケアチームが中心にな

り、なるべく地域の子どもと同じようになるようにしたりしている。

　学校によって、こうした子どもへの対応は様々で、とても理解のある学校もある一方、子どもが問題行動を起こすと、すぐにウエランドハウスに連絡して、子どもを迎えにくるよう求める学校もある。主任ソーシャルワーカーは、「こうした場合、もし子どもが通常の家庭からきているなら、日中に迎えにくるように言うのだろうかと疑問に思うこともある」と言う。

　なお交友関係では、ソーシャルサービスや施設が子どもの友人やその保護者に、子どもがケアを受けていることは言わない。学校に対しても、ケアのことを他の生徒には黙っていることを期待している。ケアを受けていることを、他者に話すかどうかは本人次第である。しかし、子どもが友人や家族と会うことは積極的に推奨している。友人や家族がウエランドハウスに泊まりにくることはできないが、子どもが友人宅等に外泊することは、リスク評価をして問題なければ、許可している。ただし、リスク評価のレベルは、相手の親に事前に話す等、通常の親がするよりもほんの少し気を付ける程度のチェックである。

（7）子どもがよく起こす、学校でのトラブルと対応例

　最大の問題は不登校。一般的に登校に抵抗がない子どもは、それまでに不登校歴がなく、傷つき体験も少ないと考えられている。次によくあるのが、交友関係。入所に至る体験の中で、親との愛着形成や他者との人間関係構築で困難を抱える子どもが多い。彼らは、誰かにあまりにも情緒的エネルギーを投入してしまい、結果的にその関係がうまくいかず大きなダメージを受けるという傾向がある。いじめを受ける子ども、逆に他の子どもへのいじめで指導を受ける子どもがおよそ同程度いる。いじめを受けても、淡々と受け流す子どもが少なくないが、彼らにとって学校が唯一、まともな場所だと感じているからと考えられる。

　このような問題が起きた場合、なるべく大ごとにしないで対応している。誰が関わるかは、問題の深刻さや解決のしやすさにより、変わってくる。最初の段階では、通常の保護者がするように、ウエランドハウス のケアチーム（または他のスタッフ）と学校で問題解決を図る。それよりも大きな問題の

場合、ソーシャルワーカーやバーチャル・スクール（virtual school）も入った協議の場を持つ。かなり重大で継続的な問題の場合には、個別教育計画（Personal Education Plan：PEP）会議で取り上げることになる。

　場合によっては子どもが学校での問題行動のために退学させられることもあるが、これは個々の学校によって、対応が大きく異なる。社会的養護の子どもというだけで迷惑な生徒という捉え方をして、軽度の問題でも退学にしようとする学校もあれば、大変な労力をかけて子どもを退学させないように、常に一生懸命動いてくれる学校もある。

（8）カウンセリング、精神科医療が必要になるケースの具体例

　ウエランドハウスにいる子どもは教育面、情緒面、行動面での問題を抱えていることが多い。そうした問題は診断を受けていることもあれば、診断がない場合もある。それに対応するために、ウエランドハウス内には自閉スペクトラム症、注意欠如多動症等の症状の特定と対応法について訓練を受け、経験と知識を備えた職員チームがある。ウエランドハウスで十分に対処できないケースは、小児・青年期メンタルヘルスサービス（Children and Adolescent Mental Health Service：CAMHS）への照会・委託をして問題解決を図ることもあるし（通常のように家庭医にはかからない）、外部のカウンセラーを利用する時もある。また、小児・青年期メンタルヘルスサービスの代わりに、一連の支援パッケージ（定期的な面接指導、ワークシート利用など）をウエランドハウスが行うこともある。こうした子どもの精神保健上の問題は早い時期に特定されていることが多く、入所後診断されるケースは少ない。家庭医から、小児・青年期メンタルヘルスサービスへの照会・委託ではなく、ソーシャルワーカーから小児・青年期メンタルヘルスサービスに照会・委託することが通常である。まれに急に症状が悪化して、病院や家庭医を使うこともあるが、ほとんどが、小児・青年期メンタルヘルスサービスを利用している。

（9）施設を退所して地元に戻る・自立する際の支援内容

　イギリスでは法的に成人として扱われるのは18歳からである。18歳まで

ウエランドハウスで生活する場合には、その前から、18歳になったら、どこに住むか、何をするかという準備を始める。住居はまったく自立したもの、ホステルのような半自立型のもの、稀には、家族、親族やケアワーカーの家庭ということもある。また、恒久的な住居が決まるまでの暫定的住居ということもある。これらの住居に移る際の移行期にはウエランドハウスが通常の親のように何かとサポートし、若者がいつでも連絡してきたり、立ち寄れたりするようにしている。中には、あまり連絡を取ってこない若者もいるが、少しずつサポートを減らしながら、ある程度の継続性を持つよう心掛けている。なお、ウエランドハウス では子どもの平均入所年齢が16歳前後（最近はより低年齢の子どもも受け入れるようになったが）なので、多くの場合18歳になると半自立の生活を始める。入所している子どもが家庭に帰るということは稀で、この13年間で6～7件程度。

　家庭に戻ることを目指す場合は、通常子どもの行動が変わっている必要がある。なぜなら、多くの場合、子どもと親との間に不登校、交友関係、生活時間の乱れ等の何らかの困った状況やそれに関する争いがあるからである。同様に、親の方にも働きかけ、問題行動への対応法や、子どもの行動の意味を理解する上での妥協点を話し合い、問題を深刻化させないような子どもへの対応の仕方を親が考え、行動できるよう支援する。要するに、親がこのような行動をとれるようになることが、家族支援のターゲットであり、そこに至るまでに必要だろうと想定さる時間や工程などの枠組みは、ある程度決まっている。そのような支援の対象となるケースは少ないので、このような準備段階を進める際の公式の評価基準はないが、移行はかなりの時間をかけて、丁寧に行う。ただし、ごく稀だが、ウエランドハウスは多く関与しない方がよいと判断される場合は、移行期間はごく短いものになる。

（10）就労や生活の場を決めるための支援

　施設から出るのは一般に義務教育が終わる16歳だが、施設以外に生活の場がない場合は17歳、18歳のこともある。その後、専門学校（college）に入る若者はかなり多いし、時には大学への進学をめざす若者もいる。見習い（apprenticeship）のような職業訓練を始める若者もいる。こうした進路につ

いては、ウエランドハウスのスタッフが親同様に、若者の未来を考え、高い期待の下に、一緒に考えたり、調べたりする。

　自立への準備は一般家庭と同じように、買い物、調理、金銭管理等、多様な場面や状況を経験し、周囲を観察したり、職員を手伝ったりすることにより、自然に生活のスキルを身に着けていくよう支援している。ウエランドハウスでスタッフと調理や、買い物をすることもある。並行して、ワークシートやワークブックを使って行われる、より系統的なスキル習得もある。これはチェックシート形式で、習得すべき事項が明確で、それをチェックしていくスタイルになっている。さらに、週に一度、ライフスキル習得のためのキーワーカーとのセッションがある。その日のテーマを決めてフォーマルにやることもあれば、もっとインフォーマルに何か料理を作って、それをレシピーブックに追加するようなこともある。

　なお、若者が16歳でウエランドハウスを出る場合には、基本的にはまったく独立した住居ではなく、できれば何らかの支援が得られる半独立の住居（Supported Accommodation）、に移れるよう支援している。例外的に、住居が見つからない、本人がどうしても独立したいと言う等、16歳で独立した住居に移った若者もいるが、特に近年は何らかのサポートのある住居に移り、（すぐに就業せず）、教育や職業訓練を受けている若者が多い。これは望ましい傾向だと考えられている。仕事や職業訓練や教育のコースを探す手助けをするのは主にウエランドハウスである。通常の親と同じように、就職フェア（job fair）に同行したり、専門学校（college）を見学に行ったり、願書作成を手伝ったり、学校のキャリアサービスの利用や地元企業への訪問を促したりする。一方、住居に関しては、キーワーカーが担当部署に打診して、住居を探す。

（11）スタッフ研修

　スタッフが職務をきちんと果たし、様々な状況に対応でき、たとえごく基本的レベルであっても最新動向を把握できるよう、研修は持続的に行われている。一般的な研修として、問題行動、挑戦的な問題行動については全員が学ぶことになっている。それ以外には、自閉スペクトラム症のことについて

第5章　イギリスの「特別な支援が必要な子ども」への取り組み　167

精神保健分野の研修を受けたり、小児糖尿病患児がいれば看護師から注射の方法、食事等の研修を受けたりする等、子どもの状況に応じて研修を受けるようにしている。自治体が実施する研究成果に基づいた実証的研修や成功事例の研修にも参加している。

解離、フラッシュバック等トラウマによる症状理解に関する研修に関して、以前は問題があった時に、それにどう対処するかが中心だった。現在では、どうしてそのような症状、行動となったか、原因を追究するよう研修している。

スタッフになるための資格に関しては、まず、良い水準の一般教育を受けていること、特に統一試験（General Certificate of Secondary Education：GCSE）の数学と英語で十分なレベルの成績を取っていることが必須条件である。さらに最低限として、子どもや若者に関する業務従事者（Working with children and young people's Workforce）に関する全英職業資格（National Vocational Qualifications：NVQ）またはレベル3（Level 3 Diploma）[17] が求められる。ただし、資格に関しては、役職によって、最初から取得済みでなければならない場合と、役職に就いてから一定期間内に取得しなければならない場合とがある。その他、各職員個別の訓練プログラムがあり、半年ごとに見直される。また、義務的研修としてオンライン研修システムがあり、所定の期間に受講しなければならない。その中の特に重要な科目は、データ保護である。応急手当、衛生、保健と安全もその受講科目に含まれている。また、介入技法についての研修もある。現在レスターで行われている介入戦略はRespectと呼ばれており、葛藤に気づき、深刻化を防ぎ、問題解決を図るというものである。また、公務員の労働組合（the public service union：UNISON）の組合員は、組合による研修受講の制度がある。それでレベル4（Level 4 Management）[18] の資格を得た人もいる。

レスターシャーソーシャルサービスの主任ソーシャルワーカー Jason Gregory 氏への追加インタビューに関して、ご協力いただきました石川由美

17）イギリスにおける職業資格（レベル1～5）で、教育資格の高校修了程度に相当する。
18）イギリスにおける職業資格（レベル1～5）で、教育資格の短大・専門学校修了～学士に相当する。

氏に感謝申し上げます。

文献

平成28年度子ども・子育て支援推進調査研究事業（2017）「社会的養護関係施設等における18歳以上の支援のあり方に関する研究」みずほ情報総研株式会社

柳田雅明（2004）『イギリスにおける「資格制度」の研究』多賀出版

https://www.gov.uk/government/publications/childrens-homes-regulations-amendments-2014（2019/7/10 アクセス）

https://nairo.org.uk/about/what-is-an-iro/（2019/10/21 アクセス）

Ⅲ.
セーフガーディングの歴史と
日本における取り組み

第6章　イギリスの学校におけるセーフガーディングの歴史
　　　　‥‥‥‥‥‥‥‥‥‥‥‥‥‥‥‥‥‥ピーター・カニンガム
　　　　　　　　　　　　　　　　　　　　　　　　山﨑洋子

第7章　イギリスのセーフガーディングに学ぶ意味と日本の学校‥‥‥‥二井仁美
　　　　　　　　　　　　　　　　　　　　　　　　菱田準子

第6章
イギリスの学校における
セーフガーディングの歴史
——カリキュラムと教師に着目して

　本章では、今日の学校と教師の仕事に関わるセーフガーディングの影響について検討する。学校と教師の仕事は、絶えず続いている政府の政策に合わせなければならない。それだけでなく、教育が奉仕している教育政策と社会のニーズの双方に横たわっている国民の政治的・文化的な生活の中にある絶えることのない変化に対しても、学校と教師の仕事がいかに順応しなければならないか、ということをも私たちは認識している。そこで本章では、学校と教師が直面するジレンマ、緊張、矛盾などを明らかにする批判的記事の中にある過去数十年の変化を考察する。

　まず、過去50年間にわたって受け入れられてきた概念と言語の根本的問題に焦点を当てる。次に、とりわけ1990年代後半以降に導入された人格的・社会的・健康・経済教育（Personal, Social, Health and Economic education：PSHEE）（初期の段階には、Economicの言葉を入れずに、PSHEと称していたが）に関わるカリキュラムを考察する。最後に、特に近年の社会的・文化的要因に応答し、将来に続くさらに急激な変化に対応する学校と教師の役割を考える。

第1節　概念と言語——学校の変わりゆく課題の定義と説明

1. なぜ言語に着目するのか

　言語というものは、専門家の言説（discourse）に埋め込まれている概念を

表している。そこで、これに関連する政治家や一般大衆の言説と共に、専門家の言説を調べていくことを、本章の最初に取り上げることにしたい。なぜなら、ここ数十年間に、子ども保護の必要性を理解することについて、「パラダイムシフト」[1] が生じているからである。1973 年以降に生じた一連の恐ろしい子ども殺人や、21 世紀の過去四半世紀の間に起こった子ども虐待事件は、広い範囲に影響を及ぼすメディアから急激に注目を集め、一般大衆に恐怖心と自己反省の必要性とを感じさせた。それは、このような事態を許してしまった、変化していく社会的・文化的な状況に人々が関心を向けることを促し、また、政治家に対しては、行動すべきだと促すものであった。1989 年の児童法により、子どもたちの監督と保護のための包括的枠組みが与えられた。さらに、学校管理人が 2 人の女子生徒を殺害した身の毛がよだつ事件が起こり、一般社会は子どもたちが絶えず脆弱であるということに気づいた。そこで、1989 年の児童法は 2004 年に改訂されたのである。そして、子どもたちに関わる仕事に取り組むすべての組織には、彼らの福祉を守りその推進に寄与する義務がある、というメッセージを強化することになった。「すべての子どもの平等保証（Every Child Matters）」（2004 年）という新しいアプローチによって、政府の政策立案者が創り出した両義的な言語の一つの層が導入され、新しい構想が明確に示された。よく使われるこのフレーズは、思いやりのある優しい調子で理想と抱負を伝えているが、しかし、相反する解釈を招くかもしれない。というのも、政策立案者は、教師たちが専門家として用いる一つの言説に子どもの福祉を守る方法を見つけたからである。それは、時々、便宜上、短縮されて頭字語の「ECM」が用いられている。

2. 子ども学校家族省および教育省による教育・福祉政策と教師

教育技能省（2001 ～ 2007 年）は、子ども学校家族省（DCSF）と 2007 年に改称されたが、教育技能省は、重要な『子どものセーフガーディングのための

---

1)　Kuhn（1970）参照。

ワーキングトゥギャザー（Working Together to Safeguard Children）』[2]と題する政策文書を出した。それは、警察や公共医療施設のような団体組織と、ソーシャルワーカーや教師のような個人とが、密に情報を交換し合い、共同してこの務めを果たす必要がある、ということを強調した。しかし、子ども学校家族省という語は、政治的にも議論の余地があるとみなされたため、新労働党政権から保守党と自由民主党との連立政権に移行した2010年に「教育省」に戻された。そして、正規の学校教育の「基礎」とされる、より実用的な考えや伝統的で学問的な学習に焦点を当てた学校の役割（新保守党のビジョン）が示され、さらに若者を労働界に向けて準備させること（新自由党のビジョン）が示された。これらは子どもたちの幸せよりも優先的に取り扱われたのである。

　しかし、子どもたちと家族の社会問題は、明らかにも依然として存在していた。そして、その状況を探りその結果に対処しようとする際に、学校が「最前線」の場にいるということは避けられなかった。2014年には広い範囲に及ぶ児童家族法が制定され、それは子どもの福祉、特別なニーズを抱える子どもたち、家庭裁判のための準備を整えていった。また、最新の法律としては、2017年の児童ソーシャルワーク法（Children and Social Work Act）がある。それは地域のすべての子どもたちの福祉を守りその推進に寄与するために、諸機関がどのようにして学校以外の協力者と共に地域で活動しなければならないか、ということを法的に定め「共同養育原則（corporate parenting principles）」として示した。

　子どもたちを世話し、彼らの個人的な成長と幸せを確実なものにしていくことは、多くの教師が教職に魅力を感じることにつながり、また、このような教職は善意に満ちた仕事という側面も持っている。しかし、教師たちは国家の教育制度の中にあって「最前線」で働いており、多くの親と子どもたちにとって、そこでは彼ら教師は日々見慣れた権威の顔に映るのである。さらに、20世紀の後半を特徴づけ今日まで続いている多くの文化的変化の一つとして、国家による生活への干渉に対する懸念と不満が増大しているという

---

2)　DfE（2006）参照。

状況がある。その状況は、時には徹底的に抵抗することもある。教師たちは、学校教育の義務という最初期の時代から、有用なあるいはそれ以外の知識、技能、文化を伝えるだけではなく、「社会の監視」のための国家の道具である、とみなされた。学校は、「よい市民」をつくるために子どもたちの行動の指導に携わっていたが、それだけでなく、とりわけ諸々の児童法が導入され強化されてからは、彼らの仕事は家族の行動の監視をも含むようになった。これは、自らの職業的な責任の範囲と専門的な技術を超えるものだ、と大半の教師が思うほどの相当な負担であり、また、生徒の知的・人格的な成長を促進するという彼らの主な役割にとっては、確かに、逆効果をもたらすことでもあるのである。

3. 子ども保護とセーフガーディングをめぐる多様な見方

「子ども保護（Child protection）」か、それとも「セーフガーディング」か。私たちが使う言葉の中には、検討すべき問題が埋め込まれ隠されているのではないだろうか。ソーシャルワーカーで社会学者のナイジェル・パートンと歴史家のハリー・ヘンドリックは、彼らの研究の中で子ども期というものを解明した[3]。それゆえに、私たちは教育政策と教育実践を記すために用いられている一連の用語を、批判的に検討しなければならないのである。

　第二次世界大戦後、地方当局は1948年の児童法によって「恵まれない子どもたち」を受け入れて保護することを義務づけられた。そして、育児を放棄したり、虐待したりする親や無慈悲な親よりも、むしろ子どものニーズと福祉に焦点を当てていった。1960年代には、「被虐待児症候群（battered child syndrome）」が明らかにされるようになった。だが、「症候群」という語が示唆するように、その焦点は社会問題としてよりも、むしろ医学的な問題に向けられていた。つまり、攻撃性をうまく制御できない個々の親が、未成熟あるいは衝動的であるからそのようになるのだ、とされたのである[4]。し

---

3) Parton（2005および2014）、Hendrick（2003）参照。
4) Hendrick（2003）pp. 160-162.

かし、1973年に起きたある事件が「モラルパニック」を引き起こした。その事件は、継父がマリア・コーウェルという子どもを虐待死させた事件である。多くの論者は、家庭内暴力を1960年代に主流であった、いわゆる子どもへの寛容さのせいにした。確かに、子どもたちの福祉への関心は高まりつつあった。だが、ある特定の集団は、政治的あるいは宗教的に、「イデオロギー的な確信」、あるいは「魂の再生」ということに刺激を受けていた。ヘンドリックは、医者やソーシャルワーカーの中には、子どもたちの幸せと同じぐらいに、自らの仕事の科学的・専門的な側面に関心を持つ者もいたかもしれない、とさえ考察している[5]。

　子ども保護を論じる際に用いられる言語の意味は多様であり、その多様性が表しているのは、何よりもまず、子どもたちが体験している状況の広がりである。彼らが被っている体験には、「虐待」から、子どもに対する「無視」や「怠慢」を伴う完全な無慈悲の状態まで、まさに様々なものがある。しかし、またこの状況は、それらに対処する試みを含む諸機関の活動範囲の広さを反映している、と捉えることもできる。法の執行に携わる警察と弁護士は、法廷で用いられる法的言語を使い、証拠あるいは裁判の法廷で適用される法的定義に関心を持つ。医者と精神科医は、虐待の真相を究明したり犠牲者を治療し支援したりする時に、医学や心理学の専門用語を用いるであろう。子どもたちと家族の問題に取り組んでいる教師やソーシャルワーカーは、日常の言葉で状況を記述し説明する傾向がある。つまり、問題状況への説明や記述の仕方は、一方では、学習と発達に焦点を当てる概念に関わり、もう一方では、行動に関する概念や行動に関連する概念に関わっているのである。

　家族の中で起こる「ネグレクトと虐待」と記される深刻な状況と共に、学校にいる子どもたちの幸せにとって絶え間なく続く問題は、「いじめ」である。これは1980年代に問題として広く認識され始めたが、その頃、心理学者で学校ガイダンス指導カウンセラーのミッチェル・エリオットは、子どもたちが性的虐待といじめの両方から逃れるのに役立つように、「キッドスケープ（Kidscape）」という名の慈善団体を設立した。キッドスケープは、そ

---

5)　Ibid., p.168.

176　Ⅲ．セーフガーディングの歴史と日本における取り組み

れ以前には満たされていなかった要求を明らかに満たしており、「子どもたちや家族、世話をする人や専門家に、いじめを防ぎ若い命を守るための助言、訓練や実用的な道具を提供する」ことを使命として掲げている。そしてこの団体は、「子どもたちを安全な状態に保ち、彼らが潜在能力を十分に発揮するのを助ける大人と共に、すべての子どもたちがいじめと危害のない世界で成長する」というビジョンをもって、今日まで継続して活動している[6]。また、デイヴィッド・ギラードは、生徒、教師、親、地域の共同体による協議会や合同の主導性によって反いじめ文化を学校で確実なものにするために、とても慎重な手段を講じた校長の1人であった。彼は、生徒の11.6％が「時々」いじめられ、5.5％が「週に数回」いじめられていることを明らかにする研究を引用して、この問題の規模を示した[7]。それから数十年にわたり、ソーシャル・メディアの利用によって、人種差別、同性愛嫌悪や性転換者に対する反感を表す特別な形のいじめが増えてきた。

　「セーフガーディング」と「福祉の推進」は2004年の児童法の要となる語である。この法律によって、子どもたちの権利を守るための国家の擁護者として、イングランドチルドレンズコミッショナー（Children's Commissioner in England）という新たなポストが導入された。初代のコミッショナー（2005～2009年）は小児医学の教授のアル・アインスレイ・グリーンであった。そして、その後、元教師でチルドレンズ・サービスの指導者のマギー・アトキンソン（2009～2015年）になり、さらに、児童慈善団体を設立し任意寄付制セクターによる資金提供や「社会的投資」を推進した社会事業家のアン・ロングフィールド（2015年～）に受け継がれた。イングランドチルドレンズコミッショナーの責任は、子どもたちに関わって働いている大人に「子どもたちと若者に必要なことを考え、彼らの意見に耳を傾けて彼らの生活をよりよくする」ことを奨励することであった。そのコミッショナーは、特に、「無視された」あるいは「脆弱な」、とりわけ身体が不自由な人々、あるいは情緒に問題がある人々や、最近になって入国した人々の代弁をし、職務上は、国

---

6)　Kidscape（2018）参照。
7)　Gillard（1992）参照。

連の「子どもの権利条約」（UNCRC）に従って働くことになった。

　アンスレイ・グリーンは最近の著書『子ども時代というイギリスの裏切り』で「劇的に変化していく」人口バランスについて指摘している。それは人間の寿命がより長くなり、就労可能年齢の成人がより少なくなる、ということに伴って生じている。そして、その結果、「健康で教養と創造力があり、柔軟性のある幸福な子ども」というニーズが出てくるのである。なぜなら、そこには生産性のある国民になり、やがて「有能な親」になるという国家にとって経済的ニーズがあるからである。しかしグリーンは、子どもたちを単なる経済的資産として捉えるのではなく、彼らは「生まれながらの権利によって重要」なのだと強調している。また「障がいや脆弱性」があるがゆえに、親になることや「厳しい経済的指標に有意に貢献」できることを決して望まない人も多く存在する、ということも強調している。そうした子どもたちは、「彼らのニーズのために重視する価値がある」のである[8]。

4. 子どもの幸せをめぐる様々な用語

　ユニセフの報告書によって、さらなる構想が国家を超えてもたらされている。その構想は、言語や文化の壁を超えて政策立案者と対話するようになっており、それは国家を超えた比較のために実施される社会科学の難しさを反映するものでもある。2007年の最初のユニセフの報告書で測定されたカテゴリーは、「物質的な幸せ」「健康と安全」「教育上の幸せ」「家族・仲間関係」「行動と危険」「主観的な幸せ」に分類されていた。2013年のその報告書には対人関係と主観的な幸福のカテゴリーが削除されて、「住居と環境」が導入された。世界経済の国内総生産（GDP）が5番目のイギリスにとって、その結果は満足のいくものではなかった。2007年には、連合王国の子どもたちの幸せについては21か国中18位という低いランクであり、6年後には、調査国の29か国中16位に留まっていた。スカンジナビア諸国やベネルクス

---

8)　Aynsley-Green（2019）pp. viii-ix.

諸国の方が、一貫してイギリスより優れていたのである[9]。

　イングランドの多くの人々は、社会福祉におけるイギリスの記録に自己満足していたため、このユニセフの報告に驚いた。しかし緊縮経済政策によって公共支出が切り詰められていたため、この結果は、2008年の景気後退の後では特に政治に影響を及ぼさなかった。これらのユニセフの報告書は、国家の繁栄と個人の幸せとの間にあるイデオロギー的な隔たりや、国民の大部分が経験した不平等についての意識や関心が、広い範囲にわたって欠けているということを顕著に示している。そのため、本書のテーマであるセーフガーディングの背景を理解する上では、依然として重要である。国民の不安は、興味本位の姿勢で子ども虐待事件を報じ、しばしば「モラルパニック」を悪化させる新聞雑誌やメディアの報道が用いる言葉にも影響を受けており、この状況は、有罪判決を受けたり、容疑をかけられたりした性犯罪者に対する自警行動（暴力行為）さえをも引き起こした。

　1990年代の政策は、道徳主義的・法律尊重的・個別主義的なアプローチをしていた1970年代や1980年代よりも早い段階での国家介入の状況からは遠く隔たっていた。ナイジェル・パートンは2014年の著作『子ども保護のポリティクス－今日の発展と未来の方向－』の中で、このことは社会的／心理学的かつ治療的なアプローチや国家と家族の間の「共同」感覚を奨励する「家族サービス」の倫理に向かっていた、と記している。この変化は、社会構造や文化的価値観を変えることについての論争から生じ、中心概念としての「支援」と「セーフガーディング」という言葉を使うことをもたらした。しかし彼は、さらに2008年以後の数年間に強まっていった「憤慨のポリティクス」ということに関して、次のように嘆いた。広く世間に知れわたった「ピーターという赤ん坊」の虐待、そして彼の死後、加害者だけでなく、職業上の義務を怠ったとして非難されたソーシャルワーカーにも向けられていった、と。再び子ども保護が大きく政治問題化し、政府は「セーフガーディングと子どもの福祉の促進に寄与すること」という言葉を使い続けていた。けれども、それはまた、子どもたちを保護することによって、「無秩序で、

---

9)　Unicef（2007 and 2013）参照。

育児を放棄したり虐待したりする家庭から、子どもたちを救出する」ことをも目指していた。しかし、実際には、子どもの虐待は「個々の事情に合わせた介入だけでは改善され得ない重大な社会問題」とみなされるべきなのである。それにもかかわらず、それは「個々の事情に合わせた、子ども保護」への復帰であった[10]。

　「剥奪」という語句は、子ども保護についての論文の中でよく用いられる言葉である。貧困、環境、社会的階層が多くの子どもたちの学校での学習を妨げる中心的要因である、という認識が、少なくとも1960年代から進行し続けていた。これらの要因は、とりわけ、50年後の2008年の深刻な世界的景気後退後になって、その関連性を証明する統計データが入手しやすくなったため、子どもたちの発達への影響という点でより重視されている。だが、それだけでなく、これらの要因は、子ども虐待事件の共通の背景でもあるとみなされている。1世紀以上前にロンドンで設立されたチルドレンズ・ソサエティは、貧しい暮らしをしている子どもたちが、より多く精神衛生の問題を経験したり、不安を感じたり、学校でいじめられたり、幸福感が乏しくなりがちであることを示してきた。貧しい暮らしをしている子どもたちは、失敗感や将来についての絶望をより多く感じがちである、ということも判明している[11]。2018年刊行の政府統計は、子どもたちの30％以上に相当する400万人が、相対的に貧しい暮らしをしていることを明らかにした。そして、一般的に家族の収入がその中間値の60％未満である場合には、平均的な人々が享受している活動や機会から締め出される、ということを示した[12]。

　2012年には子どもの貧困に関する委員会が設立された。それは社会階層移動・子ども貧困委員会（SMCPC）が提示するものを確保する、ということに焦点を当てた。この最初の年次報告書の『グレイト・ブリテンにおける社会階層移動と子どもの貧困』は2013年に刊行された[13]。「社会階層移動」は、学力を上げて生徒たちの雇用の可能性を高めることに焦点を当てており、そ

---

10) Parton（2014）pp.11-12.
11) Children's Society 2019, Independent（22 March 2018）参照。
12) Bulman（2018）参照。
13) SMCPC（2015）参照。

れは確かに重要である。だが、この報告書は、子どもたちの精神衛生に影響を及ぼす要因の多くを変えることはなく、イギリスとオーストラリアの学校の研究が示したように、反生産的でありさえする。そのため、社会階層移動という言語には再度注意する必要があるのである（Smyth and Wrigley 2013）。

引用・参考文献

Aynsley-Green, A.（2019）*The British Betrayal of Childhood: Challenging Uncomfortable Truths and Bringing About Change*. Routledge.

Children's Society（2019）https://www.childrenssociety.org.uk/what-we-do/our-work/ending-child-poverty/what-are-the-effects-of-child-poverty（2019/3/3 アクセス）

DfE（2006）*Working Together to Safeguard Children*

Gillard, D.（1992）Facing the Problem of Bullying in Schools. www.educationengland.org.uk/articles/13bullying.html

Hendrick, H.（2003）*Child Welfare: Historical dimensions, contemporary debate. Independent* newspaper 22 March 2018. Number of children in poverty surges

Kidscape（2018）https://www.kidscape.org.uk/（2019/3/3 アクセス）

Kuhn, T.（1970）*The Structure of Scientific Revolutions*（*2nd ed.*）. Chicago: University of Chicago Press

Parton, N.（2005）*Safeguarding Childhood: Early intervention and surveillance in a late modern society,* Palgrave Macmillan

Parton, N.（2014）*The Politics of Child Protection: Contemporary developments and future directions,* Palgrave

Smyth, J. and Wrigley, T.（2013）*Living on the Edge: rethinking poverty, class and schooling.* Peter Lang

Social Mobility and Child Poverty Commission（SMCPC）（2015）*Social mobility and child poverty in Great Britain.* https://assets.publishing.service.gov.uk/government/uploads/system/uploads/attachment_data/file/485926/State_of_the_nation_2015_social_mobility_and_child_poverty_in_Great_Britain.pdf（2019/3/3 アクセス）

Unicef.（2007）*An overview of child well-being in rich countries* Innocenti Report Card 7. Florence: Unicef Innocenti Research Centre. https://www.unicef.org/media/files/ChildPovertyReport.pdf（2019/3/3 アクセス）

Unicef（2013）*Child well-being in rich countries: a comparative overview* Innocenti Report Card 11. Florence: Unicef Office of Research. https://www.unicef-irc.org/publications/pdf/rc11_eng.pdf（2019/3/3 アクセス）

第2節　変化するカリキュラムに埋め込まれた子ども保護

　第2節では、子ども保護やセーフガーディングの問題を正規のカリキュラムを通して子どもたちに伝える方法を検討する。イギリスの学校カリキュラムは、子ども保護やセーフガーディングを反映するために、どのように変わってきたのだろうか。そこで、まず、イギリスには多様な学校が存在することを述べ、次に日本の学習指導要領に範を得たナショナル・カリキュラムの特徴を述べ、最後にケーススタディとして、1997年から入ってきた公民教育に関連する「社会的・情緒的側面の学習（Social and Emotional Aspects of Learning : SEAL）」の取り組み、さらに「人格的・社会的・健康・経済的教育（Personal, Social, Health and Economic education, PSHEE）」（初期の段階にはEconomic の言葉は入っていなかった）の導入における様々な議論を取り上げる。SEAL や PSHE は、学校で、子ども保護に貢献するものとしてどのように取り扱われ、過去20年にわたって出現してきた新しい難題に、どのように対処してきたのだろうか。

1. イングランドにおける多様な学校のタイプ

　イングランドには様々な学校のタイプがあり、学校体系は複雑である。イギリスは、産業革命を早期に成し遂げた国であるが、国民教育制度の成立は、日本に学制（明治5年）が導入された時期とほぼ同じである。国民教育制度の成立が遅かった背景には、多様な宗派が群雄割拠状態になっていたという状況があり、とりわけ基礎教育に関しては、国教会と非国教会に占有されていた。そうした状況下、国民への学校教育のあり方が議論され、1833年になってようやく学校建築に国庫補助金が支給され始めたのである。その後、1870年の教育法（Elementary Education Act）の導入によって国民教育制度が

成立し、一般庶民への教育に一定の方向性がつけられた[14]。とはいえ、裕福で保守的な為政者階級と労働者階級に分断された教育状況は[15]、その後も続き、今なお分断状況は顕著である。それゆえ、各学校の教育内容やその学校の長い時間を経て培われた価値、すなわちエートスを理解するためには、歴史的・宗教的・文化的な状況に配慮し、丁寧に変遷の歴史と文脈を追っていく必要がある。

　では、イングランドの学校体系はどのようになっているのであろうか。今日、イングランドには、大別して、政府が予算措置している公営学校（state-funded school）と、公的予算ではなく主に授業料で運営される私営学校（independent school）がある。後者には、エリート養成の伝統的なパブリック・スクールやそこに入学する前の子どもが通うプレップ・スクール（preparatory school）が、また、前者には、地方自治体（Local Authority）が管理する公費維持学校（maintained school）と、地方自治体が管理していない独立公営学校（independent state-funding school）がある。前者の公費維持学校には、地方公共団体が設置し運営しているコミュニティ・スクール[16]、地域の環境・状況に基づいて医師養成などに取り組んでいる地方補助学校（foundation school）、維持運営費の約90%を地方当局経由で中央政府から得ている有志団体立補助学校（voluntary-aided school）、さらに、この補助学校よりも自由度の高い有志団体立管理学校（voluntary-controlled school）がある。2010年平等法（Equality Act 2010）以降、有志団体立補助学校の多くは、特定宗派学校（Faith school）が占めている。特定宗派学校はもちろんナショナル・カリキュラムを用いているが、さらに、その宗派の信仰に関する教育内容も教えている。また、有志団体立管理学校のほとんどは特定宗派学校であるが、その約半数を占めているのは国教会派の学校であり、その他にはローマカソリック教会派の学校がある。さらに、独立公営学校には、アカデミー、フリー・スクール、シティ・テクノロジー・カレッジがある。もちろん、イ

14）山﨑（2011）pp. 65-165.

15）Simon（1960）参照。

16）1997年にState SchoolがCommunity Schoolに改称された。公営・公立の初等学校は、コミュニティ・スクールに属している。

ギリスのフリー・スクールは、日本で一般に理解されているフリー・スクールではなく、2010年の政府の方針によって推進されたアカデミーの一種である。当初，フリー・スクールは伝統的な急進右派の政治思想を基底に「学業成果を偏重する」傾向があったが、近年では、その学校設置形態を利用して、新しい学校運営や教育内容に挑戦する動きもある[17]。

以上の学校は4歳から11歳までの子どもの行く学校を初等学校（Primary school）、11歳から16歳までの子どもの行く学校を中等学校（Secondary school）と類型化され、5歳から16歳までの義務教育期間中の子どもは、空いていれば公営学校のどこにでも行くことができ、また、親には学校選択の自由が保証されているのである。

2. ナショナル・カリキュラムの導入と評価

では、生徒が学校で学ぶ教育内容はどのようなものなのであろうか。セーフガーディング、子ども保護に関する様々な法・規程が対象とする子どもおよび生徒には、どのような教育内容が提供されているのであろうか。

地方教育当局（Local Education Authority, LEA, 後に地方自治体）[18]が管理し運営しているイングランドの初等学校と中等学校には、従うべきナショナル・カリキュラムがあり、その達成状態を測るための全国評価テスト（Standard Assessment Tests：SATs）がある。アカデミーやフリー・スクールなどの独立公営学校は、その学校が希望すれば、このナショナル・カリキュラムに従う義務はない。だが、独立公営学校に属するアカデミーでは、英語、数学、理科を教えねばならない。

このナショナル・カリキュラムが導入されたのは、保守党政権下の首相

---

17) 山﨑 (2013) p. 291.
18) 地方教育当局は各地方自治体内にある組織で、1902年教育法（Education Act 1902）によって創出された。これは1870年から1902年までイングランドとウェールズの学校教育に責任を持っていた学務委員会（School board）を廃止し、教育に関わる役割と責務を担っていた。1972年地方自治体法によって、各地方教育当局は教育委員を指名していたが、2006年以降、地方議会改革、福祉行政との統合行政を実現するという名目で、地方教育当局は地方自治体（Local Authority）に変更された。地方自治体によって、子どもサービス局、教育サービス局という呼称も用いられているところもある。

であったマーガレット・サッチャーの1988年の教育改革法によってである。サッチャーは、3節でも取り上げる『プラウデン報告書』の影響を受けた「進歩主義的」で「子ども中心」の教育原理を唱導している学校教師、とりわけ労働党の学校教師を批判した。その批判は、彼らが、教科学習を考慮することなくトピックを中心にした授業を展開し[19]、「競争原理を学校から排除している」、あるいは「保護者のニーズを無視している」というものであった。それゆえ、サッチャーは、学校のカリキュラムに対して国家が介入するという歴史に途を敷いたのである。また、彼女は、労働党の影響を受けていた内ロンドン教育当局を廃止し、地方教育当局の権限を縮小し、地方教育当局が運営している学校（Local Management of School）が地方教育当局の管轄から離脱して政府の補助金維持学校（Grant Maintained Schools：GMS）[20]になる、という制度を強制的に学校現場に導入したのである。

　首相の強力な指導力によって導入されたナショナル・カリキュラムは、二つの教育内容を持ったコア科目とその他の科目などで構造化されている。それぞれの基礎科目には、達成課題（Attainment Targets）と呼ばれるものが設定され、それは四つのキーステージ（Key Stage）ごとにある。1991年にはその第一歩として7歳児を対象にキーステージ1の全国評価テスト（SATs）が実施され、それに続くキーステージ2のSATsは1992年に実施された。7歳、11歳、14歳時のSATsの後に続く試験が、16歳時の中等教育修了一般資格（General Certificate of Secondary Education：GCSE）試験と、高等教育進学時の選抜手段となる18歳時のGCE-Aレベル（Advanced Level Examination, General Certificate of Education）[21]試験である。こうした試験システムは、世界で最も厳しいものと批判され、とりわけペーパー試験を初等学校（Primary School）に課すことに対してはあらゆる教員組合から批判が寄せられた。

　その後、厳格な達成課題を緩やかにする対策がとられたが、それでもナ

---

19) 稲垣（1984）参照。
20) 補助金維持学校は公費で維持される学校であり、当時、地方教育当局の運営するcounty schools（1997年にcommunity schoolsと改称）と宗教的背景を持った有志団体経営のvoluntary schoolsがあった。
21) 大学試験団体などの自治的・半自治的団体が実施する。

第6章　イギリスの学校におけるセーフガーディングの歴史　185

ショナル・カリキュラムは満足のいく改訂版にはならなかった。そこで、1999 年、ナショナル・カリキュラムの改訂を目的に資格カリキュラム当局（Qualifications and Curriculum Authority：QCA）が創設され、この組織が中心になって質のよいカリキュラムが検討されることになる。そして、ナショナル・カリキュラムは 2000 年 8 月から、日本と同様に制定法の効力を持つようになったのである。つまり、イングランドのナショナル・カリキュラムに法的拘束力が課されたのは、21 世紀になってからのことなのである。その最大の特徴は、価値（values）、目的・目標（aims and purposes）がその中に明確に規定されていることにある。この時のナショナル・カリキュラムは、右頁の表 6-1 のようにまとめることができる[22]。

　表 6-1 に示したように、コア科目には、英語、数学、理科の 3 科目が、その他の基盤科目には、デザイン・アンド・テクノロジー、情報通信技術、歴史、地理、現代外国語、アート・アンド・デザイン、音楽、体育、シティズンシップの 9 科目があり、これら 12 科目は義務教育期間中に学ぶべき教育内容として定められた。シティズンシップ教育が導入されたきっかけは、バーナード・クリックを代表とするシティズンシップ諮問グループが取り組み、資格カリキュラム当局が 1998 年に刊行したクリック報告書『シティズンシップのための教育と学校における民主主義の指導』[23]にある。この報告書は、青少年の政治的無関心、投票率の低下傾向、ずる休み、公共物への攻撃的破壊、見境のない暴力、悪質な犯罪、薬物の常習といった事態に対する危機意識を述べた[24]。

　このナショナル・カリキュラムに関してここで着目したい特徴は、①生徒一人ひとりの個人的必要性と要求（Individual need and requirements）が重視されている、②教育内容が学習の相互関係を考慮に入れて提供されている、③精神的・道徳的・社会的・文化的発達（spiritual, moral, social and cultural development）の観点がある、という 3 点である。これらは、地方教育当局の規定する宗教教育（Religious education：RE）を教育領域として義務教育

---

23) DfE（1998）参照。
24) 杉本他（2008）参照。

表6-1　イングランドの学校の必修科目とナショナル・カリキュラム（2003）

		キーステージ1	キーステージ2	キーステージ3	キーステージ4
年齢		5〜7歳	7〜11歳	11〜14歳	14〜16歳
学年 Year Groups		Year 1〜2	Year 3〜6	Year 7〜9	Year 10〜11
ナショナル・カリキュラムの教科	〈コア科目〉				
	英語	○	○	○	○
	数学	○	○	○	□
	理科	○	○	○	□
	〈その他の科目（Other subjects, non-core foundation subject）〉				
	デザイン・アンド・テクノロジー	○	○	○	
	情報通信技術（ICT）	○	○	○	○
	歴史	○	○	○	
	地理	○	○	○	
	現代外国語			○	□
	アート・アンド・デザイン	○	○	○	
	音楽	○	○	○	
	体育	○	○	○	□
	シティズンシップ			△	△
宗教教育		◎	◎	◎	◎
人格的・社会的・健康教育		△	△	△	△

○＝2000年8月、□＝2001年8月、△＝2002年8月に、それぞれ実施することが法制化された。◎は、1994年7月、学校カリキュラム・アセスメント当局（School Curriculum and Assessment Authority, SCAA）の宗教教育に関するモデル・シラバスで義務教育の期間に、年間36〜45時間実施するという提言を受けて実施に至った。

に含めていること、キーステージの3と4にシティズンシップを課していること、そして、ナショナル・カリキュラム成立当初には個人的・社会的教育（Personal and Social Education：PSE）として実施されていた教育内容が1998年から1999年までの間の再検討の過程を経て、道徳教育と健康教育とを統合する形でPSHEとなったことに明らかである。ここでいう宗教教育は、もちろん特定の宗派・宗教の教授（religious instruction）[25]ではない。また、PSHEも、1963年の中央教育審議会のいわゆるニューサム報告（Newsom Report）『我々の半生（Half Our Future）』で述べられた「学校は、……学科目

25）1944年教育法では、すべての公営学校、私営学校において学業を一斉礼拝で始めるべきこと、宗教教授を行うこと（第25条）、その宗教教授はアグリード・シラバスに従うことが定められていた（第26条）。この宗教教育の規程は、1870年基礎教育法の宗教教育規程を継承したものであり、その前文には、地方教育当局は力の及ぶ限り「地域社会における精神的・道徳的・知的・身体的発達に貢献しなければならない」と記されている。柴沼他（2001）pp. 7-9.

を通じた創意に富んだ体験と子どもの人格的・社会的発達との双方に目を向けるべきである」[26]という観点を堅持し、2002年の教育法がその方向性を示した個人の発達、行動、福祉、安全保障を教育内容として位置づけた点に特徴がある。この2002年教育法は全般的要求事項に関して、生徒の精神的・道徳的・文化的・メンタル的・身体的発達と、その後の人生の準備のために「バランスのある広い基盤をもったカリキュラム」を強調し、「全ての公費維持学校は、バランスのある広い基盤をもったカリキュラムを提供しなければならない」と述べ、「学校や社会で生徒の精神的・道徳的・文化的・メンタル的・身体的発達を促進する」、「学校は、学業終了後の生活機会、生活への責任、生活経験のために生徒を 準備する」と、幅広いカリキュラムの重要性を提案した[27]。

　この当時のナショナル・カリキュラムの特徴、以下のようにまとめることができる。

①ナショナル・カリキュラムは、学校が独自に作るカリキュラムを規定するものではない。

②各教科の授業時数は決められていない。

③各教科の到達目標や学習プログラムは柔軟であり、それは基準である。

④各教科の評価は、春学期に行われる教員の継続的評価（アセスメント）と夏学期に一斉に実施されるSATsによってなされる。

⑤各学校のSATsの集計結果は、パフォーマンス・テーブル（別名、リーグ・テーブル）に収録されてメディア等で公表される。

　したがって、イングランドのナショナル・カリキュラムは画一的ではない、ということが理解できる。だが、論争を呼んでいるのは、公開を前提とするパフォーマンス・テーブルである。実は、イギリスには、歴史的に、カリキュラムがいかに効果的に提供されているかの判断は、勅任視学官（Her Majesty Inspection：HMI）の査察結果によってなされるという制度があった。

26）Ministry of Education（1963）参照。
27）DfE（2002）参照。

この勅任視学官制度は、国庫補助を受けた学校の生徒の学業などを査察し議会に報告することを目的に1839年に始まった。勅任視学官は、この英語名称が示しているように、政府直轄下に置かれているのではなく、女王陛下に委託されていた。しかし、政府は、1992年の教育法によって教育水準局（Office for Standards in Education：Ofsted）を創設し、これ以降、視学官はOfstedに所属するようになったのである。彼らは、SATsの成績、欠席率、その他の学習到達度基準の結果など、すべての学校についての情報を査察し、リーグテーブルとして公表した。また親は、Ofstedの報告書、試験の合否、無断欠席情報、学校案内、学校運営理事会の年次報告書、子どもの学習進度について、年1回の報告を得る権利を持つようになった。そして2001年9月より、Ofsted所属の学校を査察する主席勅任視学官（Her Majesty's Chief Inspector of Schools）は、デイケアと子育て（childminding）の登録とその実施に責任を持つことになり、その地位は教育・子どもサービス・スキル勅任視学官（Her Majesty's Chief Inspector of Education, Children's Services and Skills）という呼称になったのである[28]。

　こうした制度改革と共にナショナル・カリキュラムは、説明責任（アカウンタビリティ）と評価についての公開の原則のもと、学校現場に多大な負担を強いる形で実施されていった。その後も教育に国家が介入することに対しては批判がないわけではないが、現行のナショナル・カリキュラムは、次頁の表6-2ように規定されて運営されている[29]。

　表6-2からわかることは、日本の教科目と比べると情報技術に関わる内容に力を入れている、ということである。また、性・人間関係に関わる科目が中等教育に明確に位置づけられていることも日本とは異なる。日本の学習指導要領のように各科目の授業時数が決まっているわけではなく、国定教科書や検定教科書もない。ここに専門家としての教師の裁量・自律性が保証されてきた歴史が継承されている。とはいえ、教師による日常的なアセスメントやSATs、中等教育修了資格を得るための試験があり、試験結果が公表され

28）これ以前は1989年児童法のデイケア基準条項に基づいて、150の地方自治体によって行われていた。
29）DfE（2014）, Gov.（2019b）参照。

第6章　イギリスの学校におけるセーフガーディングの歴史　　189

表 6-2　ナショナル・カリキュラムの構造

		キーステージ1	キーステージ2	キーステージ3	キーステージ4
年齢		5〜7歳	7〜11歳	11〜14歳	14〜16歳
学年（Year groups）		Year 1〜2	Year 3〜6	Year 7〜9	Year 10〜11
ナショナル・カリキュラム	〈コア科目〉				
	英語	○	○	○	○
	数学	○	○	○	○
	理科	○	○	○	○
	〈基盤科目〉				
	シティズンシップ			○	○
	コンピューター操作（Computing）	○	○	○	○
	デザイン・アンド・テクノロジー	○	○	○	
	言語		○※1	○※2	
	地理	○	○	○	
	歴史	○	○	○	
	音楽	○	○	○	
	体育	○	○	○	○
宗教教育		○	○	○	○
性・人間関係教育				○	○

※1：キーステージ2の言語は、外国語（foreign language）である。
※2：キーステージ3の言語は、現代外国語（modern foreign language）である。

る時期のイギリスは喧しい、という状況があることも事実である。そのため、教師が行うべきアセスメントやテストの枠組みははっきりしている。これらを学年ごとにまとめたのが表6-3である。

　もちろん、こうしたアセスメントやテストが生徒の健康を害しているという声は、多くの教師から寄せられ、今もイギリスの試験制度は論争の的になっている。2019年4月、労働党党首ジェレミー・コービンはSATs廃止キャンペーンを張った。彼は「SATsの試験はイングランドの初等学校で廃止する」「子どもが泣いたり、嘔吐したり、悪夢を見たりするという報告の中で、『強硬なテスト体制』は廃止されるだろう」、と全英教育連合会議で語ったのである[30]。

30）*Independent*（16 April 2019）参照。
31）Gov.（2019a）参照。
32）イレブン・プラス試験は1944年教育改革法によって導入され、その結果に応じて中等教育学校に進学する生徒をグラマー・スクール、テクニカル・スクール、モダン・スクールの3種類の学校に振り分けた（ストリーミング）。その制度を三分肢システム（the tripartite system）と称した。

表6-3 アセスメント・テスト枠組み[31]

年齢	学年	キーステージ	アセスメント、テスト
3～4歳[※1]		0 Early years	
4～5歳	Reception[※2]	0 Early years	教師によるアセスメント評価（教師は、学期始めに別途、アセスメント評価をする場合がある。）
5～6歳	Year 1	1	フォニックスと読み方のチェック（もし Year 1 の時に合格しなければ Year 2 で再度実施）
6～7歳	Year 2		キーステージ1のSATs。英語、算数、理科に対する教師によるアセスメント評価
7～8歳	Year 3	2	
8～9歳	Year 4		
9～10歳	Year 5		
10～11歳	Year 6		キーステージ2のSATs。イレブン・プラス試験（一般的にはグラマー・スクールに進学を希望する者）[32]教師による英語、数学、理科のアセスメント評価
11～12歳	Year 7	3	
12～13歳	Year 8		
13～14歳	Year 9		Year 9の最後に教師による15科目のアセスメント評価
14～15歳	Year 10		希望者は中等教育修了一般資格（GCSE）試験を受ける。
15～16歳	Year 11	4[※3]	ほとんどの生徒はGCSEsか、他の全英資格試験を受ける。
16～17歳	Year 12	5[※4]	
17～18歳	Year 13	シックスス・フォーム(Sixth Form)	A-Levels[※5]、NVQs[※6]、ナショナル・ディプロマ、国際バカロレア

※1：2歳から5歳までは Foundation Stage と称されている。

※2：義務教育であるが、教育内容への法的規定はない。

※3：夏休みの終わりまでに16歳になり、それ以降、学校へ行かないことを決めれば、16歳時の6月の最終金曜日で登校義務はなくなる。その後、18歳までは、次の三つのいずれかをしなければならない。①カレッジなどの全日制の学校教育を受ける、②専門職の見習いか研修を受け始める、③パートタイムの教育や専門職の訓練を受けたり、1週間に20時間以上の労働か奉仕活動をしたりして過ごしている。

※4：教育内容への法的規定はない。公的予算で運営されている学校では授業料は徴収されない。イングランドでは、公的予算で運営されている学校やカレッジ（大学を除く）に通う場合、また、職業訓練コース（無給の職業経験を含む）に通う場合、教育に関わる費用への奨学金が16歳から19歳まである。

※5：中等教育修了資格Aレベル（General Certificate of Education, Advanced Level）は、イングランド、ウェールズおよび北アイルランドの多くの大学への入学申請者の適合性を評価するための基準として認められている。2015年、Ofsted は中等学校の2年目終了時に生徒がすべての試験に合格するようなシステムに変更することを決定した。AS-Levels はまだ存在しているが、今後、別の資格試験になる。

※6：全英職業資格（National Vocational Qualifications：NVQs）は、ビジネスや事務職などの就労に用いられる。

ここで浮かび上がってくるのは、ナショナル・カリキュラムの指針と試験制度とは、どのように折り合いをつけてなされているか、という疑問である。というのも、ナショナル・カリキュラムは 2019 年でもなお、2002 年教育法第 78 条に書かれた「バランスのある広い基盤を持ったカリキュラム」を強調しているからである。また、ナショナル・カリキュラムの基本的なスタンスは、合理的で効率的な狭いカリキュラムの提供を避けることが明示されているからである。多民族国家イギリスと称され、社会には多様な宗教・信仰が混在している。そんな中で、多様性を認めつつ、それぞれのアイデンティティを育み 1 人の市民に育てるためには、どのような教育内容が提供されなければならないのだろうか。これを考えるための事例として着目したいのは、SEAL や PSHE という教育内容である。

3. SEAL の取り組みと PSHE の導入

　先に述べたように、「バランスのある広い基盤を持ったカリキュラム」を標榜しつつも、必須教科と全英評価テストの導入、勅任視学官による査察の厳格化、学校による情報公開義務など、イングランドの教育は、1990 年代以降、改革を加速化させていった。こうした一連の改革と同時に取り込まれたのが、生徒の社会的・情緒的側面の学習であり、その一つが SEAL である。子ども学校家族省は、2005 年、子どもの個人的・社会的な発達を推奨しつつ、学校の教職員と親に SEAL とは何か、どのような側面があるか、どのようにすればいいか、に関する文書を刊行した[33]。その中で社会的・情緒的側面として挙げられたのは、自己認識、感情の管理、やる気、共感、社会的スキルの五つである。それらは、それぞれの表情を表したイラストと共に示されている。

　　しかし、1950 年代末から 1960 年代にかけて、これを廃止し総合制の学校制度にする運動が起こった（コンプリヘンシブ・スクール運動）。今日もエリートを育てるグラマー・スクールは残っているが、多くの生徒はコンプリヘンシブ・スクールに通っている。また、1944 年教育改革法によって、教会立の学校はほぼ公営化され、5 歳から 15 歳に無償の義務教育を保障した（1959 年のクラウザー・レポートによって、義務教育最終年齢は 16 歳になった）。

33) DfES (2005) 参照。

図6-1 SEALのための五つのスキル

出典：DfES（2005）より

　これを受けて教師らは、SEALをどのように意識して指導するか、ということに関して様々な工夫を試みた。しかし、2010年10月に出されたSEALの取り組みへの政府の評価は、あまり芳しいものではなく、その調査結果は、以下のことを助言して結びとしたのである[34]。

・学校に基盤をおく、今後の社会的・情緒的側面の学習の取り組みは、これらの学習領域で「何が機能しているか」、すなわち、プログラムを提供するときにプログラムの構造とその一貫性を規定することをより正確に反映するべきであり、また、プログラムのSAFE［系統性、活動性、焦点、明示性］の原則を遵守していることについての研究結果の文献ももっと正確に反映するべきである。このようなプログラムを提供する際には、SAFE原則への遵守を注意深く監視することが、肯定的な結果をより確実にするためには必要不可欠であろう。
・社会的・情緒的側面の学習を促進するように設計されたプログラムの完全な実施を望む学校に対して、私たちは、教職員がそれを行うことができるような資料と時間枠の準備を推奨する。
・より多くの親・保護者が関わることは、この領域におけるいかなる将来構想にとっても、不可欠な構成要素となる。
・より重視される必要があるのは、政策の進展やこの領域での実践を告知する証拠を正確に集めて利用することである。とりわけ、SEALのような構

---

[34] DfE（2010）参照。

想が国家レベルで広げられていく前に、適切な試行がなされるべきである。

・SEAL の範囲を超える社会的・情緒的側面についての学習の取り組みを採用する詳しい情報に基づいて、学校が選択できるようにガイダンスを作成すべきである。このガイダンスは、特定のプログラムとそれが有効である文脈とを支持するための根拠を基盤にして明瞭に焦点を当てるべきである。

　プログラムの構造とその一貫性、さらにその実証的効果という点で SEAL の実施には、課題が残った。そして、その後、SEAL と同様の取り組みをしていた人格・社会性・健康に関する教育に光が当たることになる。それが、2000 年頃から多くの学校で教科の一つとして実施され、2002 年 8 月に一教科として法制化された人格的・社会的・健康教育、すなわち PSHE（Personal, Social, Health Education）である。当時は、たとえば、人格的・社会的発達（Personal and Social Development：PSD）やそこに道徳的教育の要素を加えた人格的・社会的・健康・道徳教育（Personal, Social, Health and Moral Education, PSHME）、そして時には、シティズンシップ教育の要素を加えて人格的・社会的・健康・シティズンシップ教育（Personal, Social, Health and Citizenship Education, PSHCE）というように教育内容を調整して実施しているところもあった。

　こうした傾向を後押ししたのが、2003 年の緑書『すべての子どもの平等保証』である。この背景には、2002 年に起きたヴィクトリア・クリンビーという子どもの悲劇的な死があり、その事件によって、子ども虐待（身体的、情緒的、性的虐待、ネグレクト）が、世間の人々、地方当局（地方自治体）、政治家に極めて高い関心をもたらしたのである。緑書は、子どもたちを虐待から確実に保護するために「何らかのことに参加している」子どもたちに関わっているすべての機関に焦点を当て、以下の五つのことを守るように強調した。

　―健康であること
　―安全であること
　―学校を愉しみ、学校での目標を達成できること

—地域に積極的に参加すること

—経済的に幸せになること

　その後、『すべての子どもの平等保証』を重視しつつ、「生徒の幸せとセーフガーディングを推進する」ことを盛り込んだ 2004 年の教育法と「地域社会の結束（community cohesion）」を盛り込んだ 2006 年の教育法が交付された。また、2010 年のアカデミー法（2010 Academies Act）も「バランスのある広い基盤を持ったカリキュラム」という「全般的な要求事項」を示し、2002年の教育法第 78 条に従うことを明記した[35]。そして、個人の幸せに不可欠なものとして、経済的幸福についても言及するようになり、もう一つの 'E'（Economic）を加えて PSHEE や PSHEe と称する人々も出てくるようになった。頭文字あるいは呼称は何であれ、PSHE は、子どもと若者が健康で、安全でよい人間関係を築くことができ、満足して生きるための「知識、技能、態度」を自分自身や他の人々のニーズと捉える教育内容として、カリキュラムに一定の地位を占めていった。

　とはいえ、PSHE は多様な局面を有しているため、それを授業や全校集会などでうまく実施するのは容易なことではなかった。この状況を踏まえて、資格・カリキュラム当局は、2005 年に PSHE のカリキュラムとアセスメントに関する年次報告書を出し、その強みと弱点を以下のように要約した[36]。

〈強み〉

・PSHE は引き続き初等学校で高い優先順位を与えられている。

・健康についての全国学校プログラムや PSHE の継続的専門職能力開発（CPD）プログラムなどを全国的に開発したことは、PSHE の教育と学習、および PSHE の提供にプラスの効果をもたらした。

・多くの学校（特に初等学校）は、PSHE を生徒の学習と発達の中心であると考えている。

35）DfE（2010）参照。

36）DfE（2005）p. 6.

第 6 章　イギリスの学校におけるセーフガーディングの歴史　　195

・中等学校の半数以上がPSHEの計画に生徒を関与させており、さらに3分の1が将来、PSHEを実施することを計画している。
・少なくともPSHEの一部の実施に際して、専門のPSHE教師をおく学校の数が増えてきた。

〈弱点〉
・まだ多くの中等学校ではPSHEは低い地位を占めており、この状況はPSHEを提供することとカリキュラムの時間数に関わっている。
・多くの学校は、PSHEとシティズンシップとを合わせた科目として、両者の区別を明確にしたりそれを提供するための追加時間を作ったりすることをせずに教えている。
・教員はPSHEの側面、特に性・人間関係教育（Sex Relation Education, SRE）と経済的能力について教えることに自信がない。
・PSHEの評価は依然として弱いが、多くの学校では、この報告書の対象期間中に作成されたPSHEのキーステージ報告書および評価ガイダンスが出る最終時期になって関心を示してきた。
・PSHEの規定はまだ曖昧である。

　つまり、PSHEを正規の必須科目にするには、様々な点でまだ十分ではないというのが、2005年時点の結論であった。しかし、子どもと学校をめぐる問題は、枚挙にいとまのない状況であったため、教科中心の学習だけでは子どもを成熟した大人に育てることは難しい、という見解は一致していた。それゆえ、2007年、教育省によってPSHE協会が組織されるのである。この協会は、独立した全英の反営利団体であり、会員制を採用しているが、これまでに約2000人以上の会員の教師と教職員にPSHE科目に対する助言や支援を行ってきた。また、Ofstedは、50の公費維持学校のPSHEを2012年1月から7月にかけて査察し、Ofsted代理で2012年10月から11月にかけて178人の若者にオンライン調査を行い、その証拠データを集めて2013年に報告書を出した。そのタイトルは、『未だ不十分である－学校における

個人的・社会的・健康・経済的教育』[37] とされた。だが、PSHE の重要性については、以下のように述べられたのである。

　多くの学校は PSHE を選択して教えている。それは、PSHE が、子どもと若者の人格的・経済的な幸せを推進し、性教育や人間関係教育を提供し、生徒を成人生活のために準備し、広くバランスのあるカリキュラムを提供し、カリキュラムの法的責任に多大な貢献をするからである。

　とはいえ、その報告書では、「しかし、未だ非法的な位置づけであり一貫した見通しを持って提供され得るかどうか」と懸念を表明し、「私営学校では公費維持学校よりも PSHE がより重視されて実施され、学力も向上しているが、PSHE を実施している公費維持学校の 40％は未だ十分ではない」と警告したのである[38]。このように PSHE の長所と短所を開陳した報告書は、PSHE の体系とその質をいかに保証し供給するかという課題として受け止められた。そこで、PSHE の位置を向上させる全英的キャンペーンが展開された。そして、PSHE は、100 以上の組織・機関、ビジネスリーダーの 85％、教師の 88％、親の 92％、若者の 92％ から支援を得るようになったのである[39]。

　こうして、ついに、2014 年の法定ガイダンス『イングランドのナショナル・カリキュラム－キーステージ 1 から 4 の枠組み』の第 2 条「イングランドの学校カリキュラム」において、「すべての学校は、個人的・社会的・健康・経済的教育（PSHE）を提供し、よい実践を導くべきである。学校は、他の科目や学校の選んだトピックをその学校の教育プログラムの計画と設計に含めることも自由にできる」[40] と述べた。そして、翌年の 2015 年 2 月、下院特別文教委員会（Education Select Committee）は、PSHE の必須化を求める報告書『人生の授業－学校における PSHE と性・人間関係の教育』[41] を刊行

37）DfE（2012）参照。
38）DfE（2012）参照.
39）PSHE Association（2018）参照。
40）DfE（2014）参照。
41）DfE（2015）参照。

した。これに応答する形で、教育大臣ニッキー・モーガンは、下院の特別文教委員会委員長宛に意見書を送り、これまで教育省が共に活動してきた指導的な校長や医師団と共に PSHE を改善するために、その行動計画と勧告、包括的なキットを慎重に提案するつもりだ、と述べたのである[42]。

　PSHE 協会は、こうした動きに伴う形で、継続的専門職能力開発の機会を会員に提供し、年次大会、地方での研究会、学校基盤コースや教職志望者コースの講習会を開催し、PSHE の質の向上に努めた。そして、五つの優先事項、すなわち、「定期的に、全教科として、専門教育を受けた教師によって、すべての学校に、すべての生徒に」を掲げて、教材開発、児童書を用いた活動、SNS の発信など、様々な方法を試みていった。その結果、政府は、2017 年にはすべての中等学校に人間関係・性教育（relationships and sex education, RSE）[43] を、また初等学校に人間関係を義務的に導入することを決め、さらに 2018 年 6 月には、PSHE の内の健康（メンタル・身体）教育を導入することを約束した[44]。この動向はまさに PSHE 協会のキャンペーンの成果であり、PSHE の地位と質の向上に向けた「大きなステップ」となったのである。

　そして、2019 年 2 月 25 日、教育省は「2019 年人間関係教育、人間関係・性教育、健康教育（イングランド）規則」という草案を出した。PSHE 協会は教育省がこれを発表したその日に、すぐさま次のように述べている[45]。

　教育省は、本日、2020 年に義務教育として導入する健康教育、人間関係教育、人間関係・性教育（RSE）の導入に伴う法定ガイダンスを上梓した。

　そして、PSHE の主導性と責任に関して、以下のように続けていく。

　・2020 年からすべての学校は健康と人間関係、人間関係・性教育（RSE）

42）DfE（2016）参照。
43）この時点で、性・人間関係教育（SRE）という表現ではなく、人間関係・性教育（RSE）という表現に改称された。
44）PSHE Association（2018）参照。
45）PSHE Association（2019a）参照。

をカバーするPSHE教育を提供しなければならない。

・PSHE協会は、学校がこのPSHEの中核となるコンテンツを生徒に提供し、PSHEの基準の引き上げを支援するための新しい政府ガイダンスの公表を歓迎する。

・PSHE協会は、このカリキュラムの改革を、子どもたち、若者たち、そしてPSHEを実施する全英教員会員にとっての「偉大な後押し」と呼ぶ。

・経済的幸福とキャリア教育はPSHEの重要な側面であり続けているが、まだ義務ではない。

　PSHE協会が上述のように言及した教育省の2019年2月の草案『人間関係と性教育と健康教育』[46] は、公費維持学校であるか否か、また特別支援学校であるか否かにかかわらず、すべての学校を対象としている。また、アカデミーもフリー・スクールも、私営学校もその対象になっている。PSHE教育は、私立学校あるいは私営学校（independent schools）ではすでに義務になっているため、健康教育はそれらの学校にとっては「新しい」必須科目ではない。ただ、私営・私立学校がPSHE教育を計画する時には健康教育に対する法定ガイダンスにのっとって作るように期待されているのである[47]。教育省が定めた「人間関係教育」「人間関係・性教育（RSE）」「健康教育」の三つの領域のトピックをまとめると次頁の表6-4のようになる。

4. PSHEの教育内容

　では、イングランドの教師たちは、どのようにしてPSHEの教育を実践してきたのであろうか。また、その成果はどのようにして判断されているのであろうか。たとえ、教科横断的あるいはクロスカリキュラーの視点で英語の時間に絵本を読み語りながら情緒的な側面に働きかけたとしても、その成果は教科指導のようには見えてこない。教師たちが様々な工夫を学校独自に

46）DfE（2019）参照。
47）PSHE Association（2019b）参照。

表 6-4 「人間関係教育」「人間関係・性教育」「健康教育」のトピック

キーステージ 1・2	
人間関係の教育	トピック 1：私の世話をしてくれる家族と人々
	トピック 2：思いやりのある友情
	トピック 3：敬意を表し合う人間関係
	トピック 4：オンラインでの人間関係
	トピック 5：安全であること
身体の健康と精神のよりよい状態（wellbeing）	トピック 1：精神のよりよい状態
	トピック 2：インターネットの安全と害
	トピック 3：身体の健康と良好さ（fitness）
	トピック 4：健康な食事
	トピック 5：薬物、酒と煙草
	トピック 6：健康と予防
	トピック 7：基本的な応急処置
	トピック 8：青年期の身体の変化
キーステージ 3・4	
身体の健康と精神のよりよい状態（wellbeing）	トピック 1：精神のよりよい状態
	トピック 2：インターネットの安全と害
	トピック 3：身体の健康と良好さ
	トピック 4：健康な食事
	トピック 5：薬物、酒と煙草
	トピック 6：健康と予防
	トピック 7：基本的な応急処置
	トピック 8：青年期の身体の変化
人間関係と性教育	トピック 1：家族
	トピック 2：友情を含む、敬意を表し合う人間関係
	トピック 3：オンラインとメディア
	トピック 4：安全であること
	トピック 5：性的な健康を含む、親密で性的な人間関係

出典：PSHE Association（Februaty 2019c）より筆者抽出

試みてきたことは想像に難くない。

　実際、筆者が参観した学校では、多くの労力をその授業準備に割いていた。たとえば、進歩主義的で子ども中心の立場からトピック学習や総合学習を経験してきたロンドンのある初等学校では、個人的・社会的・情緒的発達進度記録を作成し、子どもの行動を 15 の観点に分け、それぞれにさらに 3 から 7 の観点を盛り込んで記録を取っていた[48]。また、子どもが自分自身や他の子どもの感情を理解し、それを肯定するような図表や写真も積極的に使って

48）山﨑（2005a）pp. 59-70.

いた[49]。多様化した社会の中で生きるためには、より広い社会的な視野を持って、たばこ、アルコール、ドラッグ、体重コントロール、セックス、暴力やいじめ、人種・性差別、LGBT、異文化理解などを取り上げて心身の健全な保ち方を学ぶこと、また、正当な自己主張や他者の意見を聴くこと、相互に認め合い社会に貢献していくことも学ばねばならない。さらに、経済的に幸せになるためには、キャリア教育、職業に関わる学習、企業教育、財務能力なども必要である。それゆえ、時には、学校外からゲストとして警察、医療機関、専門機関から専門家を呼んで授業をすることも試みられている。

　しかし、PSHE だけにエネルギーを注ぎ込むほど教師に余裕があるわけではない。また、教師が手作り教材を作成して取り組むことは理想ではあるが、現実的には難しい。さらにまた、PSHE 協会の 2017 年作成の第 3 版『PSHE 教育のための学習プログラム：キーステージ 1 〜 5』のプログラムにあるコアテーマを見ただけで、機械的な暗記中心の学習ではないこともわかる。その教育内容は、三つのコアテーマと、それらの中でさらにフォーカスを当てる教育内容とで構成されている（表6-5）。

　以上の内容からは、「バランスのある広い基盤を持ったカリキュラム」という法定ガイダンスの具体像が見えてくる。また、PSHE が、まさに子どものセーフガーディングに関わる内容をカバーした学習であることも理解できる。だが、それだけでなく、PSHE の法的な位置づけの意味は「保護されるべき子ども」という視点を超えて、学び知る権利を持った「権利主体としての子ども」というスタンスであることもここで確認しておく必要があろう。

　PSHE 協会は、2019 年 2 月、教育省が法定ガイダンスで示した「人間関係教育」「人間関係・性教育」「健康教育」の 3 領域のトピックに対して、PSHE 協会計画のコアテーマと関連づけた文書を公刊し[50]、PSHE の必須化をさらに支援した。そして、ついに PSHE の必修化が、2019 年 3 月に明確になった。下院議会は、2019 年 2 月 25 日作成の 2019 年「人間関係教育、人間関係・性教育、健康教育（イングランド）規則」草案を、同年 3 月

49）　山﨑（2005b）pp. 69-78.
50）　PSHE Association（2019c）参照。

第 6 章　イギリスの学校におけるセーフガーディングの歴史　201

表6-5　PSHE協会2017年版PSHE学習プログラムのコアテーマ（PSHE Association 2017）

キーステージ1・2	
コアテーマ1 健康と幸せ （wellbeing）	このコアテーマは、以下に焦点を当てている。 1. 健康なライフスタイルとは何か 2. 身体的・精神的・情緒的な健康と幸せ（wellbeing）を維持する方法 3. 身体的・情緒的な健康と幸せ（wellbeing）に対するリスクを制御する方法 4. 身体的・情緒的に安全・安定を保つ手段 5. 思春期、過渡期や喪失を含む変化の制御について詳細な情報に基づいて健康と幸せ（wellbeing）になるよう決定し、これについての手助けの情報源を理解する方法 6. 緊急事態に対処する方法 7. 健康への影響と幸せ（wellbeing）への影響の違いを見極めること
コアテーマ2 人間関係	このコアテーマは、以下に焦点を当てている。 1. 一連の社会的／文化的な文脈の中で、様々な健全な人間関係を育み維持する方法 2. 一連の人間関係の中で、感情を認識し制御する方法 3. あらゆる形のいじめ、虐待を含む、危険なあるいは負の人間関係を認識する方法 4. 危険なあるいは負の人間関係に対して、助けを求める方法 5. 人間関係の中で平等と多様性を尊重する方法
コアテーマ3 より広い世界 で生きること （経済的な幸 せと責任感の ある市民であ ること）	このコアテーマは、以下に焦点を当てている。 1. 自己と他者の尊重と責任感のある行動・行為の重要性 2. 家族や他の集団の一員としての、そして究極的には市民としての、権利と責任 3. 様々な集団と共同体 4. 多様性と平等を尊重することと、多様な共同体の生産的な一員である方法 5. 環境を尊重し保護することの重要性 6. 金銭が何に由来するのかということ、それを安全に保つことと、それを効率的に運用すること 7. 人々の暮らしの中で金銭が果たす役割 8. 企業についての基本的な理解 ＊シティズンシップ教育協会のようなシティズンシップ教育団体が作成したガイダンスと一緒にこの節を読むことが重要である。
キーステージ3・4	
コアテーマ1 健康と幸せ （wellbeing）	このコアテーマは、以下に焦点を当てている。 1. 変化をうまく扱う方法 2. 身体的・精神的・情緒的な健康と幸せを維持する方法 3. 薬物・アルコール・煙草を含む健康と幸せに関わる問題について、詳しい情報に基づいて選択を行う方法、バランスのとれた食事を続けること、身体的活動、精神的・情緒的な健康と幸せ、性的な健康 4. 親であることと十代の妊娠について 5. 健康に対するリスクを見極め管理する方法、自身と他者の安全を保つ方法 6. 助け、助言や援助を見分けて手に入れる方法

202　Ⅲ．セーフガーディングの歴史と日本における取り組み

	7. 応急処置を施すことを含めて、緊急事態に対応する方法 8. メディアがライフスタイルに果たす役割と影響 ＊このコアテーマには、性的な健康が含まれている。しかし、健全な人間関係の文脈の内で性的な健康が考慮されることが重要である。三つのコアテーマすべてに、トピックと領域の間に、同様の広い重複と柔軟性が存在することになろう。
コアテーマ2 人間関係	このコアテーマは、以下に焦点を当てている。 1. 一連の社会的／文化的な文脈の中で、健全な様々な人間関係を育み維持し、子育ての技能を伸ばす方法 2. 一連の人間関係の中で、感情を認識し制御する方法 3. あらゆる形のいじめ（オンライン上のいじめが引き起こす別種の難題を含む）や虐待、性的その他の暴力とオンライン上の出会いを含む危険なあるいは負の人間関係に対処する方法 4. （性的な人間関係を含む）多様な文脈での同意という概念 5. 死別、別居や離婚を含む喪失を乗り切ること 6. 平等を尊び、多様な共同体の生産的な一員になること 7. 適切な助言と支援を見分ける方法
コアテーマ3 より広い世界で生きること（経済的な幸せ、キャリアと労働の世界）	このコアテーマは、以下に焦点を当てている。 1. 多様な共同体の一員としての、活動的な市民としての、権利と責任および地域や国家の経済への参加 2. 詳細な情報に基づいて選択を行い、意欲的かつ野心的になる方法 3. 雇用適性、共同作業や統率の技能を伸ばし、柔軟性と回復力を伸ばす方法 4. 経済的環境と職業環境 5. 個人の金融上の選択が、どのように自身と他者に影響を及ぼすかということと、消費者としての権利と責任 ＊立案に際して、「人間関係」のテーマであるという見地との強いつながりが認識されるべきであろう。同様にシティズンシップ教育とのつながりによって、それと合わせるような立案と関連づけが要求されるだろう。

27日、賛成538、反対21（この内、イングランド選挙区では、賛成482、反対14）という結果を得て承認したのである[51]。こうして子どもを守り保護する営みが、またそれらを子どもに提供する教育内容が法的に位置づけられることになった。

　とはいえ、課題もまた少なくはない。なぜなら、社会に潜在している問題が表面化すればするほど、PSHEは、多くの授業内容を取り入れざるを得なくなるからであり、そうであるがゆえに、PSHEの必須化は、社会に散在する解のない様々な課題を教師が引き受けていくということを意味するからである。たとえば、トランスジェンダーへの対応ゆえに、生徒に自らの性

---

51) Gov（27 March 2019b）参照。

を示すバッジをつける取り組みをした学校も出てきた[52]。また、とても優秀で人気のあった教師・教頭が性教育の授業で子どもに LGBT（Lesbian, Gay, Bisexual and Transgender）の話をした結果、校門前でイスラム教の母親集団による反対運動が起こった、という出来事も報告されている[53]。このような学校現場の報告からは、教師にのしかかった課題の大きさが如実に見て取れる。

　では、子どもを守ることに関して、教師にはどのような責任と役割があるのであろうか。また、そのために教師はどのように準備されなければならないのであろうか。次節ではこれらのことについて述べていく。

引用・参考文献

Aldrich, R. (2005) *Lessons from History of Education: The Selected Works of Richard Aldrich*, Routledge.（山﨑洋子・木村裕三［監訳］(2009)『教育史に学ぶ－イギリス教育改革からの提言』知泉書館）

Cunningham, P. (1988) *Curriculum Change in the Primary School since 1945*, London: Falmer Press）、（山﨑洋子・木村裕三［監訳］(2006)『1945年以降の初等学校におけるカリキュラムの変遷－進歩主義的理想の普及』つなん出版）

DfE (2002) Legislation. gov.uk, The National Archive. http://www.legislation.gov.uk/ukpga/2002/32/section/78（2019/3/9 アクセス）

DfE (2005) Personal, social and health education 2004/5 annual report on curriculum and assessment. https://web.archive.org/web/20060616222431/http://www.qca.org.uk/downloads/qca-05-2174-pshe-report.pdf（2019/3/9 アクセス）

DfE (2010) Academy schools (1) (b). http://www.legislation.gov.uk/ukpga/2010/32/section/1A#commentary-key-36f7d8000d169428aecceb30a5606299（2019/3/9 アクセス）

DfE (2010) Recommendation, Research Brief, Social and emotional aspects of learning (SEAL) programme in secondary schools: national evaluation, October 2010, Department for Education. https://assets.publishing.service.gov.uk/government/uploads/system/uploads/attachment_data/file/197925/DFE-RB049.pdf（2019/3/9 アクセス）

DfE (2012) Not yet good enough: personal, social, health and economic education in schools, Ofsted. https://assets.publishing.service.gov.uk/government/uploads/system/

---

52) Independent（03 April 2019）参照。
53) Guardian（04 March 2019）参照。

uploads/attachment_data/file/413178/Not_yet_good_enough_personal__social__health_and_economic_education_in_schools.pdf（2019/3/9 アクセス）

DfE（2014）Statutory guidance National curriculum in England: framework for key stages 1 to 4. https://www.gov.uk/government/publications/national-curriculum-in-england-framework-for-key-stages-1-to-4/the-national-curriculum-in-england-framework-for-key-stages-1-to-4（2019/3/9 アクセス）

DfE（2015）Government Response: Life lessons: PSHE and SRE in schools, Presented to Parliament by the Secretary of State for Education by Command of Her Majesty, July 2015, Department for Education. https://assets.publishing.service.gov.uk/government/uploads/system/uploads/attachment_data/file/446038/50742_Cm_9121_Web.pdf（2019/3/9 アクセス）

DfE（2016）Letter from Secretary of State for Education Nicky Morgan to the Education Select Committee - 10 February 2016. https://assets.publishing.service.gov.uk/government/uploads/system/uploads/attachment_data/file/499338/Nicky_Morgan_to_Education_Select_Committee_-_10_Feb_2016-.pdf（2019/3/9 アクセス）

DfE（2017）Relationships Education, Relationships and Sex Education（RSE）and Health Education：Draft statutory guidance for governing bodies, proprietors, head teachers, principals, senior leadership teams, teachers, Department for Education. https://assets.publishing.service.gov.uk/government/uploads/system/uploads/attachment_data/file/781150/Draft_guidance_Relationships_Education__Relationships_and_Sex_Education__RSE__and_Health_Education2.pdf（2019/3/9 アクセス）

DfE（2019）Relationships Education, Relationships and Sex Education（RSE）and Health Education：Draft statutory guidance for governing bodies, proprietors, head teachers, principals, senior leadership teams, teachers. https://assets.publishing.service.gov.uk/government/uploads/system/uploads/attachment_data/file/781150/Draft_guidance_Relationships_Education__Relationships_and_Sex_Education__RSE__and_Health_Education2.pdf（2019/3/9 アクセス）

DfEE（1999）The School curriculum and the National Curriculum: about key stages 1 and 2.（*The National Curriculum Handbook for primary teachers in England, Key stages 1 and 2*）

DfES（1998）Education for citizenship and the teaching of democracy in schools. https://dera.ioe.ac.uk/4385/1/crickreport1998.pdf（2019/3/9 アクセス）

DfES（2005）What are the Social and Emotional Aspects of Learning?. https://www.lambeth.gov.uk/sites/default/files/SEALGeneralGuidanceSept10.pdf（2019/3/9 アクセス）

Gov. UK（2019a）National Curriculum. https://www.gov.uk/national-curriculum（2019/3/9 アクセス）

Gov. UK（2019b）Education, Division 381. https://hansard.parliament.uk/Commons/2019-03-27/division/23A6CD3B-B3A3-4DC4-9E53-2DD2ABCCBEA8/

Education?outputType=Names（2019/3/9 アクセス）

Guardian newspaper（2019）Birmingham school stops LGBT lessons after parents protest. https://www.theguardian.com/education/2019/mar/04/birmingham-school-stops-lgbt-lessons-after-parent-protests（2019/3/9 アクセス）

稲垣忠彦［編］（1984）『子どものための学校－イギリスの小学校から』東京大学出版会

Independent newspaper（03 April 2019）Pupils given transgender pronoun stickers at school. https://edition.independent.co.uk/editions/uk.co.independent.issue.030419/data/8851486/index.html（2019/3/9 アクセス）

Independent newspaper（16 April 2019）Labour will abolish Sats exams in primary schools, Jeremy Corbyn says. https://www.independent.co.uk/news/education/education-news/sats-exams-labour-corbyn-primary-school-national-education-union-a8872496.html（2019/3/9 アクセス）

Lowe, Roy（2008）The Death of Progressive Education : How Teachers Lost Control of the Classroom, Routledge.（山﨑洋子・添田晴雄［監訳］（2013）『進歩主義教育の終焉』知泉書館）

Ministry of Education（1963）*Half Our Future : A report of the central advisory council for education（England）*, Her Majesty's Stationary Office

Simon, Brian（1960）Two Nations and the Educational Structure 1780-1870, Lawrence & Wishart .（成田克矢［訳］（1977）『イギリス教育史 1：1780 年～ 1870 年：二つの国民と教育の構成』亜紀書房）

柴沼晶子・新井浅浩［編著］（2001）『現代英国の宗教教育と人格教育（PSE）』東信堂

杉本厚夫・高乗秀明・水山光春［著］（2008）『教育の 3C 時代』世界思想社

PSHE Association（2017）Education Programme of Study Key stages 1-5. https://www.pshe-association.org.uk/system/files/PSHE%20Education%20Programme%20of%20Study%20%28Key%20stage%201-5%29%20Jan%202017_2.pdf（2019/3/9 アクセス）

PSHE Association（2018）Campaign, Support for statutory PSHE. https://www.pshe-association.org.uk/campaigns（2019/3/9 アクセス）

PSHE Association（2019a）Compulsory health and relationships education – a new era for PSHE. https://www.pshe-association.org.uk/news/compulsory-health-and-relationships-education-%E2%80%93-0（2019/3/9 アクセス）

PSHE Association（2019b）Key questions on mandatory PSHE requirements for Health Education, Relationships Education and RSE. https://www.pshe-association.org.uk/news-and-blog（2019/3/9 アクセス）

PSHE Association（February 2019c）We've got it covered...Mapping the PSHE Association Programme of Study to the new statutory guidance health education and relationship education/RSE. https://www.psheassociation.org.uk/system/files/Mapping%20PoS%20to%20Statutory%20guidance%202019%20update_0.pdf（2019/3/9 アクセス）

White, John（2004）*Rethinking the School Curriculum: Values, Aims and Purposes*, Routledge

山﨑洋子（2005a）「イギリス公教育におけるイヴラインロウ小学校の先駆性－全人的発達の教育可能性を求めた歴史と現在」『鳴門教育大学学校教育実践センター紀要』18 号

山﨑洋子（2005b）「学校教育における全人的発達の可能性とイーヴェリンロウ初等学校におけるPSHE（Personal, Social and Health Education）の実践－総合道徳教育の構想に向けて（2）」『鳴門教育大学学校教育研究紀要』第 20 号

山﨑洋子（2011）「歴史と教育－教育史の世界へ」宮野安治・山﨑洋子・菱刈晃夫『講義教育原論－人間・歴史・道徳』成文堂

第 3 節　子ども保護における教師の責任と　　　　　セーフガーディングのための教員養成

　ここでは、子ども保護の必要性と、これを理解するための変化する枠組み、さらにその枠組みが教師の役割を根本的に変えてきた、ということを論じる。子どものセーフガーディング政策は、学校と教師の務めや、彼らと生徒・学生との関係や、彼らが奉仕する地域社会との関係に、どのような影響を与えてきたのだろうか。この問いを検討するため、教職に就くための準備教育について考察し、そして、現職教師への教育と同様の、経験のある中堅教師への継続的専門職能力開発[54]に洞察を加える。そして、これに加えて、教職に入ろうとしている、たいていは年若い人々に対する教員養成基礎段階の教育、あるいは入職前の教員養成基礎段階教育（ITET）に洞察を加える。継続的専門職能力開発も教員養成基礎段階教育も、いずれも子ども虐待に対応してきており、その結果として作られた政府の子ども保護のための政策は、教師たちが働いているその過程段階で著しく急速に変化してきた。本書のスペースの制約により、ここでは詳細を述べることはできないが、いくつかの一般的原則と一般要因とは関連しており、それらは、教師たちの働き方、彼らの学生・生徒との関係に影響している。

---

54) 1970 年代から 80 年代は、現職教育（in-service education and training：INSET）と言われていた。

1. プラウデン報告書

初等教育に関する政府の主要な調査は、1960年代に行われた。それは教員養成の調査も含んでいた。その報告書は、委員長のブリジット・プラウデンの名にちなんで『プラウデン報告書』として知られているが、その正式名称は、『子どもたちと彼らの初等学校』（1967年）であった。それは、国家的にも国際的にも教育家と教育者の間で広く関心を呼び、新聞雑誌やテレビを通じて広い範囲の人々から注目を浴びた[55]。この報告書は今後の方向性として、楽観的で児童中心的な教授法を唱道しており、教師だけでなく親や政治家の間でも多くの議論を呼んだ。しかしその「進歩主義」は世論を鮮明に分断し、そして「伝統主義者」と「進歩主義者」の間の長期間の「文化戦争」を引き起こし、今日においてもなお未解決の、教育についての両極端の見方を生んだ。敵対する人々にとっての「プラウデンの時代」は、「揺れる60年代」、すなわち性的解放、娯楽としての薬物、文化変容の負の指標としての反抗的若者文化と関係していた。

『プラウデン報告書』には、社会的な不平等に関する高い意識がうかがわれる。経済的に恵まれない「教育優先地域」の要求に呼応する教員養成に関する勧告があったことはその一例である。けれども、子ども虐待や子ども保護の必要性は、明確には注目されていなかった。この報告書は社会の崩壊を意識していたが、子ども中心主義の教授法にもかかわらず、子どもたちの安全や幸せよりも<u>経済的な費用</u>が強調されていた。「義務の不履行、家族の崩壊や公共サービスへの長期間の依存は、それらが自分にだけでなく社会に負わせる経済的損失である」[56]と書かれている。これは政治的措置を保証する際には必要な強調点であったかもしれない。だが、それはまた、当時の一般大衆の子ども虐待への注目の程度が、その後の半世紀の間ほどには強くなかった、という事実を反映している。

教員養成基礎段階教育（ITET）では、教師たちの社会的な理解や意識の

55）DES（1967）; Cunningham（1988）参照。
56）DES（1967）, para. 1176.

図6-2 『子どもたちと彼らの初等学校』(1967年)

※1：本書のタイトルには、イギリスの政府刊行書において初めて「子どもたち」という言葉が用いられ、さらに、表紙の裏面には、教室ではなくプレイグラウンドに集まっている子どもたちと後景に退いた教師とを撮影した写真を収録している。それゆえ、プラウデン報告書は、子どもに着目した画期的な報告書と位置づけることができる。

向上のためのごく簡潔で一般的な提言が、次のように出された。「<u>社会福祉を学んでいる学生と教職準備中の学生</u>とが、初年次の仕事の多くを共有することができる制度があることを、私たちは望んでいる。このことによって、とりわけ現場で<u>より緊密な共同性が促進される</u>からである」[57]。そして継続的専門職能力開発では、以下のように述べられた。

> 我々は、将来、新しく校長や副校長になる者やその見込みのある者に、その職務のための準備コースが不適切に提供されていることを耳にしたことがある。…彼らは、<u>社会問題とその子どもたちへの影響を研究し</u>、家族社会福祉事業の機能を理解する必要がある。この学習は地域の文脈の中で行われ、<u>社会福祉事業の従事者との接触が含まれるべきである</u>（下線は引用者による）[58]。

---

57) Ibid., para. 960.
58) Ibid., para. 1025.

2. ジェームズ報告書とそれ以降の教員養成

1972年、教員養成に関する政府の報告書『ジェームズ報告書』が刊行された。それは、偶然にも、マリア・コーウェルの死の前年であったのだが、そこでは教員養成について次のような勧告をした。教師たちに個人的な相談の準備をさせること、子どもたちの深刻な情緒障がいを助けること、そして「より深刻な身体障がいや適応障がい」に対処するということは、教員養成基礎段階教育よりもむしろ継続的専門職能力開発教育のために残しておくべきである、と。「…経験豊かな教師は、…社会や地域社会の機能と結びつけて、…個々の子どもの人格的な問題を［深く学ぶことを］望むかもしれない」[59]のである。

これらのことにより、私たちはこの二つの報告書の中に、ソーシャルワーカーの役割と重なり始めた、より拡大された教師の役割が強く認識されつつある、ということを確認することができる。1970年代と1980年代の間に、「子どもの全人性」に焦点を当てた『プラウデン報告書』を追うかのように、個々の子どもたちの身体的な発達と健康、「保護」の面に対する関心が明らかに高まり、それと共に、初等学校でも中等学校でも、学校と教師の役割および地位が変化した。身体障がいや認知障がいだけでなく、社会的・感情的な要求を含めて、特別教育の必要性のある子どもたちに関する『ワーノック報告書』は1978年に出され、特別支援教育を必要とする生徒や学生が高い比率で存在することに注意を促し、社会の崩壊の影響を認め、そして、教師たちは家庭環境を考慮しなければならない、と述べたのである。世紀の転換期には、再び政治家の関心が子どもの福祉に向けられた。1997年の「新労働党」政権の選挙の前後に起きた、さらに劇的な子ども虐待ケースによって、本章よりも前の諸章ですでに記した政府の政策には、『すべての子どもの平等保証』（2004年）と『子どものセーフガーディングのためのワーキングトゥギャザー』（2006年）があった。これらは、機関相互の協働性や教師の役割の新しい範囲、そして法的要請によって強化された追加的責任を示し

---

59) DES（1972）paras. 2.10, 2.16.

ていた。教師とソーシャルワーカー、さらに警察や医者の間には、言うまでもなく、職業文化や働き方の点で著しい違いがあった。しかし、今日の教師には、脆弱な状況下にある子どもたちのことを考える際に、彼らと情報を交換し、彼らに協力することが期待されているのである。

教師は、現行の政策文書に精通している必要があるが、（大学に基盤をおく教員養成課程を通じた）教育の原理においても[60]、（自らの働く学校に基盤をおいた実務体験を通じた教員養成）教育の実践においても、教育政策を批判的に理解しそれを深めることも必要である。セーフガーディングという問題・難題は複雑であり、セーフガーディングは、法的・職業的に要求されるものという点だけでなく、変わりゆく社会的・文化的な状況の中にあって、絶えず変化を受けやすいものである。教員養成基礎段階において、教師は確かな理解という知識的基盤と、新しい事態が起きた時の柔軟な姿勢を獲得しなければならないのである。しかし、教員養成基礎段階教育で起こり得ることすべてに対して、準備することができるわけではない。国内の様々な地域や個々の学校にはびこる特定の状況をみれば、継続的専門職能力開発は欠かせない方法の一部である、ということが示されている。

3. 近年の教員養成とセーフガーディング

では、近年の教員養成はどのような内容を重視しているのであろうか。次の短い文書は、ケンブリッジ大学での1年間の教員養成基礎段階教育である大卒後教員資格取得コース（PGCE）からの引用であり、2018年の査察で視学官によって「優れている」と判断されたものである[61]。それらは、セーフガーディングに対して求められる準備の範囲を説明している。大学に基盤

60）教師になるルートは多様にあるが、比較し議論され続けているのは二つのルートである。同時（Concurrent）ルートは、3年間あるいは4年間の学位取得課程では教育学士号と教員資格を得るための資格（Newly qualified teacher：NQT）を得ることができ、教育実習も行う。連続（consecutive）ルートは、まず何らかの学問の学位を取得し、それに続いて大卒後教員資格取得コース（PGCE）に入ってNQTを得る。

61）これらの詳細は、そのコースの受講者だけに提供されており、オンライン上でアクセスして閲覧することはできない。

をおく教員養成の授業には、子ども保護、幸せ、セーフガーディングの根本的な問題についての講習があり、PSHE や身体教育、道徳教育のようなカリキュラムについての講習には、特別な局面も含まれている。学生は最少でも三つの異なる学校で24週間の実習をし、厳重に監視された環境の元で、教室内だけでなく教室外でもセーフガーディングの実践経験を積む。また教育実習中の学生は、特別支援教育のように専門家用に提供されるものを含めて、さらに少なくとも五つの場面を体験する。この大卒後教員資格取得コースを通じて直面する問題が次にいくつか例示されている。それらは、教育実践とその根底にある教育原則に関わって、とりわけ特徴的な問題である。

・虐待と育児放棄のタイプ、定義と指標
・子どもの性的搾取
・「子どもを安全に保つこと」や、様々な機関と「協働すること」などの政策についての深い知識
・女性性器切除や強制された結婚に関する法や義務に対する意識
・ネットワーク上のいじめや人種差別、同性愛嫌悪、性転換者嫌悪を含むいじめと偏見
・政治的・宗教的・イデオロギー的な文脈を有する過激思想

　これらの問題のいくつかは、家族の内部やより広い地域社会の中で起こるかもしれない。また、少数派の民族的・文化的な集団に関しては特に神経を使う場合もある。さらにまた、人身売買や非行少年の文化、薬物の常用も、そこに含まれる。学校はそうした場合に、医療機関だけでなく警察とも密接な連絡を取らなければならない。そのような責任が教師にはあるため、しばしば若い教師は馴染みのない新しい領域に足を踏み入れることになる。しかし、これらは数年間の教職経験を必要とする事柄であり、教師の粘り強い力と勇気に対して、極めてチャレンジングな要求を課すものである。
　しかし近年の2017年、教員養成基礎段階教育に対する国家査察によって、多くのそのコースでは教職課程履修中の学生が、子どもたちを守る責任と役割を十分に教えられていない、ということが明らかになった。視学官は特に、

家庭内暴力、ジェンダーを根拠とする暴力／女性と少女に対する暴力、女性性器切除（FGM）[68]、強制結婚[69]

地域社会の状況：

過激思想洗脳化[70]

　教師たちは、ここ10年以上にわたって、様々な困難な問題をモニターすることがますます要求されてきた。その問題には、インターネット上のいじめと精神衛生、自傷と自殺、ダイエット、飲酒と肥満、ナイフ犯罪、非行少年集団、子どもの不当売買、女性性器切除、強制結婚、過激思想洗脳化、政府に登録されていない、いわゆる未登録学校へと「姿を消していく」「目に見えない子どもたち」といったような問題がある。

　二つ目の『安全労働実践ガイダンス』は、子どもの福祉のためのボランティア団体協会が刊行している文書である。その団体には、100年以上にわたって子ども保護のための慈善キャンペーンをしている全英子ども虐待防止協会（NSPCC）、子どもの虐待と教育における保護に関心を持つ専門家たちの国家的ネットワークとして1993年に設立された子ども保護教育ネットワーク（Child Protection in England：CPE）、性的に虐待された子どもたちとその家族を助けるために1993年に設立されたルーシー・フェイスフル財団が入っている。2015年に刊行されたそれらに関するガイダンスには、30の節の助言が25頁にもわたって書かれ、教育省の当時の子ども家族大臣の序言が載せられている。ここで私たちが注目せねばならない重要な側面は、学校の内部の大人に関係する子どもたちの保護への関心と、これが個々の教師の役割に対してもっている意味である。このガイダンス書において際立っているのは、学校共同体での大人が子どもを搾取することを防ぐために、教師と生徒の間に設置された職業的境界を維持するという容易ではない問題である。そ

68）非医学的理由で少女や若年女性の性器切除は、それを伝統的な慣習とする文化もあるが、しかし、多くの国では違法であり、人権に反している。
69）同意のない、あるいは意志に反する若い少女の結婚は、それを伝統的慣習とする文化もあるが、多くの国では違法であり、人権に反している。
70）子どもや若者を教化して、テロ活動に関わるように勧めること。

の背景には、教師も脆弱な立場にあり不適切な行為への非難を受けやすいという事情がある。教師は、子どもたちを保護している間、彼らの安全を確保し、自らの職業的名声を守るための職業人として行動する敏捷さと臨機応変の才を要求されるのである。これは必然的に、教師と子どもたちとの関係においても、厳格な倫理的基準を伴う。たとえば、教師がソーシャル・メディアを利用する際には、慎重さが要求されるのである。

このような教師によるセーフガーディングの側面、すなわち学校構内での生徒と学生の安全を守り保証するという側面は、学校管理人（用務員）が2人の初等学校女児、すなわちホリー・ウェルズとジェシカ・チャップマンを殺害した事件の後に、大衆の注目を集めるようになった。それは授業のなかった日の学校構内で起こった事件であった。教師によるその他の散発的な虐殺事件が明るみに出てくるようになると、学校スタッフの採用手続きが強化され、応募者の犯罪記録が点検されるようになった。しかしさらに、教師全員が自らの行動基準を守るだけでなく、職場の同僚や学校で働く他の大人の行動についてのいかなる疑いや証拠も報告しなければならなくなったのである。

『安全労働実践ガイダンス』には、詳細な情報が大量にある。それは、「違法、危険で職業上の規則に反する、愚かな」ふるまいを自覚し、「道理をわきまえた人が教師の教育的動機を疑うような」行為を避け、「自らの基準と実践を監視」し、同僚の不適切な行為を報告するという重い責任があることを、教師に想起させる[71]。彼らは「常に子どもにとって最善の利益になるように行動し、また行動しているように見られ」なければならず、生徒を「安全に」保ち、「（性的・身体的・情緒的な）虐待」と無視「から彼らを守ら」なければならない[72]。学校の大人は、「自らの行動が、正当化されたものであるか、バランスがとれているか、安全で公平なものであるかを、常に考慮すべきである」[73]。

近年の数年間、イングランドでは子どもの安全と子どもたちの福祉がよく

71）SRC（2015）pp. 3-4.
72）Ibid., p. 5.
73）Ibid., p. 6.

新聞の見出しにあがってきた。学校と教師が注目するこれら二つの文書にあるような問題に関わる警告的出来事を、メディアが1週間のいずれかの日に報道しない、ということはめったにない。しかし多くの場合、これらは地域社会内部の少数派の民族文化の違い、あるいは国内政治のイデオロギー的対立から生じたものであり、それらに関わる教師に過度の緊張を引き起こした出来事であった。過激思想の洗脳化に関して、バーミンガムのある学校がイスラム過激主義を生徒に教えたとして告訴された[74]。また、性別アイデンティティや性的傾向の多様性をも含む「多様性」を尊重するように生徒に教えたために、非常に尊敬されていたある小学校教師が、同性愛を罪悪として禁じるイスラム教やキリスト教を信じる親たちからの反対の声に直面した[75]。

オンライン・グルーミング（大人が性的搾取を目的にインターネット上で子どもと関係を作っていくこと）や子どもへの犯罪の規模の拡大が、セックスや薬物の取引に利用されている若者や脆弱な立場にある人々と関連がある、ということが明らかにされた[76]。他方で、家庭内虐待を経験したり、初等学校から追放されたりしていることと、その結果、生じる犯罪活動との間に何らかの関連性がある、ということがロンドンのある地域での調査によって明らかになった。それゆえ、学校には新しいプレッシャーがかけられているのである[77]。

5. 結論

本章から明らかになることは、正規のカリキュラムによる場合でも非正規のカリキュラムによる場合でも、いうまでもなく、教育は生徒と学生を守ることを教え、これらの若者に危害から自らを守ることを教える方向に向かって行われなければならない、ということである。21世紀には潜在的危害が増加し、それが急速に変化した。さらに、上述の二つの公式文書の中で定義

---

74) *Independent*（14 April 2014; 23 April 2017）参照。
75) *Independent*（22 February 2016; 1 February 2019）参照。
76) *Independent*（26 March 2018）参照。
77) *Evening Standard*（27 February 2019）参照。

された状況は、生徒と学生の保護のために監視し観察したものを報告する教師への今日的期待の高まりを示している。また同時に、教師は自らの行動に絶えず慎重でなければならないのである。

　子どもたちや教師にとっての状況は、三つの要因によってより複雑になってきているように思われる。その一つは情報技術とソーシャル・メディアの影響であり、それは教室で制御することが難しく、明らかに国家や政府の規制をものともしていないということである。二つ目は、学校と家族集団の価値観の間に緊張を生み出している地域社会内部のイデオロギー対立や文化対立の可能性という要因である。三つ目は、特に都会での現象である。それには、路上犯罪などのように、非行少年、暴力を行使する若者と不正売買の犠牲になる若者をも巻き込んで急増している。

引用・参考文献

Cunningham, P.（1988）*Curriculum Change in the Primary School since 1945*, London: Falmer Press.（山﨑洋子・木村裕三［監訳］（2006）『1945 年以降の初等学校におけるカリキュラムの変遷－進歩主義的理想の普及』つなん出版）

Department of Education and Science（DES）（1967）*Children and Their Primary Schools* (Plowden Report) vol.1. HMSO

Department of Education and Science（DES）（1972）*Teacher Education and Training* (James Report), HMSO

Evening Standard newspaper（27 February 2019）Crime-risk children 'often exposed to domestic abuse'

Independent newspaper（14 April 2014）Birmingham schools under investigation for Islamic extremism

Independent newspaper（22 February 2016）A gay man teaching LGBT equality

Independent newspaper（23 April 2017）'Trojan Horse' teachers cleared of professional misconduct

Independent newspaper（26 March 2018）British children forced into slavery 5,000 online child grooming crimes recorded by police

Independent newspaper（1 February 2019）Children should be taught about LGBT+ issues

Safer Recruitment Consortium（SRC）（2015）*Guidance for safer working practice for those working with children and young people in education settings.* https://www.

saferrecruitmentconsortium.org/（2019/3/3 アクセス）

Ward, H.（2017）Trainee teachers don't understand safeguarding role. tes（*Times Educational Supplement*）17 October. www.tes.com/news/trainee-teachers-dont-understand-safeguarding-role-says-ofsted（2019/2/14 アクセス）

第7章
イギリスのセーフガーディングに学ぶ意味と日本の学校

　本章では、北海道と大阪府で実施した、4134 名を対象とする子ども虐待に関する学校調査と教員養成課程における子ども虐待の扱いに関する調査を検討し、イギリスの学校におけるセーフガーディングを学ぶ意味を考えたい。

第1節　北海道・大阪府調査から見えてきた日本の学校における子ども虐待

　日本の学校では、子ども虐待にどのように対峙しているのか。子ども虐待を防止する実践力を育成するために、どのような教員養成や教員研修が必要なのか?　都市部と地方、校種による違いはあるのか。著者らはそのような問いに迫るため、2012 年に、北海道(札幌という大都市が含まれない旭川児童相談所管内、すなわち上川・留萌・宗谷振興局内)の地域と、大阪府下において調査を実施した。2015 年国勢調査によると、大阪府の平均人口密度は 1㎞あたり 4640 人であることに対して[1]、上川振興局は人口密度 47.4 人、留萌と宗谷は人口密度がそれぞれ 13.9 人、14.6 人であり[2]、北海道の調査地は過疎化の進む農山漁村の多い地域である。

---

1)　総務局統計局(2015a)
2)　総務局統計局(2015b)

1. 北海道・大阪府調査の概要[3]

（1）調査対象校および調査対象者

　北海道と大阪府の公立小中学校における調査対象者は3518名（管理職766名、教諭および養護教諭2752名）、大阪府の小中学校については、堺市のみ悉皆調査、他は各市町村教育委員会での抽出、北海道は悉皆調査を実施した。大阪府の小中学校では、1校につき管理職1名と教員4名（生徒指導担当者、担任、養護教諭）、北海道では、管理職1名と教員3名（生徒指導担当者、担任、養護教諭）に回答を求めた。高等学校は、大阪府下の公立校154校616名を対象とし、管理職1名と教員3名（生徒指導担当者、養護教諭、家庭科教諭）に回答を求めた。

　調査期間は2012年10月22日〜11月28日、自記式質問紙調査とした。

（2）分析対象

　北海道・大阪府での学校調査の有効回収数と回収率は、次頁表7-1に示した通りである。

　回答した管理職としての平均勤務年数は、北海道・大阪府の小中学校は共に5年前後、高校は4年強である。現任校での管理職としての平均勤務年数は、北海道の小中学校は2年弱、大阪府の小学校と高校は2.6年、大阪府の中学校では3.1年である。

　北海道の回答校は、約半数の小中学校が在籍者数100名以下、8割の小学校が12学級未満、36%の小学校が複式学級を有するなど小規模校が多い。北海道で回答した小学校の教員数は、約4割が教員数10人以下であった。これに対して、大阪府では、在籍者数401名以上の学校が小中学校共に約6割、201名以上の学校は約9割であり、教員数が10人以下の学校は、小中学校全体でも1校でしかない。高等学校の8割が、生徒数600名以上である。

3）　岡本・二井（2014）

表 7-1　子ども虐待防止の実践力育成のための教員調査　配布数および回収率

地域	学校種	職種	配布数	有効回収数	有効回収率
北海道	小学校	管理職	201	122	60.7%
	中学校	管理職	111	67	60.4%
大阪府	小学校	管理職	277	158	57.0%
	中学校	管理職	177	116	65.5%
北海道・大阪府		小中学校　管理職調査　小計	766	463	60.4%
北海道	小学校	教員（生徒指導担当・担任・養護教諭）	603	277	45.9%
	中学校	教員（生徒指導担当・担任・養護教諭）	333	140	42.0%
大阪府	小学校	教員（生徒指導担当・担任・養護教諭）	1108	503	45.4%
	中学校	教員（生徒指導担当・担任・養護教諭）	708	352	49.7%
北海道・大阪府		小中学校　教員調査　小計	2752	1272	46.2%
北海道・大阪府		小中学校調査　小計	3518	1735	49.3%
大阪府	高等学校	管理職	154	69	44.8%
	高等学校	教員（生徒指導担当・養護教諭）	308	107	34.7%
	高等学校	教員（家庭科担当）	154	43	27.9%
大阪府		高等学校調査　小計	616	219	35.6%
北海道・大阪		学校調査　合計	4134	1954	47.3%

調査期間：2012 年 10 月 22 日～ 11 月 28 日　調査方法：自記式質問紙調査（各教育委員会・
　　　校長会を通して依頼し対象校に調査票を郵送。管理職から対象者へ配布し、各自
　　　が返信用封筒で返却）。

（3）子ども虐待に関する学校組織

　調査では、北海道・大阪府ともに、ほとんどの学校で、子ども虐待に関し
て外部機関と連携する窓口担当者が決まっていることがわかった。その際、
北海道の小中学校と大阪府の小学校では多くが管理職、特に北海道ではほと
んどの場合、教頭が窓口であったが、大阪府の中学校では、84% の学校で
生徒指導担当教諭が外部機関との連携窓口となっている。つまり、大阪府の
中学校では、管理職になる前に、生徒指導を担当する中で、他機関連携の経
験を積むといえる。また、子ども虐待に対応する校内組織は、大阪府では
90% の小中学校で設置されているが、北海道では 5 ～ 6 割程度に留まってい
た。また高校は、77% と小中学校より少なかった。

　子ども虐待に対応する代表的な組織としては、小中学校では、生徒指導
（生活指導）委員会（部）、特別支援委員会、子ども支援委員会、いじめ・不
登校対策委員会、児童虐待防止推進委員会、就学指導委員会等の名称で設置
され、高校では、教育相談委員会、支援検討委員会等の名称で設置されてい

表 7-2 子ども虐待が学校教育計画における危機管理の内容に含まれる学校（校）

	北海道		大阪府			全体	
	小学校	中学校	小学校	中学校	高等学校	校数	割合
含まれている	65	31	80	67	9	252	47.4%
含まれていない	54	34	72	43	57	260	48.9%
無回答	3	2	6	6	3	20	3.8%
合　計	122	67	158	116	69	532	100%

注：校種不明は削除した。

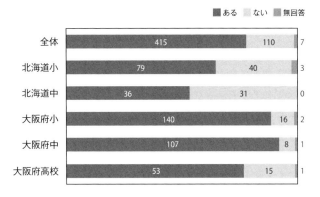

図 7-1　子ども虐待に対応する校内組織の有無（校）

る事例が多かった。

　この組織の構成員は、小中学校では、管理職、生徒指導担当者、養護教諭により構成されている学校が多く、これに特別支援コーディネーターや教務、人権担当者などの教員が加わる学校もあった。高等学校では、管理職、教務、保健部（養護教諭）、生徒指導部、人権教育推進委員等の構成員で組織されているなど、各学校において多様な体制が採用されていた。

　子ども虐待は、学校におけるリスクのうち、発生頻度が低いものの解決困難度が際立つリスク度の高い課題と指摘されている[4]。また、子ども虐待が危機管理上の課題として位置づけられている学校は、大阪府および北海道の小中学校では共に5割～6割程度であったが、高等学校では13％に留まった。

　連携先は、児童相談所や家庭児童相談室が多いが、北海道では民生委員・

4）　田上他（2009）参照。

児童委員の割合も 25 ～ 30％を占めることがわかった。

2. 地域および校種の違いによる子ども虐待の対応経験

（1）子ども虐待の対応経験数

　管理職が現任校において管理職として子ども虐待に対応した経験件数は、表 7-3 に示すように、北海道と大阪府では顕著な差があり、また大阪府の校種別調査では、小学校、中学校、高等学校の順で虐待対応経験を有しない者が多かった。現任校に加えて過去の勤務校における管理職としての子ども虐待の対応経験の有無を尋ねたところ、図 7-2 のように大阪府では小学校の94％、中学校の 81％ の管理職が対応経験があると回答したのに対して、北海道では、対応経験のある管理職は 4 割程度に留まった。現任校で虐待対応の経験のない管理職は、大阪府の小学校では 11 人に 1 人程度、中学校では4 人に 1 人、高校では 3 人に 1 人と少数派である。これに対して北海道では虐待対応経験のある管理職の方が少数派であることがわかる。高校は小中学校より低い結果となった。

　また、虐待対応件数に注目すると、大阪府の小中学校では、現任校で 30件以上の虐待対応経験を有する管理職もあり、学校によって経験に差があることが確認された。しかし、管理職として対応した現任校での子ども虐待の件数は、大阪府でも北海道でも 1 件と回答した者が最も多く、田上他（2009）が指摘するように、虐待が学校では発生頻度の少ない事案であることが確認された。

　また、表 7-4 のように、虐待対応経験のある小学校教員は、大阪府で70.2％、北海道は 36.8％、対応経験のある中学校教員では大阪府は 65.6％、北海道は 44.3％ であった。大阪府の小中学校では、回答者 1 人あたりの平均虐待対応件数は、2.5 件程度であるのに対して、北海道では小学校は 0.7 件、中学校では 0.9 件と 1 人 1 件にも達していないことがわかった。

　対応した虐待タイプは、ネグレクト、身体的虐待の順に多く、性的虐待の件数が少ない傾向があるものの、大阪府の中学校の教員が対応した虐待において、性的虐待が心理的虐待より高い比率となっていることは注目される。

表 7-3　現在の勤務校における管理職としての子ども虐待対応経験件数と回答者における割合

子ども虐待対応件数	北海道 小学校	%	中学校	%	大阪府 小学校	%	中学校	%	高等学校	%
0件	82	67.2%	48	71.6%	14	8.9%	29	25.0%	24	34.8%
1件	22	18.0%	8	11.9%	39	24.8%	28	24.1%	24	34.8%
2件	6	4.9%	2	3.0%	27	17.2%	20	17.2%	8	11.6%
3〜4件	1	0.8%	0	0.0%	31	19.7%	16	13.8%	4	5.8%
5〜9件	0	0.0%	0	0.0%	19	12.1%	6	5.2%	2	2.9%
10件以上	0	0.0%	0	0.0%	6	3.8%	4	3.4%	1	1.4%
件数不明	11	9.0%	9	13.4%	21	13.4%	13	11.2%	6	8.7%
合計	122	100.0%	67	100.0%	157	100.0%	116	100.0%	69	100.0%

表 7-4　教員の虐待対応経験と対応した虐待のタイプ

地域	校種	回答者（人）	経験有（人）	回答者中経験者率	回答者の平均対応件数	身体的虐待	ネグレクト	性的虐待	心理的虐待
北海道	小学校	277	102	36.8%	0.70件	62.7%	67.6%	14.7%	19.6%
北海道	中学校	140	62	44.3%	0.92件	48.4%	80.6%	24.1%	25.8%
大阪府	小学校	503	353	70.2%	2.49件	74.2%	82.7%	12.5%	29.2%
大阪府	中学校	352	231	65.6%	2.59件	75.6%	82.3%	36.4%	35.1%
大阪府	高等学校	107	44	41.1%	0.84件	41.0%	36.0%	26.0%	37.0%
総数		1379	792	57.4%					

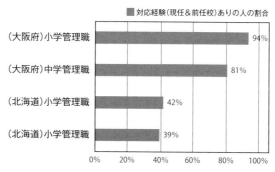

図 7-2　現任校と過去の在任校での管理職としての虐待対応経験

　また、児童相談所が対応した子ども虐待において、中学校卒業以上の年齢で発見される事案は乳幼児や小中学校在籍者より少ない。むしろ、高等学校在籍者の場合は、過去に虐待があったが現在は終了している事案が少なくない。この調査では、高校では、現在、虐待の問題を抱えている生徒より、過

去に被虐待経験のある生徒の方が多いという結果が得られた。

（2）子ども虐待の発見・把握経路

　虐待をされているかもしれない子どもは、学校ではどのように発見あるいは把握されているのであろうか。

　表7-5は、管理職調査において、校内で虐待の疑いを発見した場合の経路を複数回答で得た結果である。小学校では「担任が発見」が最も多く、大阪府の小学校では、45.6%の事案で養護教諭が発見に貢献している。中学校・高校になると「当該児童生徒からの相談」が増える傾向にあり、また数は多くないものの、大阪府の中学校では、「当該児童生徒の友人からの相談」が10名あることは注目される。

　このことは、子ども虐待の予防と防止において、子ども自身に相談する力を育てることが重要であることを示唆している。前提として、学校と教職員が相談に値する安心・安全な存在であり、子どもが学校や教職員に対して信頼をおくことができなければならないし[5]、また、自分自身や友人に起こっている事態を"No"と言っていいこと、大人に相談すべきことであることを知り、相談できる環境や、相談する勇気や希望を子どもに育てる必要がある[6]。子どもの虐待の防止と予防には、教育の力に待つ点も大きいことを意味している。

　表7-6は、学校が虐待事案について校外からの連絡により把握した経路を示している。

　いずれの地域および学校種においても、児童相談所・家庭児童相談室・児童委員等からの連絡が多い。大阪府の小学校では当該家族からの相談も一定数ある。数は少ないが、北海道の小学校では一般住民からの連絡が2番目に多く、地域と学校の関係が近いことがうかがわれる。ただし、複数回答の調査において、子どもの前籍校からの申し送りが少ない。入学時に幼稚園や保育所から小学校へ申し送りがなかったのか、校種間連携が課題である。

---

5)　文部科学省（2009）参照。
6)　WHO（2016）参照。

表 7-5　虐待の疑いの校内での発見経路　　　　　　　　管理職調査（複数回答可）

	北海道		大阪府		
	小学校	中学校	小学校	中学校	高等学校
担任が発見	15	6	86	42	12
当該児童生徒からの相談	6	7	31	38	20
養護教諭が発見	3	5	47	15	9
当該児童生徒の友人からの相談	1	1	3	10	2
管理職が発見	2	0	11	0	1
他の教職員が発見	3	2	11	2	2
「発見・把握事案があり」回答件数	22	12	103	65	

表 7-6　虐待事案の校外からの連絡による把握経路　　　管理職調査（複数回答可）

	北海道		大阪府		
	小学校	中学校	小学校	中学校	高等学校
児童相談所・家庭児童相談室・児童委員等からの連絡	13	6	89	38	9
前在籍校等、他校からの申し送り	1	3	32	30	5
一般住民からの連絡	7	2	32	16	0
要保護児童対策地域協議会からの連絡	4	0	22	5	1
当該家族からの相談	1	1	25	5	3
PTA 関係者からの連絡	2	1	17	10	1
その他	2	2	8	6	2
「発見・把握事案があり」回答件数	24	12	117	67	

（3）子ども虐待の通告と対応

　では、学校において虐待を受けているかもしれない子どもを発見した場合に、児童相談所や市町村役場の児童相談窓口等へ通告した経験者はどの程度いるのであろうか。

　虐待対応経験があると回答した管理職中、通告経験者の割合は、次頁表7-7 に示したように、北海道の小中学校では 5 割強、大阪府の小中学校は 7 割強、高等学校では 6 割程度であった。

　通告に際して何らかの懸念を有した管理職の割合は、表7-8 のように小中学校では北海道と大阪府、共に 6 割程度であり、高校では 5 割程度であった。

　本調査において、通告に対して懸念があったと回答した人（管理職と教員127 名、教員 299 名）を対象に行った 7 項目の質問に関する因子分析（最尤法・プロマックス回転）の結果によると、通告後の見通しや児童相談所等との連携

表7-7　虐待対応経験のある管理職に占める通告経験者の割合

児相・市町村児童相談 窓口等への通告経験	北海道		大阪府		
	小学校	中学校	小学校	中学校	高校
あり	52.6%	55.6%	74.8%	73.3%	61.9%
なし	47.4%	44.4%	25.2%	26.7%	38.1%
虐待対応経験者数（人）	38	18	143	86	42

表7-8　通告時に通告懸念を有した管理職の割合

児相・市町村児童相談 窓口等への通告懸念	北海道		大阪府		
	小学校	中学校	小学校	中学校	高校
あり	60.0%	60.0%	63.6%	65.1%	53.8%
なし	40.0%	40.0%	36.4%	34.9%	46.2%
通告経験者数（人）	38	18	143	86	42

に対する不安が通告懸念につながっていることがわかる[7]。

（4）子ども虐待の対応と困難

　教員は、子ども虐待の事案に対してどのような対応・関与を行っているのか。表7-9は、教員の回答結果である。虐待を受けた子どもの情緒行動上の問題や身体上の問題に対する関与が一番、多い。他方で、虐待を受けた子どもに対する学習支援についての回答者は少ない。学習指導は教員の本来的業務であり、特に虐待を受けた子どもに対する学習支援が虐待対応において重要な意味を有するものとして認識されていない可能性がある。

　虐待を受けているかもしれない子どもを発見した場合、学校と教員は、児童相談所等に通告し外部機関と連携すると共に、その子どもへの対応や学級経営、校内連携を進めつつ、保護者に対応する。このような虐待対応をする中で、困難を感じた教員は困難を感じていない教員の7倍であった。その内容について問うた結果が、表7-10である。保護者との関係、虐待の判断、当該児童生徒に対する対応という順で、困難を感じた教員が多い。

　管理職回答からは、北海道より大阪府の管理職の方が保護者への対応が難しいという回答が多く、対応困難な内容は、「保護者の非協力」「保護者の精神保健上の課題」「保護者の否認」「話の信憑性」「通告による関係悪化」という順であった。

---

7)　水野他（2018）pp.223-224.

表 7-9　虐待事案に対して対応・関与した内容　　　　　　（教員調査　複数回答可）

		北海道		大阪府		
		小学校	中学校	小学校	中学校	高等学校
情緒行動・身体問題への関与	396	47.7%	50.0%	47.1%	52.6%	26.4%
関係機関との連携	382	31.8%	53.1%	45.2%	56.2%	14.4%
保護者への対応	372	37.4%	40.6%	46.8%	51.0%	12.0%
発見から通告の過程に関与	346	35.5%	40.6%	39.6%	52.2%	15.2%
自分自身が発見	249	35.5%	26.6%	32.6%	28.1%	8.0%
児相対応後、在宅支援児の見守り	227	20.6%	17.2%	28.1%	34.9%	10.4%
虐待を受けた子どもの生活支援	204	17.8%	25.0%	28.3%	23.7%	7.2%
虐待を受けた子どもの学習支援	164	15.0%	17.2%	24.1%	18.1%	3.2%
その他	32	3.7%	4.7%	4.8%	2.4%	3.2%
回答件数	803	107	64	374	249	125

表 7-10　対応したことのある虐待を受けた子どもの状態　　　　（教員　複数回答可）

	北海道		大阪府	
	小学校	中学校	小学校	中学校
	104 件	60 件	354 件	227 件
1.　衝動的な行動	60.6%	56.7%	58.8%	64.3%
2.　多動・注意を集中できない	58.7%	63.3%	59.3%	58.6%
3.　パニック（自分をコントロールできない状態）	45.2%	51.7%	53.1%	58.1%
4.　いじめ被害	43.3%	51.7%	38.7%	47.6%
5.　いじめ加害	41.3%	48.3%	41.2%	47.6%
6.　子ども間の暴言・暴力	48.1%	56.7%	60.5%	54.6%
7.　教師に対する暴言・暴力	43.3%	45.0%	50.0%	56.4%
8.　器物破損	40.4%	45.0%	41.2%	52.0%
9.　自傷行為	48.1%	55.0%	42.7%	58.6%
10.　年齢にそぐわない性的言動（小学校低学年）	38.5%	33.3%	33.3%	31.3%
11.　過度の性的アピール	41.3%	43.3%	32.5%	39.2%
12.　性的問題行動	39.4%	46.7%	32.5%	44.9%
13.　気分の変動	54.8%	60.0%	60.2%	61.7%
14.　強い不安や警戒心	59.6%	58.3%	54.8%	62.1%
15.　教員と関係が作れない	49.0%	48.3%	41.2%	49.8%
16.　過度の甘えやしがみつき	49.0%	53.3%	57.3%	52.4%
17.　学力・学習上の課題	58.7%	68.3%	64.7%	65.6%
18.　家庭で十分ケアされていないことへの対応（欠食）	75.0%	80.0%	68.6%	74.9%
19.　家庭で十分ケアされていないことへの対応（清潔）	71.2%	75.0%	70.3%	73.6%
20.　家庭で十分ケアされていないことへの対応（持ち物）	74.0%	66.7%	70.6%	64.3%
21.　食への執着　／（高校生）摂食障害	46.2%	48.3%	45.5%	41.0%
22.　登校できない	55.8%	63.3%	58.2%	70.0%
23.　校外での問題行動	45.2%	50.0%	47.5%	53.7%
24.　その他	10.6%	1.7%	2.8%	1.8%

第 7 章　イギリスのセーフガーディングに学ぶ意味と日本の学校　229

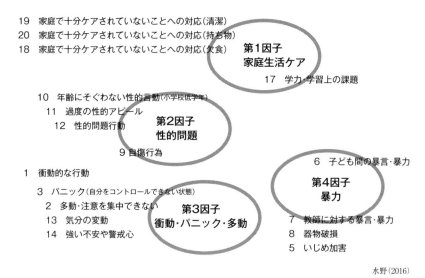

図 7-3　虐待を受けた子どもの対応についての困難

　次に、虐待を受けた子どもに対する対応に、教員はどのような困難を感じているのか。図7-3は、本調査での質問項目を4因子に示したものである[8]。表7-11は、教員が特に困難を感じた上位10項目を示している。

　「家庭生活ケア（食事や衛生など家庭で十分ケアされていないことへの対応）」に困難を感じている教員が多い。管理職調査においても、「家庭支援、生活支援に関すること」「ネグレクトの家庭に対する対応」は「学校の本来の仕事ではない」という認識が示されたが、実際には、学校教員が欠食や清潔管理など家庭でのケア不足に対して困難感を抱きながら対応している姿が見えてくる。

　「学力・学習上の課題」は、学校教員が教育活動として対応すべき事柄である。「学力・学習上の課題」に困難を感じながらも、先述したように、対応内容についての質問において「虐待を受けた子どもに対する学習支援」を挙げた教員が少なかったことをどのように理解すべきか。「家庭生活ケア」の課題に追われるためか、特別な対応がなされていないのか、あるいは「虐待をうけている」ことと学習支援の必要性が関連づけられていないためなのか、

---

8)　水野（2016）参照。

表7-11　虐待を受けた子どもの対応における困難　　　　　　（教員調査　複数回答可）

虐待を受けた児童生徒の対応で教員が困難を感じた上位10項目	全学校	北海道		大阪府		
		小学校	中学校	小学校	中学校	高等学校
家庭でのケア不足への対応（欠食）	69.5%	76.5%	77.4%	68.8%	73.6%	81.8%
家庭でのケア不足への対応（清潔）	68.9%	72.5%	72.6%	70.5%	72.3%	77.3%
家庭でのケア不足への対応（持ち物）	66.1%	75.5%	64.5%	70.8%	63.2%	59.1%
学力・学習上の課題	62.0%	59.8%	66.1%	64.9%	64.5%	75.0%
登校できない	59.4%	56.9%	61.3%	58.4%	68.8%	75.0%
衝動的な行動	58.3%	61.8%	54.8%	58.9%	63.2%	75.0%
気分の変動	57.5%	55.9%	58.1%	60.3%	60.6%	88.6%
多動・注意を集中できない	57.0%	59.8%	61.3%	59.5%	57.6%	70.5%
強い不安や警戒心	56.0%	60.8%	56.5%	55.0%	61.0%	59.1%
子ども間の暴言・暴力	54.6%	49.0%	54.8%	60.6%	53.7%	63.6%
虐待対応経験者数	784	102	62	353	231	44

表7-12　各下位尺度得点の地域差（大阪府・北海道）　　　　　　水野治久作成[9]

		N	平均値	標準偏差	t値	自由度
対応困難　家庭生活ケア	大阪府	226	14.7566	4.11696	-0.207	142.17
	北海道	69	14.8551	3.21886		
対応困難　性的問題	大阪府	176	7.4545	3.65797	2.148*	126.548
	北海道	60	6.45	2.9252		
対応困難　衝動パニック多動	大阪府	219	13.7352	4.42088	2.061	288
	北海道	71	12.507	4.17432		
対応困難　暴力	大阪府	219	9.411	3.81391	4.978**	136.799
	北海道	63	7.254	2.7648		
重要性　専門家連携	大阪府	847	8.5077	0.9637	2.305*	735.183
	北海道	410	8.3634	1.07523		
重要性　教師からの援助	大阪府	843	11.7272	0.72062	2.42*	735.47
	北海道	405	11.6148	0.78965		
重要性　予防教育	大阪府	838	7.0215	1.36417	1.05	761.625
	北海道	407	6.9312	1.45039		
通告懸念	大阪府	196	11.4133	3.00557	-0.992	241
	北海道	47	11.9149	3.53756		

*$p<.05$　**$p<.01$

疑問が残る。

　調査結果の因子分析を行ったところ[10]、「衝動性、パニック、多動性」「暴言や暴力」「年齢にそぐわない性的言動や性的問題行動」などについて、北海道より大阪府の教員が困難を感じる者が多く、加えて、専門家との連携、

---

9)　水野（2014）p.37.
10)　水野（2014）参照。

教師からの援助についての認識が、北海道より大阪府の得点が高い。虐待ケース数が多いほど困難感は高い（$p<0.01$）ことが示されている。困難感が高いからこそ、専門家との連携やチームでの対応の必要性を認識していると考えられる。

3. イギリスのセーフガーディングの取り組みに学ぶ意味

（1）日本の学校における子ども虐待対応の課題と DSL

　学校調査を概観すると、学校と教員は、「学校の役割とは何か」という思いを抱きながら、子ども虐待に様々に取り組んでいることがわかる。教員は、虐待の早期発見と通告、通告後の学校生活における子どもの対応を、学校と教職員の役割と捉え、他方で、子どもに対する家庭のケア不足や情緒行動上の課題に困難感を抱えていた。

　そのことに関連して、3点の問題を指摘することができる（表7-11参照）。

　第一に、欠食、清潔、持ち物など家庭でケアされていないことに対する対応における教員の困難感が、北海道でも大阪でも高いという点である。

　子ども虐待に関わって「学校の役割ではないと思うこと」について尋ねた質問には、代表的なものとして次のような記載があった。子どもの観察を通して、虐待の可能性がある事案の早期発見と通告、子どもの「学力保障と子どもの安心と安全の確保（校内における）」、「見守り活動」は学校の役割である。しかし、「家庭内、特に保護者間（夫婦間）のいさかい」の対応や「食事をしてこない、着替えてこない等」の世話を「学校がそこまでしなくてもと思いながら」子どものことを思うと対応せざるをえないというものである。

　アンケートには、「家庭に対する福祉的な支援や日常の生活に対する支援と親に対する指導や支援」は、「学校と連携しながら専門的なスタッフが担うことが必要」「専門家の配置を望む」という要望が寄せられていた。

　そのような希望に接するとき、イギリスの学校に DSL が必置されていることは興味深いことである。学校において子どもの安全についての指導的権限を有すると共に、学外連携の要であり、虐待についての専門的知見を有する DSL の役割は、日本の状況にとって参考になる。

（2）子どもにセーフガーディングの力を育てること

　第二に、虐待を受けた子どもの対応において時に見られることのある、衝動的な行動や気分の変動など、子どもの情緒行動上の課題に対する教員の困難感についてである。特に小学校や中学校より高校での困難感が高かった。そのことは、子ども自身が生きづらさを抱えながら、小学校、中学校と成長し、高校において思春期心性とあいまって、葛藤が問題行動や症状として表出していると解することもでき、子どもも困難と感じていることを推察させる。

　このような状況に対して、何をすればいいのであろうか。

　筆者は、イギリスの PSHE や SEAL に注目した。そこでは、生徒の社会的・情緒的側面の学習がなされている。ナショナル・カリキュラムに位置づく PSHE の教科書には、自他の安全を守り、セーフガーディングを推進するために、たとえば、葛藤や感情のコントロールの方法について紹介している[11]。また、子ども虐待を扱った単元では、大人に自分が受けている虐待を打ち明けた後、どのような手続きが進められるのかを具体的に記し、あるいは「No」の言い方についてロールプレイ課題を示している[12]。

　日本の児童虐待防止法は、子ども虐待に対する学校と教職員の役割として、虐待の「早期発見」「通告」「対応（連携・協力）」と共に、「学校及び児童福祉施設は、児童及び保護者に対して、児童虐待の防止のための教育又は啓発に努めなければならない」と定めている。ただ、「早期発見」「通告」「対応」に関する議論に比べて、「子ども虐待の防止のための教育」についての議論は少ない。

　子ども虐待の防止に関わるセーフガーディングのための教育とは、現に虐待されている状態から子どもを救うと共に、心と体の健康を守る教育である。情緒行動上の課題に対応し、感情のコントロールの方法を教え、コンフリクトを暴力によらない方法で解決する力を育て、それぞれの子どもが持つ能力を発達させることが大切にされている。

11）Osborne, Yater（2006）
12）Foster, John & Foster, Simon（2010）p.33

しかし、日本の学習指導要領では、子ども虐待については高校家庭科で言及するに留まる。性教育を扱う保健体育、子どもの権利条約を扱う社会科などの学習を、子どもの虐待の防止や予防のための教育につなげようとする実践事例集もあるが[13]、イギリスのPSHEのようなものではない。

（3）子ども虐待の対応経験と子ども虐待に関する知識

　第三に、日本の学校における子ども虐待対応は、地域、校種による経験値に大きな差があるという問題である。北海道では管理職および教員共に、虐待対応経験が大阪府に比べ著しく少なかった。この背景には、政令市も含めた大阪府全体の相談対応件数は20,694件（速報値）であり、9年連続全国最多であることと[14]、北海道の学校規模が小さく在籍者数自体が少ないことも関係している。北海道のような学校は、全国各地にあり、一つの学校に虐待対応経験を有する教員が皆無である可能性も考えられる。また、校種別に見ると、高校では小中学校より対応経験が少ないことがわかった。在籍者数の多い大阪府の学校の管理職においても、高校では4人に1人が過去の勤務校で子ども虐待に対応した経験がなかった。

　ただし、考えるべき問題は対応件数が少ないことではない。表7-13に示すように、虐待を受けたと思われる子どもを通告する義務、通告が守秘義務違反にならないこと、DVの目撃が心理的虐待にあたるという虐待の定義など、虐待についての基本的な認識をはじめとする虐待対応についての知識は、対応経験のない者は対応経験のある者より低い状況にある。子ども虐待について経験を通して学ぶことが多いのかもしれない。

　また、通告後の児童相談所の対応については、対応経験のある教員でも63.5%、対応経験のない教員は35.9%に留まっている。さらに、虐待対応経験のある者でさえ、DVや児童福祉法28条にかかる事案に対して外部からの問い合わせに配慮が必要であることを2割の教員が知らないという状況にある。

13）埼玉県教育委員会（2009）
14）大阪府（2019）

表 7-13　虐待対応経験の有無による子ども虐待に関する知識の違い

虐待に関する知識・認識	対応経験あり		対応経験なし	
通告義務を知っている	725	96.8%	490	93.5%
通告は守秘義務違反ではないことを知っている	678	90.5%	425	81.1%
配偶者間暴力目撃は心理的虐待であることを知っている	585	78.1%	353	67.4%
DV や 28 条事案への外部からの問い合わせ等に関する配慮を知っている	600	80.1%	344	65.6%
通告は連携のスタートと認識している	655	87.4%	420	80.2%
通告後の児童相談所の対応について知っている／少し知っている	474	63.3%	189	36.1%
約 9 割が在宅支援の現状を知っている	280	37.4%	128	24.4%

　このことは、子どもの安全を守るための必要最低限の情報が学校全体で共有されていない状況を示している。調査では、2000 年に公布された児童虐待防止法を制定時に研修で学んだが、その後の改正については知らなかったと記す教師もいた。「児童虐待を受けた児童」ではなく、「児童虐待を受けたと思われる児童」を発見した時に通告するという、通告に関する基本的規定の法改正を知らなかったという教員がいないとは限らない。

　それでは、どうすればよいのであろうか。筆者は、教員養成と教員研修の課題が大きいと考えている。次節では、この問題を取り上げたい。

引用・参考文献

Foster, John & Foster, Simon（2010）*Your Life - Student Book 3*, Collins

水野治久（2014）「多変量解析によるデータ分析」岡本正子・二井仁美編（2014）『2011 ～ 13 年度文部科学省科学研究費助成事業報告書「子ども虐待防止の実践力」を育成する教員養成のあり方』「子ども虐待防止の実践力」を育成する教員養成のあり方研究会 pp.34-40

水野治久（2016）「子どもの助けを求める意識と行動からみた児童虐待に対する支援」日本子ども虐待防止学会第 22 回おおさか大会発表資料

水野治久・本田真大・二井仁美・島善信・岡本正子（2018）「学校教員の虐待に関する意識：教員と管理職による調査報告」『子どもの虐待とネグレクト』日本子ども虐待防止学会、20 巻 2 号（通号 53）pp.220-226

文部科学省（2009）「研修教材『児童虐待防止と学校』」http://www.mext.go.jp/a_menu/shotou/seitoshidou/1280054.htm（2019/7/26 アクセス）

岡本正子・二井仁美（2014）『「子ども虐待防止の実践力」を育成する教員養成のあり方に関する研究』2011 ～ 13 年度文部科学省科学研究費助成事業報告書、「子ども虐待防止の実践力」を育成する教員養成のあり方研究会

岡本正子・中山あおい（2017）「学校における子ども虐待問題への新たな支援に向けて――『チーム学校』での教師の役割と地域連携への視点を考える」『子どもの虐待とネグレクト』19巻2号、pp.200-210

大阪府（2019）「重大な児童虐待ゼロに向けた対策の強化について」http://www.pref.osaka.lg.jp/koho/kaiken2/20190807f.html（2019/12/4アクセス）

Osborne, Eileen.,Years, Stephanie（2006）*21st Century Citizenship & PSHE: Book 1*, Oxford University Press

埼玉県教育委員会（2009）『児童虐待防止指導実践事例集』

総務省統計局（2015a）「平成27年国勢調査 人口等基本集計結果」http://www.stat.go.jp/data/kokusei/2015/kekka/kihon1/pdf/gaiyou1.pdf（2019/11/20アクセス）

総務省統計局（2015b）「平成27年国勢調査結果　統計表　男女別人口、面積、人口密度及び世帯数　－道、市部、町村部、（総合）振興局、市区町」http://www.pref.hokkaido.lg.jp/ss/tuk/001ppc/15pw_table1.htm（2019/11/20アクセス）

田上正範・島善信・中西修一・一色正彦・山本敏幸・阿部弘光（2009）「学校におけるリスクに関する現場実態調査とeラーニング教材開発」『研究報告コンピュータと教育（CE）』情報処理学会、101巻2号、pp.1-8

WHO（2016）*Child Maltreatment*, http://www.who.int/mediacentre/factsheets/fs150/en/index.html　2019/11/20アクセス

第2節　子ども虐待防止のための教員養成と教員研修

　日本では、子ども虐待を防止するための教員養成課程での教育や教員への研修はどのようになされ、またどのような内容が必要とされているのであろうか。編者らは、そのような関心から、2012年の北海道・大阪学校調査と並行して、大学の教員養成課程における子ども虐待問題の扱いについて調査を行った。本節では、大学の教員養成における子ども虐待の扱い方と、学校現場が教員養成や教員研修に希望している内容を明らかにすることを通して、子ども虐待の防止のために教員に必要な教育と課題を考察したい。

1. 教員養成課程の教育における子ども虐待防止の位置づけ

（1）教育職員免許法施行規則の改正

　最初に、教員養成制度の基礎である教育職員免許法（以下、教免法と略）とその施行規則について説明しておく。

　教免法及び教免法施行規則は、教育職員免許状（以下、教員免許状と略）を取得するために必要な履修事項を定めている。たとえば、調査を行った2011年段階の教免法では、「教職の意義等に関する科目」、「教育の基礎理論に関する科目」、「教育課程及び指導法に関する科目」、「生徒指導、教育相談及び進路指導等に関する科目」等の教職科目において表に示した事項を含めて開講されなければならないと定められていた（次頁左図「改正前の教職課程」参照）[15]。

　教免法は、2015年の中央教育審議会答申「これからの学校教育を担う教員の資質向上について」を受けて改正され、2019年度より教職課程は、次頁図右のように改正された。

「教職課程の科目区分の大括り化」、「新たな教育課題等へ対応するための履修内容の充実」、「教職科目コアカリキュラムの作成」が主要な改正点である。「新たな教育課題等へ対応するための履修内容」として、「特別支援教育の充実」、「学校と地域との連携」、「チーム学校運営への対応」などが「各科目に含めることが必要な事項」として加えられたのである。

　児童虐待防止法第5条3項は、「学校及び児童福祉施設は、児童及び保護者に対して、児童虐待の防止のための教育又は啓発に努めなければならない」と規定している。しかし、教員免許状の取得要件を定める教免法施行規則では、子ども虐待に関する事項や、家庭環境が子どもの生活に及ぼす影響、児童福祉や子どもの貧困などに関する事項について、直接的な記述は加えられなかった。

（2）教職科目の授業シラバスにみる子ども虐待

　もちろん、日本の大学の教員養成課程の授業において、子ども虐待が扱わ

15）文部科学省（2019）参照。

教育職員免許法及び同法施行規則改正前後の教職課程の科目等一覧

【小学校】

改正前の教職課程

	各科目に含めることが必要な事項	専修	一種	二種
教科に関する科目 ※国語(書写を含む。)、社会、算数、理科、生活、音楽、図画工作、家庭及び体育のうち一以上について修得すること		8	8	4
教職に関する科目	教職の意義等に関する科目	教職の意義及び教員の役割			
		教員の職務内容(研修、服務及び身分保障等を含む。)	2	2	2
		進路選択に資する各種の機会の提供等			
	教育の基礎理論に関する科目	教育の理念並びに教育に関する歴史及び思想			
		幼児、児童及び生徒の心身の発達及び学習の過程(障害のある幼児、児童及び生徒の心身の発達及び学習の過程を含む。)	6	6	4
		教育に関する社会的、制度的又は経営的事項			
	教育課程及び指導法に関する科目	教育課程の意義及び編成の方法			
		各教科の指導法(一種:2単位×9教科、二種:2単位×6教科)			
		道徳の指導法(一種:2単位、二種:1単位)	22	22	14
		特別活動の指導法			
		教育の方法及び技術(情報機器及び教材の活用を含む。)			
	生徒指導、教育相談及び進路指導等に関する科目	生徒指導の理論及び方法			
		教育相談(カウンセリングに関する基礎的な知識を含む。)の理論及び方法	4	4	4
		進路指導の理論及び方法			
教育実習			5	5	5
教職実践演習			2	2	2
教科又は教職に関する科目			34	10	2
			83	59	37

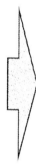

図 7-4 教育職員免許法施行規則の改正
出典:文部科学省(2019)より

改正後の教職課程（平成31年度から実施）

	各科目に含めることが必要な事項	専修	一種	二種
教科及び教科の指導法に関する科目	イ 教科に関する専門的事項※「外国語」を追加。 ロ 各教科の指導法（情報機器及び教材の活用を含む。）（各教科それぞれ1単位以上修得） ※「外国語の指導法」を追加。	30	30	16
教育の基礎的理解に関する科目	イ 教育の理念並びに教育に関する歴史及び思想 ロ 教職の意義及び教員の役割・職務内容（チーム学校運営への対応を含む。） ハ 教育に関する社会的、制度的又は経営的事項（学校と地域との連携及び学校安全への対応を含む。） ニ 幼児、児童及び生徒の心身の発達及び学習の過程 ホ 特別の支援を必要とする幼児、児童及び生徒に対する理解（1単位以上修得） ヘ 教育課程の意義及び編成の方法（カリキュラム・マネジメントを含む。）	10	10	6
道徳、総合的な学習の時間等の指導法及び生徒指導、教育相談等に関する科目	イ 道徳の理論及び指導法（専修・一種：2単位、二種：1単位） ロ 総合的な学習の時間の指導法 ハ 特別活動の指導法 ニ 教育の方法及び技術（情報機器及び教材の活用を含む。） ホ 生徒指導の理論及び方法 ヘ 教育相談（カウンセリングに関する基礎的な知識を含む。）の理論及び方法 ト 進路指導及びキャリア教育の理論及び方法	10	10	6
教育実践に関する科目	イ 教育実習（学校体験活動を2単位まで含むことができる。）（5単位） ロ 教職実践演習（2単位）	7	7	7
大学が独自に設定する科目		26	2	2
		83	59	37

※「教科及び教科の指導法に関する科目」、「教育の基礎的理解に関する科目」、「道徳、総合的な学習の時間等の指導法及び生徒指導、教育相談等に関する科目」においては、アクティブ・ラーニングの視点等を取り入れること。

れていないわけではない。教免法施行規則に求められていないが、多くの授業で子ども虐待について講義がなされている。

2010年度末（2011年2月）に国立大学法人が設置する教育学部でWeb上にシラバスを公開している50大学について「子ども虐待」あるいは「児童虐待」のキーワードを用いる授業を検索した[16]。その結果、38大学における403の授業シラバスに当該用語を見出した。「特別支援教育」、「発達心理学」、「教育法規」、「子どもの人権」等の科目である。

これらのなかで、教免法の定める教職科目と推定される授業で、シラバスに子ども虐待が登場する授業には、次の傾向が見出された。

①養護教諭や特別支援学校の教諭免許状取得のための授業に多いこと

②子ども虐待を扱う授業は、「生徒指導、教育相談及び進路指導等に関する科目（教育相談（カウンセリングに関する基礎的な知識を含む。）の理論及び方法）」に関係する科目が比較的多いこと。

③「教職の意義等に関する科目」、「教育の基礎理論に関する科目（教育の理念並びに教育に関する歴史及び思想）」に位置づく教職科目で、「子ども虐待」の語が抽出された授業は少ないこと。

④全教職科目において、「子ども虐待」「児童虐待」の語が検索されない大学もあること。

このように、子ども虐待を扱う教員養成課程の授業は、大学や授業担当者によって差があり、翌年度に同様の調査をすると、授業者交替のためか、シラバスに「子ども虐待（児童虐待）」の語が登場しなくなった大学もあった。

（3）子ども虐待に関する大学教職科目担当者向け調査
①調査概要

ところで、子ども虐待を扱っている教員養成課程の授業では、子ども虐待についてどのような事項を教えているのであろうか。この点について、教職科目の担当者に調査を行った[17]。

16）二井（2014）pp.126-127
17）二井（2014）pp.123-134

調査対象は、前節で述べた学校調査の対象地域で教員養成を担う大阪教育大学と北海道教育大学の教職科目（但し教科教育法を除く）を担当する教員126名（大阪61名、北海道65名）である。

　全調査対象者にメールあるいは文書で調査協力を依頼し、調査対象者が個別に依頼メールあるいは文書中のURLにアクセスする無記名回答式Web調査という方法で行った。調査時期は、2013年7月23日～9月13日である。

　有効回答数は、55名（大阪36名、北海道19名）、回収率は、平均43.7%（大阪59.0%、北海道29.2%）であった。

②**教職科目の授業で扱う子ども虐待に関する事項**

　担当する授業で、子ども虐待を取り上げることがあると回答した者は、55名中、29名（大阪16名、北海道13名）であった。当該授業で扱っている子ども虐待に関する事項を尋ねた回答を表に示した（次頁表7-14）。

　「生徒指導の理論及び方法」に位置づけられる科目の担当者は、回答者全員が、子ども虐待に関する事項を取り上げていた。また、教育に関する社会的、制度的又は経営的事項の授業においても、8割の教員が子ども虐待を取り上げている。

　他方で、両大学において扱われていない内容は、虐待を受けている子どもの学力向上の問題であった。子ども虐待に関わる学校調査で学力や学習上の課題は、教員にとって、対応経験が多いが困難感が高い問題と捉えられていたが、教職科目の授業ではこのことは自覚的には扱われていなかった。ただし、「多様な家庭環境が及ぼす子どもへの影響」として、「学力と生活実態（家庭環境）との関係」、「家庭環境による不登校、怠学」などを扱う担当者もいたことも付け加えておきたい。

③**教職科目の授業で扱うべき子ども虐待に関する事項**

　また、担当の教職科目の授業で今後取り上げることが適切と思われる事項については、次々頁表7-15のような結果を得た。ほとんどの回答者が自身の教職科目の授業で、子ども虐待を取り上げることが適切と回答している。

　とくに「生徒指導の理論及び方法」の授業担当者は、「被虐待児童生徒の心のケア」、「被虐待児童の生活のケア」など、多くの事項を選んでいる。また「幼児、児童及び生徒の心身の発達及び学習の過程（障害のある幼児、児

表7-14　教職科目において扱っている子ども虐待に関する事項

教職教育職員免許法施行規則における科目の位置づけ	教職の意義等に関する科目	教育の理念並びに教育に関する歴史及び思想	幼児、児童及び生徒の心身の発達及び学習の過程（障害のある幼児、児童及び生徒の心身の発達及び学習の過程を含む。）	教育に関する社会的、制度的又は経営的事項	教育課程の意義及び編成の方法（保育内容の指導法を含む）	特別活動の指導法	道徳の指導法	生徒指導、教育相談（カウンセリング含む）進路指導、幼児理解の理論及び方法	全体
回答者数	12	3	8	11	6	3	4	6	55
児童虐待の防止等に関する法律	2	2	1	4	2	0	1	1	13
子ども虐待と子どもの権利	2	1	0	3	2	1	0	0	9
子ども虐待の現状と課題	2	2	1	4	1	1	1	2	14
関係機関の虐待対応の仕組み	1	2	1	2	1	0	1	1	9
社会的養護の仕組み	0	2	1	1	0	0	0	0	4
虐待が起こる背景についての理解	1	2	1	3	2	1	1	3	14
子ども虐待の子どもの心・体への影響	1	1	2	4	1	1	1	4	15
虐待を疑う・発見する視点	3	1	1	4	1	1	1	3	15
虐待を受けた児童生徒に「虐待に関する情報を聴く」スキル	1	0	0	1	0	0	1	1	4
虐待を疑った場合の保護者への対応について	1	0	0	2	0	0	0	0	3
対応のむずかしい保護者への対応（非協力的・攻撃的）	1	0	0	1	0	0	0	1	3
配慮を要する保護者への対応（精神保健上の課題等）	0	0	0	1	0	0	0	0	1
当該子どもに関する知り得た情報の取り扱い方	0	1	0	1	0	0	1	0	3
校内連携のあり方について	3	1	1	3	0	0	1	1	10
児童相談所・市町村児童相談窓口等との連携のあり方について	1	0	0	2	1	0	2	1	7
被虐待児の情緒行動問題への対応をする方法	0	0	0	0	0	0	0	2	2
被虐待児の心のケア	1	0	0	0	0	1	1	2	5
被虐待児の生活のケア	1	0	0	0	0	1	0	2	4
被虐待児の学力向上に関すること	1	0	0	0	0	0	0	0	1
被虐待児の自尊感情を育てる方法	1	0	0	0	0	1	0	1	3
被虐待児との信頼関係づくり	1	0	0	0	0	1	0	1	3
被虐待児をとりまく他の子どもへの対応	1	0	0	0	0	1	0	0	2
虐待を疑う子どもに出会ったときに、適切な人に相談すること	5	0	0	2	0	0	0	0	7
教員または学生が自分の親子関係を考える機会をもつ	1	0	1	2	0	1	0	0	5
児童虐待の予防について	1	1	0	1	1	0	0	1	5
計	32	16	10	40	12	11	13	27	161

調査時期　2013年7月23日〜9月13日　方法：北海道教育大学・大阪教育大学の教職科目（教科教育法を除く）担当者へのWeb調査

表7-15　今後、教職科目で取り上げるべきと考える子ども虐待に関する事項

教職教育職員免許法施行規則における科目の位置づけ	教職の意義等に関する科目	教育の理念並びに教育に関する歴史及び思想	幼児、児童及び生徒の心身の発達及び学習の過程（障害のある幼児、児童及び生徒の心身の発達及び学習の過程を含む）	教育に関する社会的、制度的又は経営的事項	教育課程の意義及び編成の方法（保育内容の指導法を含む）	特別活動の指導法	道徳の指導法	生徒指導、教育相談（カウンセリング含む）進路指導、幼児理解の理論及び方法	全体
回答者数	12	3	8	11	6	3	4	6	55
児童虐待の防止等に関する法律	7	2	1	6	3	0	1	2	20
子ども虐待と子どもの権利	3	2	0	4	3	1	0	3	13
子ども虐待の現状と課題	7	3	2	6	3	1	1	3	23
関係機関の虐待対応の仕組み	6	3	2	5	2	0	2	3	20
社会的養護の仕組み	3	1	1	1	3	0	0	0	9
虐待が起こる背景についての理解	4	2	3	3	3	1	1	3	17
子ども虐待の子どもの心・体への影響	1	2	5	2	2	1	1	4	14
虐待を疑う・発見する視点	5	1	3	4	4	1	1	5	19
虐待を受けた児童生徒に「虐待に関する情報を聴く」スキル	2	0	0	3	0	1	1	2	6
虐待を疑った場合の保護者への対応について	5	0	0	2	2	0	0	4	9
対応のむずかしい保護者への対応（非協力的・攻撃的）	4	0	0	0	1	0	0	3	8
配慮を要する保護者への対応（精神保健上の課題等）	3	0	0	0	1	2	0	3	6
当該子どもに関する知り得た情報の取り扱い方	1	0	0	1	0	0	1	1	3
校内連携のあり方について	3	2	2	4	2	0	1	4	15
児童相談所・市町村児童相談窓口等との連携のあり方について	4	1	1	1	2	0	1	6	10
被虐待児の情緒行動問題への対応をする方法	1	0	2	0	1	0	0	4	4
被虐待児の心のケア	2	0	1	0	0	1	1	6	5
被虐待児の生活のケア	1	0	1	0	0	0	1	6	3
被虐待児の学力向上に関すること	1	0	2	0	0	0	0	3	5
被虐待児の自尊感情を育てる方法	2	0	2	1	1	1	1	3	8
被虐待児との信頼関係づくり	2	0	1	0	0	0	1	2	5
被虐待児をとりまく他の子どもへの対応	1	0	1	2	1	0	1	1	6
虐待を疑う子どもに出会ったときに、適切な人に相談すること	4	0	0	2	1	0	0	1	7
教員または学生が自分の親子関係を考える機会をもつ	1	1	3	2	0	1	2	0	10
児童虐待の予防について	3	2	0	2	3	0	1	2	11
計	76	22	33	54	44	11	16	74	256

調査時期　2013年7月23日〜9月13日　　方法：北海道教育大学・大阪教育大学の教職科目（教科教育法を除く）担当者へのWeb調査

童及び生徒の心身の発達及び学習の過程を含む。）」に位置づく教職科目担当者は、回答者が全員、自身の担当する授業で子ども虐待を取り上げることが適切であると回答した。

　調査の自由筆記欄には[18]、「教員を目指す学生たちに、子どもの権利擁護について、情緒のみならず、科学的な視点を持ってほしい」、「子ども虐待は、子どもの健康・安全を脅かすものであり、学校教育を遂行する上で看過できない」、子ども虐待の発見、対応、子どもへのケア等について、「必修の教職科目で取り上げるべき」等の意見が、複数の回答者から提出された。また、いじめや体罰などの教育問題との関連も含め、子ども虐待を取り上げ、「反（非）暴力教育の視点からの整理とプログラム開発」の必要性を指摘した回答者もいた。

　このように教員養成課程担当者からは、子ども虐待に関して系統的な知識を培うことの重要性が指摘された。

④教員養成課程における子ども虐待の位置づけ

　しかし、子ども虐待を教職科目で取り上げる際の課題として、大学で履修すべき総単位数において、単独の科目で扱うのか、複数の教職科目の中で体系的系統的に扱うのか、両方の見解があることがわかった。

　ある教員は、「どの授業において何をどこまで教えるかは担当者が個別に考えるよりも教職科目全体として考える方が効果的」であると述べ、「教員養成全体でのカリキュラムマネージメントが必要」と指摘している。新教免法における子ども虐待の位置づけは今後、検討が必要な課題である。

　またアンケートには、自身の授業で子ども虐待について取り上げたことがなかったのは、「（授業者）自身がこの問題について理解が深まっておらず満足いく指導をできる自信がなかったことと、子どもと家庭の問題だと切り離して認識していたため」であるが「問題意識を喚起された」と記している。教員養成課程において教職科目を担当する教員自身が、子ども虐待について理解を深める必要があることを示している。

18）二井（2014）p.128-134

（4）子ども虐待に関する授業の可能性

さらに、教職科目担当者の中には、「教員養成大学の学生の多くは、当該問題を身近な経験として接することがない」との指摘もあった。

このことに関しては、授業において子ども虐待を学ぶことを通して、学生の意識に変化がもたらされた事例を紹介しておきたい。

本書の編者岡本正子氏と著者は数年間、臨床心理学、家庭科教育学、養護教育学等を専門とする教員と共に、教員を志望する大学院生を対象とした授業「子どもの発達と環境」で子ども虐待を取り上げたことがある。

当該授業では、①子ども虐待の定義、②子ども虐待が子どもに与える影響、③保護者の理解と対応、④子どもの権利と子ども虐待防止の歴史、⑤子ども虐待への対応と校内連携、⑥教員の立場からみた子ども虐待、⑦児童相談所の立場からみた子ども虐待、⑧子ども虐待における養護教諭の役割、⑨学校危機管理と子ども虐待、⑩教育行政からみた子ども虐待、⑪性暴力と性的虐待、⑫子ども虐待の予防と教育、を主たる内容とした。専門性の異なる5人の教員が中心となり、学校や児童相談所などからもゲストを招き、15回で行うチームティーチングの授業であった。

当該授業について、上田他（2014）は、受講者レポート38名分（不承諾者1名を除く）を、木下（2003）による修正版グラウンデッド・セオリー・アプローチを用いて分析した[19]。その結果、授業の前後において子ども虐待の捉え方の変化を読み取ることができた（次頁図7-5→図7-6）。

最初は、多くの受講者が、子ども虐待を「身近な問題ではない」と認識し、また「虐待者への憤り」を抱いていた。しかし、授業後はその意識に変化が生じ、虐待は「身近な問題である」と捉え「学校や教師の役割と使命感」を認識するに至り、また「虐待者への憤り」が「支援の対象」と理解するように変化した受講者が少なくなかった。

つまり、このことは、授業において子ども虐待を扱うことの積極的な意義を示している。

19）上田他（2014）p.105

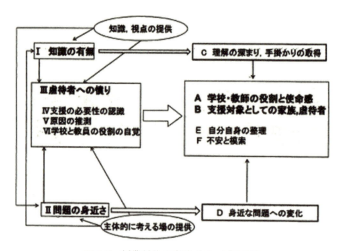

図7-5 授業前後の虐待イメージの変化

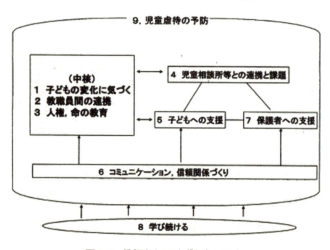

図7-6 教師としてめざしたいこと

2. 子ども虐待について教育現場が求める教員養成・教員研修

(1) 教員養成において学ぶべき子ども虐待に関する事項

それでは、子ども虐待に関する教員養成について、教育現場はどのように

考えているのであろうか。

　北海道・大阪調査では、教員に子ども虐待の防止力を育成するために、「教員志望の学生が養成段階で学ぶ必要があると思う事項」について、24項目から選択することを求めた（複数回答可、次頁表7-16）[20]。

　多くの教員は、教員養成課程にある学生が学ぶべき事項として、子ども虐待に関する基本的事項を選んでいる。

　ただ、子ども虐待に関する基本的事項というべき、「子ども虐待の現状と課題」、「児童虐待防止法」や「子ども虐待と子どもの権利」について学ぶべきと回答した教員は、全体の6割から7割程度に過ぎない。

　子ども虐待の発見に関わる「子ども虐待が子どもの心・体に与える影響」のみが、かろうじて70.2%であった。「虐待を疑う・発見する視点」にいたっては57.6%に過ぎない。

　通告や校内および校外との連携に関わる「関係機関の虐待対応の仕組み」は48.3%、「児童相談所・市町村児童相談窓口との連携のあり方」や「校内連携のあり方」は30%程度であった。

　学校には、児童養護施設や里親など社会的養護のもとで育つ子どもも在籍するが、「社会的養護の仕組み」について学生が学ぶべきと回答した教員は、45.0%であった。

　これは何を意味しているのであろうか。大阪に比べ北海道の方が、学生が学ぶべき事項を選んだ教員の割合が低い。虐待対応経験の少なさから、学生が子ども虐待に関する基本的事項を修得する必要性に対する認識が低いのであろうか。

　児童虐待防止法には、学校や学校の教職員などは、子ども虐待を「発見しやすい立場にあることを自覚し、児童虐待の早期発見に努めなければならない」と定められている。「虐待を疑う・発見する視点」をはじめ子ども虐待については、教免法においても学ぶべき事項として規定されておらず、また4割以上の教育現場の教員が学ぶべき事項として認識していない。それでは、それについての知見を教員志望者はいつ、どのように獲得するのであろうか。

20）岡本・二井（2014）p.203

表 7-16　子ども虐待の防止力を育成するために教職課程の学生が学ぶべき内容　回答者　小
中学校教員（複数回答可）

事項	全体		大阪府		北海道	
	件数	割合	件数	割合	件数	割合
1.　児童虐待の防止等に関する法律	806	62.9%	564	65.7%	242	57.2%
2.　子ども虐待と子どもの権利	855	66.7%	594	69.2%	261	61.7%
3.　子ども虐待の現状と課題	887	69.2%	613	71.4%	274	64.8%
4.　関係機関の虐待対応の仕組み	619	48.3%	413	48.1%	206	48.7%
5.　社会的養護の仕組み	577	45.0%	403	46.9%	174	41.1%
6.　虐待が起こる背景についての理解	843	65.8%	585	68.1%	258	61.0%
7.　子ども虐待が子どもの心・体に与える影響	900	70.2%	624	72.6%	276	65.2%
8.　虐待を疑う・発見する視点	739	57.6%	512	59.6%	227	53.7%
9.　虐待を受けた児童生徒に「虐待に関する情報を聴く」スキル	513	40.0%	355	41.3%	158	37.4%
10.　虐待を疑った場合の保護者への対応について	442	34.5%	311	36.2%	131	31.0%
11.　対応のむずかしい保護者への対応（非協力的・攻撃的）	427	33.3%	300	34.9%	127	30.0%
12.　配慮を要する保護者への対応（精神保健上の課題等）	387	30.2%	275	32.0%	112	26.5%
13.　当該子どもに関する知り得た情報の取り扱い方	607	47.3%	434	50.5%	173	40.9%
14.　校内連携のあり方について	398	31.0%	281	32.7%	117	27.7%
15.　児童相談所・市町村児童相談窓口との連携のあり方について	410	32.0%	278	32.4%	132	31.2%
16.　被虐待児の情緒行動問題への対応をする方法	501	39.1%	346	40.3%	155	36.6%
17.　被虐待児の心のケアと生活のケア	610	47.6%	422	49.1%	188	44.4%
18.　被虐待児の自尊感情を育てる方法	646	50.4%	469	54.6%	177	41.8%
19.　被虐待児との信頼関係づくり	612	47.7%	435	50.6%	177	41.8%
20.　被虐待児をとりまく他の子どもへの対応	464	36.2%	330	38.4%	134	31.7%
21.　虐待を疑う子どもに出会ったときに、適切な人に相談すること	556	43.4%	390	45.4%	166	39.2%
22.　学生自身が自分の親子関係を考える機会をもつ	595	46.4%	426	49.6%	169	40.0%
23.　子ども虐待の予防について	734	57.3%	521	60.7%	213	50.4%
24.　その他	12	0.9%	5	0.6%	7	1.7%
無回答	261	20.4%	157	18.3%	104	24.6%
合　計	1,282	-	859	-	423	-

248　Ⅲ. セーフガーディングの歴史と日本における取り組み

「虐待を発見しやすい立場にあることを自覚」することを求めるだけはなく、教員養成段階での教育が必要でないかと考える。

（2）現職教育において学ぶべき子ども虐待に関する事項

　次に、子ども虐待の防止力を育成するために、現職教員が望む研修内容はどのようなものであったかについて触れたい。

　全体として、教員が、教員養成課程にある学生に対して学ぶべきであると考えて選んだ事項より、自らが学びたいと考える事項の方が多いという結果となっている（次頁表7-17）。

　まず、子ども虐待に関する基本的事項というべき、「子ども虐待の現状と課題」は83.4%、「児童虐待防止法」は73.1%、「子ども虐待と子どもの権利」は68.3%の教員が、現職教員が学ぶべき事項として選んでいる。

　子ども虐待の発見に関わる「子ども虐待が子どもの心・体に与える影響」は78.2%、「虐待を疑う・発見する視点」は89.7%と高い。

　通告や校内および校外との連携に関わる「関係機関の虐待対応の仕組み」は82.4%、「児童相談所・市町村児童相談窓口との連携のあり方」は78.3%、「校内連携のあり方」は79.2%であった。

　他方で、「社会的養護の仕組み」について学ぶべきと回答した教員は、62.1%に留まった。学校には、児童養護施設や里親など社会的養護のもとで育つ子どもも在籍するが、どのようにして子どもが社会的養護に委ねられているのか、それについて関心を持つ教員はそれほど多くない。

　もっとも高いニーズがあった研修事項は、「対応の難しい保護者への対応」であり、「非協力的・攻撃的」なケースについて90.2%、「精神保健状の課題等」のあるケースについて85.2%という結果となっている。

　調査では、子ども虐待に関する研修において必要とする事項について自由記述での回答も求めたが、そこにおいても、「虐待を疑う・発見する視点」、「虐待された子どものサイン」、「虐待の発見から対応」など、具体的な研修への要望が記されている（次々頁表7-18参照）。

表 7-17　子ども虐待の防止力を育成するために現職教員が学ぶべき内容　回答者　小中学校教員（複数回答可）

	全体		大阪府		北海道	
	件数	割合	件数	割合	件数	割合
1.　児童虐待の防止等に関する法律	937	73.1%	654	76.1%	283	66.9%
2.　子ども虐待と子どもの権利	875	68.3%	605	70.4%	270	63.8%
3.　子ども虐待の現状と課題	1,069	83.4%	745	86.7%	324	76.6%
4.　関係機関の虐待対応の仕組み	1,056	82.4%	729	84.9%	327	77.3%
5.　社会的養護の仕組み	796	62.1%	556	64.7%	240	56.7%
6.　虐待が起こる背景についての理解	954	74.4%	669	77.9%	285	67.4%
7.　児童虐待が子どもの心・体に与える影響	1,002	78.2%	710	82.7%	292	69.0%
8.　虐待を疑う・発見する視点	1,150	89.7%	781	90.9%	369	87.2%
9.　虐待を受けた児童生徒に「虐待に関する情報を聴く」スキル	1,043	81.4%	724	84.3%	319	75.4%
10.　虐待を疑った場合の保護者への対応について	1,132	88.3%	780	90.8%	352	83.2%
11.　対応のむずかしい保護者への対応（非協力的・攻撃的）	1,156	90.2%	792	92.2%	364	86.1%
12.　配慮を要する保護者への対応（精神保健上の課題等）	1,092	85.2%	754	87.8%	338	79.9%
13.　当該児童生徒に関する知り得た情報の取り扱い方	898	70.0%	626	72.9%	272	64.3%
14.　校内連携のあり方について	1,015	79.2%	704	82.0%	311	73.5%
15.　児童相談所・市町村児童相談窓口との連携のあり方について	1,004	78.3%	681	79.3%	323	76.4%
16.　被虐待児童生徒の情緒行動問題への対応をする方法	946	73.8%	671	78.1%	275	65.0%
17.　被虐待児童生徒の心のケアと生活のケア	1,062	82.8%	735	85.6%	327	77.3%
18.　被虐待児童生徒の自尊感情を育てる方法	1,028	80.2%	726	84.5%	302	71.4%
19.　被虐待児童生徒との信頼関係づくり	1,026	80.0%	715	83.2%	311	73.5%
20.　被虐待児をとりまく他の児童生徒への対応	950	74.1%	667	77.6%	283	66.9%
21.　虐待を疑う子どもに出会ったときに、適切な人に相談すること	814	63.5%	579	67.4%	235	55.6%
22.　教員自身が自分の親子関係を考える機会をもつ	448	34.9%	315	36.7%	133	31.4%
23.　児童虐待の予防について	905	70.6%	641	74.6%	264	62.4%
24.　その他	15	1.2%	9	1.0%	6	1.4%
無回答	22	1.7%	14	1.6%	8	1.9%
合　計	1,282	-	859	-	423	-

250　Ⅲ．セーフガーディングの歴史と日本における取り組み

表 7-18　教員が希望する子ども虐待に関する研修内容 [21)]

虐待を疑う・発見する視点	何が虐待なのか、をしっかりと理解するような研修
	虐待についての認識を深める研修
	虐待を受けている、疑いがある子への話の聴き方
	子どもとその周りの生活環境についての研修
虐待された子どものサイン	外科的や心理的に表れるサイン 事例)について
	虐待発見のポイント
虐待の発見から対応	未然防止、早期発見、発見後の対応 通告等)の基本的なことに
	何処で通報するかの見極め
	通告後、どのような対応がなされるのか
通告後の対応	虐待発見後、引きつづき登校する子どもへの対応
	施設から戻ってきた子どもへの対応
	通告後、子どもがたどる道
	子どもの心のケアについて
児童虐待防止等に関する法律	法律関係や対処方法など、基本的でかつ重要な事柄に関して
	学校や教師としての関与の範囲 生活面)
児童虐待の課題	学校が立ち入ることができない部分をどう改善させていくか
	学校外の機関へ相談しにくい場合での対応
	児相に対応してもらえないときの対処、対応の仕方、連絡先など
保護者への対応	虐待をした保護者に関する研修
	保護者のいら立ちを子どもに向けないための方法
	児童虐待をしてしまう親への対応の仕方
	保護者にどのように虐待であると認識してもらえるか
	育てるのが難しい子の親のサポートについて
保護者へのサポート	保護者向けの研修
保護者への研修	関係機関の仕組み
関係機関の仕組み	相談窓口の紹介
	自治体ごとの窓口は誰で、本当に専門的な人なのか
	児童相談所等の動きがどうなるのか知りたい
	SSWさんに、どこまで関わってもらえるのか
	通告してからどのような支援をしてもらえるのか
	在宅支援はどのように決定されるのか
	関係機関のとの連携について
	関係諸機関と学校との認識のズレをなぐ取り組み
	専門機関 児童相談所)の方からの生の話を聞いてみたい
関係機関との連携	関係機関の虐待対応の仕組み等、変更があった点についての周知
	保護者や生徒への情報提供について
	保育所や幼稚園で啓発、相談など
校内体制	学校内での体制作り
	学校としてとるべき対応 児童、保護者、外部機関等に対して)のマニュアル作成
事例研修	虐待が起こる背景
	虐待を受けている子どもの実態について
	学校を取り巻く現状について
	虐待を受けた子どもへの支援の方法
	虐待をする保護者への対応
	事例に対する対応、実践について
	具体的な事例に対する対応をとりあげて考えるケーススタディ
	様々なケースに対し、良い対応のしかた、してはいけないことなど
	個々のケースを話し合えるような少人数の研修
	専門家としての見識と、実際の事例をあわせた研修
教師としての心得	教師として必要なスキル
	保護する立場である大人自身が自尊感情を養えるようにしていけるような 自己実現を確立する研修
	養護教諭として気を付けること、知っておくべきこと、対応の仕方など

---

21)　岡本・二井（2014）pp.124 管理職向けのアンケートは同書 p.125 に記載。

おわりに——学校と福祉・医療のワーキングトゥギャザー

　以上のように、子ども虐待に関して、学校現場にいる教員が教員養成課程の学生に学ぶことを求める子ども虐待に関する事項は、自らが研修において学びたいと考える事項に比べると少ない傾向にあった。このことは、「子ども虐待は現場で学ぶもの」と考える教員が少なからずいることを示唆している。あるいは子ども虐待の事例に直面して、研修の必要性を感じ学びたい事項が多くなったのかもしれない。

　イギリスのDSLのように、子どものセーフガーディングに関する情報や機関連携のあり方などについて、定期的に研修を受け、自身の学校の教職員に研修を授ける仕組みは日本にはない。日本の学校現場は多忙であり、働き方改革が喫緊の課題であるが[22]、そのようななかで、学ぼうとする希望を持ちながら、その機会をいつ、どこで得られるのか、誰に尋ねると知りたい情報を得られるのか、子どもの安全をどう守るのか、学校の中だけではわからないことがいかに危険であるか、思わざるを得ない。

　それゆえ、DSLのような知見を有する存在が学校に必置されることと、教員養成課程に学ぶ段階で子ども虐待に関する基本的事項を学ぶことは、意義のあることと言える。

　しかし、新教免法では、「新たな教育課題等へ対応するための履修内容」を加えたにもかかわらず、「子ども虐待」や「家庭環境による子どもの発達への影響」については直接的な言及はしなかった。新たに追加された「特別支援教育の充実」、「学校と地域との連携」、「チーム学校運営への対応」は、子ども虐待に深く関わる事項であり、これらのなかで子ども虐待に関しても扱われることが期待されているのであろうか。

　文部科学省によると、特別支援教育とは、「障害のある幼児児童生徒の自立や社会参加に向けた主体的な取組を支援するという視点に立ち、幼児児童生徒一人ひとりの教育的ニーズを把握し、その持てる力を高め、生活や学習上の困難を改善又は克服するため、適切な指導及び必要な支援を行うも

22）中央教育審議会（2019）

の[23)]」というように、「障害のある」子どもに限定している。それゆえ、家庭をはじめとする環境上の課題を背景とする子どものニーズに十分に応えるものとはいえない。

イギリスでは、特別なニーズの捉え方は、かならずしも「障害」の有無に限るものではなかった。第1章で述べられているように、社会的養護に育つ子どもや、深刻な危害に繋がる可能性のある逆境的環境に生活する子ども、ヤングケアラーや10代で親になった子どもなど、環境に由来する特別なニーズの必要がある子どものセーフガーディングが、学校においても、教員養成においても意識されていた。

その背景には、早い時期から教員志望者が「ソーシャルワークや家族のニーズ」について知ることを求められてきた歴史があるのでないかと推察する。第6章で紹介されたプラウデン報告書は、すでに1967年の時点で「学校とソーシャルサービスの関係が、改善されなければならない」と提言していた。

同報告書は、教員が「社会問題を認識し、子どもたちを助けるために有益なサービスに気づく力（capacity）」としての知識と、教員と他機関がコミュニケーションをとり「お互いに適切な情報を共有しようとする意志や能力（ability）」が必要であると述べている。そして、「学校と家庭との接触（contact）」という問題に関わって、「教員は子どもの家庭で何が起こっているかを理解しているのかという点に疑問[24)]」が呈されている。

同報告書は、「社会福祉に関わるケースは、普通は校長が扱っている[25)]」としながらも、「教えることを準備しているすべての学生は、ソーシャルワークや家族のニーズについてもっと知る必要がある[26)]」と指摘していた。

プラウデン報告書が出された頃、日本では、小川（1967）が「教育と福祉の谷間」という言葉を用いて、文部行政や学校と児童福祉行政の間にある隔たりを問題とした。しかし、その指摘が日本の教員養成政策に反映されたと

---

23) 文部科学省（2007）
24) DES（1967）paras.235
25) DES（1967）paras.237
26) DES（1967）paras.341、同書は子どもの不登校に関わる「教育福祉官（Education Welfare Officers）」にも言及している（paras.216-220）。

第7章　イギリスのセーフガーディングに学ぶ意味と日本の学校　253

はいえない。

　他方、イギリスでは、その後、「すべての子どもの平等保証（ECM）」という理念とセーフガーディングという政策の下、学校と福祉・医療機関の協働が推進されるようになった。

　第4章で述べられたような、社会的養護の子どもやケアリーバーを教育的に支援するバーチャルスクールのような営みも始まっている。

　さらに、「ワーキングトギャザー（Working together）」は、PSHEの教科書にも登場し、子ども時代から学ぶべき理念と実践となっている。

　日本はどのようにしてすべての子どもが安全に健やかに成長できる社会に近づくことができるのであろうか。もちろん、イギリスにおいても多様な課題はあるが、DSLやPSHE、社会的養護の子どものためのバーチャルスクールなど、日本にはない取り組みがある。日本の学校において、子どもの安全が守られ、子どもとその家族、教職員の幸せ（Well-being）が育てられるために、その取り組みは参照に値すると考える。

　子ども虐待は、子どもと家族の幸せを、様々な機関や職種の人々が連携することで守っていこうとすることでなくすべきものである。そして、その営みにおいて学校もまた重要な役割を果たす大切な機関であり、学校に通う子どもが安心し安全に成長していくべき子どもの権利保障の問題として、子ども虐待の問題を考えなければならない。

　教育が、子ども虐待の防止と予防に対して何をなしえるのか。本書は、そのような問題意識を出発点とし、イギリスのセーフガーディングにおける学校と福祉、医療の連携や、その歴史などを概観してきた。教員養成課程に学ぶ学生が、教員養成段階から子ども虐待の防止と予防、社会的養護や児童福祉に関わる問題に関心を寄せ、系統的な知識と冷静な判断のできる知見を培ったうえで、子どものセーフガーディングを支える教員として、校内の専門家と連携しながら成長していく。そのように学び続ける教師であることが、虐待によって生活と生命が脅かされる子どものいない社会への一歩となると考えている。そのためにも、文部行政において、子ども虐待に対して、どのようにすれば学校が子どもにとっても、教員にとっても、安全に生活し、互いに学び成長し合える場となるのか、教員養成から教員研修へと連続性のあ

る仕組みと、その仕組みを支える人的制度の充実が図られることを期待したい。

引用・参考文献

中央教育審議会（2019）「新しい時代の教育に向けた持続可能な学校指導・運営体制の構築のための学校における働き方改革に関する総合的な方策について（答申）」http://www.mext.go.jp/b_menu/shingi/chukyo/chukyo3/079/sonota/1412985.htm（2019/12/3 アクセス）

Department of Education and Science（DES）（1967）*Children and Their Primary Schools*（*Plowden Report*）*vol.1*, HMSO.

木下康仁（2003）『グラウンデッド・セオリー・アプローチの実践』弘文堂

文部科学省（2007）「特別支援教育について」http://www.mext.go.jp/a_menu/shotou/tokubetu/main.htm（2019/12/3 アクセス）

文部科学省（2019）「教育職員免許法及び同法施行規則改正前後の教職課程の科目等一覧」http://www.mext.go.jp/component/a_menu/education/detail/__icsFiles/afieldfile/2019/08/09/1415122_2_1.pdf（2019/11/27 アクセス）

二井仁美（2014）「大学教職科目担当者調査-『子ども虐待防止の実践力』を育成する教員養成と教員研修」岡本正子・二井仁美編（2014）pp.123-134

小川利夫（1967）「教育と福祉の谷間」『都市問題』58巻6号、pp.22-31、東京市政調査会

岡本正子・二井仁美（2014）『「子ども虐待防止の実践力」を育成する教員養成のあり方に関する研究』2011 ～ 13年度文部科学省科学研究費助成事業報告書、「子ども虐待防止の実践力」を育成する教員養成のあり方研究会

上田裕美・岡本正子・北口和美・鈴木真由子・二井仁美（2014）「児童虐待に関する授業の成果と課題-学生によるレポートの分析を通して」『大阪教育大学紀要 第Ⅳ部門教育科学』62巻2号、pp.103-118

コラム ― 日本の学校の取り組み

「児童支援担当教諭」を配置する藤沢市の小学校（神奈川県）

　日本の学校では、支援が必要な子どもにどのような体制で対応をしているのだろうか。セーフガーディングについて定期的に研修を受ける義務や、学校の教職員に研修を行う義務が国レベルで定められ、学校に必置されるイギリスのDSLのような制度は、日本にはない。しかし、自治体によって、学校にDSLに近い動きをする教員を配置している。ここでは、藤沢市の小学校に配置された「児童支援担当教諭」を紹介したい。

　藤沢市の中学校では、生徒指導担当教諭が様々な生徒指導上の問題に対応している。しかしながら、小学校では様々な課題があるにもかかわらず、担任を中心とした関わりに頼らざるを得ない。そのような状況に対して、藤沢市では、横浜市の取り組みに学び、市内35の小学校すべてに「児童支援担当教諭」の配置を進めている。「児童支援担当教諭」は、いじめ、暴力、不登校等の未然防止や、教育相談活動、規範意識の醸成、人間関係能力の開発、発達障がい児にあわせた教育指導計画の作成、外部機関・地域連携等の組織対応の中心的役割を担う存在である。

「児童支援担当教諭」とは

　「児童支援担当教諭」は、教育相談コーディネーターを兼務し、学級担任をせず、学級・学年を超え、課題を抱える子ども一人ひとりと学級担任を支援し、校内の連絡調整や外部機関との連携を担っている。子ども虐待をはじめ様々な研修を受け、児童支援の専門性や発達障がいに関する専門知識を有している。授業時間数は、週に12時間以内とし、授業時間軽減のために非常勤講師が配置されている。また、毎月1～3回程度、指定研修、幼・保・小・中連携担

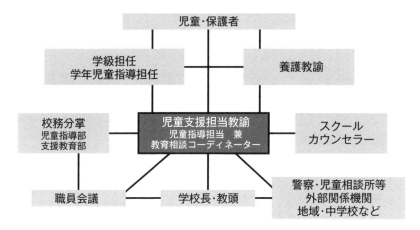

児童支援担当教諭を中心とした学校体制図

藤沢市教育委員会（2017）より

当者会、いじめ防止担当者会、校内支援担当者会、児童指導担当者会等、学校警察連絡協議会（児童相談所、警察、教育委員会、市関係課との連携）等の会議へ参加する。

　藤沢市教育委員会（2017）によると[*1]、「児童支援担当教諭」の職務は、次の8点である。
1．校内における児童指導・支援体制の充実
　　児童指導の年間計画及び組織作り、校長及び学年児童指導・支援担当者との定期的な情報交換、職員会議等における情報発信、指導力向上を図るための職員研修の企画・運営
2．学級崩壊防止のための担任支援
　　校内巡回による学級の状況の把握、授業や学級経営に関する助言、支援サポート体制の構築
3．いじめ・暴力の未然防止、早期発見・早期対応
　　登下校時の見守り等による児童の実態把握、クラス内点検票の作成及び、学校生活アンケート調査等の実施、集計、グループエンカウンター等の手法を取り入れた授業提案、校内いじめ防止対策委員会等の開催
4．教育相談活動の実施
　　定期的な教育相談日の設定、担任、保護者、児童生徒からの相談への対

応、スクールカウンセラー（SC）、スクールソーシャルワーカー（SSW）
等との連携

5．校内支援体制整備（学校内外のコーディネーター的な役割）
支援が必要な子どもへの指導プランの作成、児童支援会議の開催（全体、
学年での情報交換）、養護教諭、スクールカウンセラー、スクールソーシャ
ルワーカーとの連携。環境整備（校内における子どもの「居場所」の確保）

6．校内におけるチーム支援の推進
課題に対応した校内支援チームの発足とケース会議の開催、支援の進捗
状況を把握し、対応等についての助言、外部機関との連携、取組の評価
と今後に向けた検討

7．子ども虐待の早期発見と対応
気になる子どもをチェックし、「虐待のサイン」の発見、担任、養護教諭
との情報交換、家庭訪問、面談等による保護者との人間関係作り、外部
機関との連携

8．様々な連携の窓口
各担当者会議への参加（幼・保・小・中連携担当者会、いじめ防止担当者会、
校内支援担当者会、児童指導担当者会等）、学校警察連絡協議会への参加（児
童相談所、警察、教育委員会、市関係課との連携）、近隣幼稚園、保育所、中
学校、地域との交流、連携、子ども・保護者・スクールカウンセラーと
の連携

具体的な実践例

　具体例を見てみよう。まずはじめに「児童支援担当教諭」を任命する。「児
童支援担当教諭」は校長が任命することになっている。「児童支援担当教諭に
は資質・能力の高い教員を位置づけることが、子どもを虐待から守る学校体制
を構築するうえで、最も重要である」と校長は捉えていた。

　虐待を受けた子どもへの関わりはどうか。藤沢市立大清水小学校は、各学年
2クラスの中規模校である。校区に児童養護施設があり、全校児童の約1割弱
を占める子どもが、同施設から小学校に通っている。それぞれが困難を抱えた
家庭に育っており、愛着に課題があるとみられている。

　虐待を受けている可能性のある子どもが学校に通ってくる状況に対しては、
学校によるリスク管理が非常に重要であるが、家庭からの協力を得られない、

258　　コラム

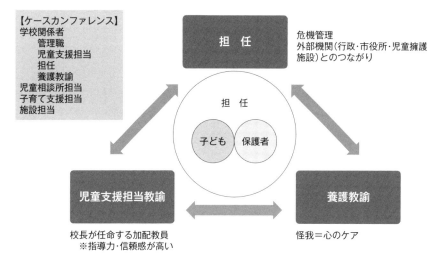

校内体制のイメージ図

藤沢市立大清水小学校 2018 年 6 月聴き取り調査より筆者作成

連携が取れないなどの可能性が高い。こうした場合、校長がリスクマネージメントをするためにケースカンファレンスに主体的に参加するとともに、普段から保護者の理解を得ることが難しいようなケースの面談には、担任や「児童支援担当教諭」だけにまかせず、同席をすることになっている。

実際の「児童支援担当教諭」の1日を追ってみよう。

1. 始業前

校内で共通理解された気になる子どもを中心に、登校時の様子を観察する。たとえば、いつも親が送ってくるのに、最近親を見かけなくなった、登校時間が変わった、表情がいつもと違うなどに注目し、週明けの登校時はとりわけ注意深く、観察する。そして、登校時間に姿を見なかった子どもがいたら授業前に担任と確認をし、家庭への連絡や家庭訪問などを行う。

2. 授業中

集団での学習に困難を示す子どもに対して、声をかけたり、一緒に学習をしたりしながら、担任がそうした子どもに個別でかかわる時間が減るようにしている。授業を落ち着いてすすめられ、課題のある子どもが安心感や満足感を得られるようにすることで、学級を安心・安全な環境にすることに努める。また、

新採用6年目　女性教員

登　校	気になる生徒の観察	1クラス5～6人（60人）特に10人について状況把握
1～2	1年～4年学級巡回	担任と情報交換（欠席・遅刻）学習・情緒支援
長休み	児童対応	気になる児童の情緒的支援
3～4	1年～4年学級巡回	学習・情緒支援
昼休み・掃除休み時間	気になる生徒の対応情報共有	必要な大人との情報共有
5～6	学級巡回	学習・情緒支援
放課後	情報共有とコーディネート	心配な状況があれば、管理職に報告 SCにアセスメントを依頼 養護教諭との情報交換 担任との情報共有・コーディネート 関係機関との連携・会議

「児童支援担当」教員の1日の業務

藤沢市立大清水小学校2018年6月聴き取り調査より筆者作成

授業参観の日は不安定になる子どもたちも少なくない。前日の練習ではうまくできていたことが、参観当日にできないことや、あえてできない態度をとることもある。そうした子どもたちの心に安定的に寄り添える状況を作るようにしている。

「児童支援担当教諭」の役割が全教職員に理解されており、どの学級にも当たり前のように入ることができ、学級の垣根が下がり、学校全体で子どもたち全員を見る風土が醸成されていた。

3．休み時間・昼休み

　愛着に課題のある子どもたちは、1対1の関係を求めてくることが多いため、話を傾聴し「児童支援担当教諭」と子どもとの距離が近づくほどに、担任との距離が遠のくことのないように、「〇〇先生が、あなたのことをとっても大切にしてるよ」など担任とのつながりを強化するように心がける。また、休み時間を用いて担任の先生と情報交換を行う。

4．放課後

　担任の先生や養護教諭、他の教職員と情報交換を行う。たとえば、担任の先生から「持ち物がそろわない」、「次の準備が心配」との声があると、「持ち物

がそろわないと動けなくなるので、児童養護施設に連絡をして準備してもらえるようにお願いしておきましょう」と話し合ったりする。また、市役所の子ども家庭課の担当者に連絡をして、生活支援を依頼する場合もある。さらに、スクールカウンセラー（SC）が月に6回来校するので、気になる子どものアセスメントやカウンセリングや、授業の見学、アセスメント結果のフィードバックなどを要請している。

　校内のケースカンファレンスにおいては、対象の子どもに応じ、「児童支援担当教諭」、児童相談所の担当者や市の子育て支援担当者、児童養護施設の担当者などが具体的な支援方法を協議し、決定事項を実行し、進捗を確認する。この会議には、校長や担任、養護教諭も出席する。

専門職それぞれの連携

　以上のように、大清水小学校では、「児童支援担当教諭」が、子ども虐待の発見、通告、校内および校外との連携、子どもの経過観察などの要として位置づけられていた。そして、同校において、「児童支援担当教諭」が、校長の下で担任を軸として養護教諭やSC、SSWなどの専門性を活かしながらチーム援助を行い得ている背景に、それぞれの教職員の専門性がある。同校では、多くの教職員が、「子どもの虹情報研修センター」の研修に積極的に参加している[2]。

　同センターは横浜にあり、子ども虐待や思春期問題に対して「高度な実践力習得を目的」とする専門研修機関である。2019年には、日本で二番目の専門研修機関として、「西日本こども研修センターあかし」が開設された[3]。このような機関で教職員が研修を受けることは、学校における子ども虐待対応力と専門性の向上につながると考える（下記URL参照）。

＊1　藤沢市教育委員会 (2017)「児童支援担当教諭の職務」
＊2　子どもの虹情報研修センター http://www.crc-japan.net/（2019/11/27 アクセス）
＊3　西日本こども研修センターあかし　https://akashi-kodomo-zaidan.jp/index.php/katsudou/nkkc（2019/11/27 アクセス）

この研究のめざしたところ

なぜ、イギリスの学校における子ども虐待に関する研究を始めたのか？

　本書は、筆者らが2014 ～ 2017年にかけて行ってきた科学研究費助成事業「イギリスにおける Safeguarding in School」の総まとめ的な意味合いを持っている。

　「なぜ、イギリスの Safeguarding in School に注目したのか」という経緯と課題意識については、「はじめに」で二井氏が簡潔に述べているように、2011年～ 2013年の科研「『子ども虐待防止の実践力』を育成する教員養成のあり方」で行った国内調査と海外調査から出発している。この調査研究は、当時、大阪教育大学と北海道教育大学で学生教育に携わっていた専門領域の異なる教員（教育史、比較教育学、家庭科教育、養護教育、教育行政、臨床心理学、児童精神医学）によって行われた。

　その後、本書のテーマであるイギリスの学校におけるセーフガーディングの研究は比較教育学が専門で海外調査を主に担ってきた中山あおい氏、教育学の二井仁美氏、臨床教育学の菱田準子氏と筆者に加えて、第5章を執筆している平岡篤武氏と第6章担当の山﨑洋子氏、そして研究協力者として椎名篤子氏に加わっていただき、多くの協力者との出会いや協働で、一定の到達点を得ることができた。

　研究班メンバーの共通の思いは、学校（教員）は、子ども虐待に代表される厳しい環境で生きている子どもの安全をいかに守り、成長を支えることができるかということであった。すなわち、学校や教員が、子ども虐待問題に対して実効性のある対応や支援を行うためには、どのような制度や体制が必要か、教員にはどのような知識やスキルが必要か、ということであった。そのような共通の課題意識を持ちながら、一方、背景や専門領域が異なるメンバー個々人は、関心のあるテーマに違いがあり、本書執筆にあたってはその視点が現れている。

筆者は、子どもの精神科医師として医療や児童福祉現場で臨床を行ったのちに教育大学に赴任したが、児童相談所で勤務していた時に、虐待を受けた多くの子どもに出会った。当時は虐待の発見・対応に中心がおかれていた時期であり、そのための児童相談所の体制整備や、相談者に寄り添うケースワークから介入型ケースワークへの転換など、大きな変化を求められている時期であった。筆者自身は子どもとの出会いを通して、虐待が子どもに与える影響の大きさを目の当たりにして早期発見とケアの必要性を強く感じる日々であった。また虐待が起こっている家庭は地域から孤立している家庭が多く、そのような子どもたちにとって学校や教職員はどのような存在かを、子どもの目を通して学んできた。つまり、学校は早期発見と、再発のモニターを通して子どもの安全を守る場として重要な役割があることは論を俟たないが、それのみではなくケアの場としても重要ということである。ケアの視点から見た時に、学校は教育という本来の機能に加えて、1日のリズムがあり栄養の補給ができ成長に必要な刺激がある場所であり、また教員は重要な他者になりうるということである。

　虐待を受けた（虐待的環境で育つ）子どもには、どの子どもにも多かれ少なかれ心理的影響があり生きづらさを抱えていることが多い。また時には情緒行動の問題などで学外の専門家との連携が必要になる子どももいる。したがって、教員が子どもと適切な距離を保ちながら接していくには、教員自身に余裕があり、その上で子どもの心理や行動の意味を理解することが必要となる。それらを可能にするには学校全体で問題に対処する体制があり、また必要な知識の獲得と身近に相談できる人がいること、学校を支える福祉、医療、警察等とのネットワークが必要である。

　筆者らは、2011年にスタートした研究で、イギリスには「Safeguarding in School」の理念があり、その理念の具現化の一つとして学校ではDSLが活動している、ということは把握していた。

　そこで、本研究では、セーフガーディングという理念の詳細とそれが必要になってきた歴史的背景、またそれが教育行政にどのように具現化され、さらに現場の学校においてはどのように実践されているのかを知りたいと考えた。すなわち、DSL制度が導入されたことで子ども虐待問題へ対応する際に、

校内や学外連携にはどのような変化がもたらされたのか、DSL の質を維持するためにはどのような研修が行われているのか、また虐待を受けた子どもへの学業面への支援や情緒行動の問題への対処はどのように行われているのかなど、を把握したいと考え、新たな研究チームでスタートした。

調査研究の経過

　上記を目的として、筆者らは、2014 ～ 2017 年にかけてレスターシャー、ランカシャー、ダービシャー、オックスフォードシャー、サセックスへの現地調査と資料調査を行った。現地調査は、教育行政、大学、児童福祉行政機関、警察等へのインタビュー調査と、複数の初等・中等学校と特別支援学校や子どもの施設等への訪問調査である。

　上記の調査研究を可能にし、一定の成果を得ることができたのは、研究の中で出会った諸氏の協力によることが大きい。そこで、その方たちとの出会いを紹介しながら、本文を補充する形で調査活動の経過を述べたい。

　イギリス調査のきっかけになったのは、「はじめに」で述べているように、2012 年のイギリス児童虐待防止協会（NSPCC）主催の「教育におけるセーフガーディング会議」（Safeguarding in Education Conference）である。その会議で研修講師のサイモン・ジェンダーズ氏と出会い、翌 2013 年にはレスターシャーへの 1 回目の訪問調査が可能になった。

　レスターシャーへの第 1 回目の訪問では、学校教員向けの研修部門を立ち上げたレスターシャーのセーフガーディング開発オフィサーであるインガ・ウィンドリー氏（元中等学校副校長）に出会い、子ども保護に関する彼女の熱い思いから教員向けの研修部門が立ち上がった経緯を知ることができた。この訪問では、子ども保護とセーフガーディングに関する教員向けの研修にも参加し、施策の全体像と研修内容を把握することができた。また初等学校と中等学校へ訪問し、DSL に学校におけるセーフガーディングの実践に関するインタビュー調査を行った。

　2014 年の第 2 回目の訪問では、2013 年に訪問したグリーンフィールド初等学校での PSHE の授業観察と、ソーシャルケア部門の中の第一対応部門の活動に関するインタビュー調査を行った。2017 年の第 3 回目の訪問で

この研究のめざしたところ　　265

は、学校で子ども虐待事案を発見し、相談・通告（リファー）した後の流れの実際を見るために、ソーシャルケア部門に属するソーシャルワーカーへのインタビューと、警察や司法面接の場への訪問（第4章1節）、そして、子どもの家への訪問調査（第5章3節）を行った。またこの間、2016年にはJaSPCANおおさか大会国際シンポジウムに、サイモン・ジェンダーズ氏とアン・プリドー氏を招聘してセーフガーディングの概念とその施策を具現化するDSLについて紹介し、「チーム学校」構想との関連での検討を試みた。また同時に研究班主催で学校教員向けの国際セミナーを開催し、日英の教員による討議を行った（国際シンポジウムとセミナーで用いられた資料の一部は、第2章2節と第4章1節で紹介している）。以上のように本研究において、レスターシャーでの調査は大きな位置を占めている。

　さて、レスターシャー以外の訪問調査としては、2014年のランカシャー、2015年の特別に支援を要する子どもの学校への訪問、2017年のサセックスへの調査がある。

　ランカシャー調査は、セントラル・ランカシャー大学のL・ラドフォード教授とのつながりで可能になった。その訪問では、まずラドフォード教授から、彼女の研究テーマであるDVに関する研究を聞き、その紹介で二つの初等学校を訪問した。セーフガーディングに熱心に取り組んでいるということで紹介されたA初等学校視察時には、校長（DSL）が主導する会議（対象はDV事案）に保護者の同意を得て参加した。その事案は一度地方当局のソーシャルケアにリファーしたがソーシャルケアの対応は必要ないとのことで、リファー元の学校に戻された事案で、その子どもと家族への支援に関する会議であった。会議の出席者は母親および拡大家族と関連機関のスタッフである。会議では、注意欠如多動症（ADHD）様の症状を示す子どもへの支援としては、CAMHSへの紹介と学校での支援のあり方、また母親への支援としては、家を離れている加害者（父親）に関することの確認や、住居や生活などに関することが話し合われていた。また当該校では、ケースを支援する際の判断にコンティニュアム・オブ・ニーズ（第3章で紹介）を用いているとの説明も受けた。

　B初等学校では、セーフガーディングの実際に関する説明に加えて、ラド

フォード研究室の研究者が始めている DV 家庭の子どもに対する心理教育についての説明を受けた。またこの初等学校では、すべての家庭の子どもへ朝食のサービスを行っており、すべての子どもを対象としているので、どの子どもも心理的負荷を感じないで食べているとのことであった。

2015 年には、特別支援学校の Woodeaton Manor School と、日本の児童心理治療施設と同様の機能を備えている Mulberry Bush School と The Caldecott Foundation への訪問調査を行った。その詳細については、第 5 章で述べているが、その意図は、特別支援学校とレジデンシャル特別支援学校におけるセーフガーディングの実践と子どもへのケアを把握する目的であった。

この調査を行う前提として第 5 章を担当した平岡氏と筆者には、日本の特別支援学校や児童心理治療施設付設学校に在籍している、マルトリートメントの環境で育った子どもへの対応と支援に関しては、まだ課題が多いとの認識があった。本研究では、2014 ～ 2015 年にかけて平岡氏が児童心理治療施設付設学校（当時は情緒障害児短期治療施設）教員を対象に、付設学校における教育の現状と課題に関するインタビュー調査を行った。その分析結果は2016 年の JaSPCAN 学術集会で発表したが、上記イギリスへの訪問調査は、その流れの中での調査である。

2017 年のサセックス調査の目的は、レスターシャー以外の地方での教育行政や児童福祉部門の動きを把握することと、学校において情緒行動の課題がある子どもへの支援について把握することにあった。この訪問調査にあたっては、イーストサセックスで精神科医師として活動している内藤亮氏にコーディネートと通訳を依頼した（氏は Mulberry Bush School と The Caldecott Foundation の訪問調査にも通訳として同行し、調査目的を共有した）。

イーストサセックスの子ども家庭福祉の体制と、メンタルヘルスの課題がある子どもへの機関連携による支援については、追加調査も含めて内藤氏が記述している（第 3 章）。イーストサセックスの教育行政部門が主催するセーフガーディング研修は数年前にスタートしたとのことであった。研修は教員対象と幼児保育職員対象があり、各研修の担当者は、教員出身の担当者と子ども家庭支援の経験者であった。

ブライトンとホーヴでは、日本の児童相談所機能を持っている部署と中等学校への訪問調査を行った。中等学校は多様な生徒が通学している学校で、その学校における DSL の活動の実際と、社会的養護の子どものための特定教員の活動などを把握した。この訪問で、社会的養護の子どもの特定教員の存在と活動の意義を実感し、その後の資料調査とインタビュー調査を基に第4章2節で紹介している。第2節の資料の翻訳やレスターシャーのインタビュー調査に関しては、レスターシャー在住の石川由美氏に協力いただいた。

　以上、筆者が同行した訪問調査を紹介したが、上記以外に、二井氏と中山氏による Ofsted（第2章）と NSPCC へのインタビュー調査、ダービシャーの初等学校への訪問調査がある。ダービシャーの初等学校は、セーフガーディングに関する Ofsted の評価は「優れている」であったが、子ども虐待事案への対応経験は少ないとのことであった。ダービシャーの学校訪問からは、子ども虐待対応経験の少ない学校におけるセーフガーディングの意義と活動の実際が把握された。

　学校におけるセーフガーディングの歴史の解明には、イギリス教育史の研究者ピーター・カニンガム氏の協力がある。カニンガム氏は山﨑洋子氏の長年の共同研究者である。筆者らもイギリス訪問時や同氏の訪日時に、複数回のミーティングを持ち、イギリスの学校や教育体制、そして用語についての理解を深めることができた。また虐待予防教育としても認識されている PSHE に関しては、第6章で山﨑氏が長年の研究成果に裏づけされた記述を行っている。

　以上述べてきたように、本研究が一定の成果を得ることができたのはイギリス在住の諸氏の協力の賜物であるが、研究協力者としてイギリス調査にも同行していただいた椎名篤子氏の存在は欠かせない。椎名氏は、異なる専門領域を持つメンバー間にあって、日本の現状へのフィードバックがいかにできるかを、常に広い視野でメンバーに問いかけ、また訪問調査先への質問も行った。そのような同氏の協力もあり、研究基盤が揺るがずに本書としてまとめる方向性ができた。

現在の日本の状況の中での本書出版

　筆者らは 2018 年から本書の出版準備を進めてきたが、2019 年 1 月に千葉県野田市で小学生が死亡する虐待事件が起こった。この事件は、教員に「SOS を出す力を持った子ども」でも、「家庭」という密室の中で強大な権力を持った養育者との関係性の中では、死に追いやられるということを示しており、筆者らにとっても大きな衝撃であった。

　事件は、子どもが犠牲になるたびに繰り返し指摘されてきた「SOS を出すすべを知らない子どもたち」、あるいは「無力化され SOS を出せない子どもたち」の声なき声に、「いかに早期に気づき（発見し）支援に結びつけるのか」という視点を再度吟味し、「（子どもの心理の理解のもとに）子どもの声を聴くことの重み」と、「子どもが必死に発信してもそれを受け止めることができなかった状況をいかに整えるのか」ということを私たちに突きつけている。

　事件の経緯や背景、それを受けての対策の詳細は国の死亡事例検証委員会の報告を待つことになるが、報道された情報からは、教育委員会や児童相談所の対応、引っ越しとそれに伴う転校時の児童相談所間や学校間の連携のあり方（情報の伝達含む）、DV 被害者の母親とその家庭で育つ子どもへの支援のあり方、などの課題が垣間見える。2018 年 3 月の目黒区女児虐待死亡事件を受けて強化されてきた児童虐待防止施策は、野田市事件を受けて、さらに取り組みの強化に向けての動きが続いており、厚生労働省や文部科学省からの通知や対応の手引きが出され、内閣府（男女共同参画局）からも配偶者間暴力に関連した通知等が出されている。

　文部科学省から令和元年 5 月 9 日に出された「学校・教育委員会等向け虐待対応の手引き」の対応編は、1、通告までの流れ、2、通告後の対応、3、子ども・保護者とのかかわり方、4、転校・進学時の対応と整理されており、より具体的で実践的な内容を示している。また、2 月 14 日付で行われた緊急点検の報告書「虐待が疑われるケースに係る学校・教育委員会等における緊急点検結果（概要）」も内閣府（子ども子育て本部）・文部科学省・厚生労働省から 3 月 28 日に出され、点検を踏まえた対応が示されている。

　以上のように現在は、子ども虐待問題に対する学校や教育委員会・福祉・

警察・司法などをめぐる状況が大きく動いている時期である。そのような状況の中で本書を出版することについて、この間、筆者らは色々考えてきた。そこで次に、現状を念頭におきながら、イギリス調査から見えることについて考えてみたい。

イギリス調査から見えること

(1) 国の施策として実施されている「学校におけるセーフガーディング」

本研究の出発点である「子ども保護（Child Protection）」は、イギリスにおいては、「子どもの福祉の促進とセーフガーディングの一部であり、それは著しい害を受けているあるいは受けていそうな特別な子どもを保護するためにとられる行動にあてはまる」とされている。

学校におけるセーフガーディングは、法的拘束力を持つ教育省のガイドライン「Keeping Children Safe in Education」に基づいて実施されている。

ガイドラインでは、セーフガーディングを担う教員として各学校に DSL を置くことが義務づけられており、DSL はガイドラインに基づく権限と役割が規定されている。また研修も義務づけられている。このように、DSL の活動の質の担保には、ガイドラインによって権限と役割が規定されていることと、研修の義務化が大きく影響している。

以上、見てきたように、セーフガーディングの概念が広いことと DSL の存在は、本研究の出発点である北海道・大阪府調査で明らかになった「教員の虐待対応経験は地域により大きな差があること、教員は対応経験によって虐待に関する知識を得る傾向があり、対応経験の少ない地域では必要な知識が持ちにくいこと」への解決の示唆を与えている。すなわち、DSL の研修内容には、セーフガーディングに関する施策やトピックス、子ども虐待に関する実践的な対応法、機関連携に関すること等が含まれるため、虐待対応経験の少ない地域の教員も、日々アップデートする虐待関連の情報を得ることができ、他校の DSL との情報交換もできるからである。

DSL は、子ども虐待事案の対応とマネージメントにおいて、校内連携と機関連携において大きな役割を担っている。虐待の発見・通告・対応は危機管理的な業務である。事が起こったらすぐに対応できるようにスタンバイし

ている必要があり、その対応は精神的にも負荷が高くストレスフルな業務である。その意味で、虐待を疑ったら DSL に知らせ、その後の対応とマネージメントは DSL が担うという構造は、一般教員が物理的にも精神的にも余裕を持って子どもに接することができることを担保している。余裕があって初めて、教員は子どもの話に耳を傾けることができ授業にも取り組むことができる。また子どもも教員に話してもよいと思えるものである。特に機関連携において、DSL が存在する意義は大きい。通告後に子ども保護プランの対象になった子どものモニターや学校における支援のマネージメント、転校に伴う情報伝達などの、通告後のマネージメントも中心に担っており、これらの日常の活動を通して、顔の見える機関連携が行われている状況が把握できた。

　さて、「Keeping Children Safe in Education 2018」は、大きく分けて、「子どもに害を与える事象の理解と対応、早期支援」「教職員の安全な雇用」「教職員や他のスタッフへの告発」を軸に構成されている。学校が子どもにとって安全・安心な場であるためには、学校の気風や、教職員が安全で信頼される他者であることが重要である。その意味で、教職員の安全な雇用と、教職員からの権利侵害に関しても、同一のガイドラインで扱われていることは、学校におけるセーフガーディングが包括的に整理されているとの印象を持った。

　近年ますます複雑多様化している社会状況を受けて、イギリスにおいても学校や教員に求められる役割が拡大してきていることが教育史の立場から明らかになっている。学校におけるセーフガーディングの対象となる問題は、子ども虐待のみではなく、いじめを筆頭に多様な問題がある。本調査研究は子ども虐待に焦点を当ててスタートしており、他の問題への言及はほとんど行っていないが、そのような状況下においては、法に基づいた「学校におけるセーフガーディングの取り組み」は、ますます重要になっていることがわかる。

　以上述べてきたような、「学校におけるセーフガーディングの取り組み」の質を担保しているのは、法的拘束力のあるガイドラインがあることに加えて、Ofsted の査察項目にセーフガーディングが加わったことが大きいとい

えよう。

(2) 国の施策として実施されている「社会的養護と元社会的養護の子ども
　への教育的支援」

　社会的養護と元社会的養護の子どもに対する教育的支援に関して、教育省発行の二つの法定指針を中心に、その概要を整理した。支援の担い手は、地方自治体に所属するバーチャル・スクール・ヘッドと、各学校に配置することを義務付けられている特定教員で、バーチャル・スクール・ヘッドと特定教員の役割や活動内容は、法定指針で詳細に規定されている。

　すべての社会的養護の子どもに対しては、子ども一人ひとりにケアプランが作成される必要があり、ケアプランは地方自治体によって作成され継続的に見直される。そのケアプランにはヘルスプランと個別教育計画も含まれていなければならず、個別教育計画は、特定教員、バーチャル・スクール、ソーシャルワーカーが連携して作成し、更新は特定教員が責任を持って行うことになっている。また個別教育計画の作成には子ども本人と親も参加して行われることになっており、ここでも子どもが意見表明をすることが重要視されていることが見える。

　本調査研究では、社会的養護と元社会的養護の子どもへの支援について、教育的支援のあり方と、委託先（子どもの家）におけるケアと支援の実践、里親等で不調になった子どもの治療施設における教育・生活ケア・治療的関わりを見てきた。しかし、福祉サイドの施策や支援構造に関してはほとんど扱っていない。

　そのような限界はありながら、紹介したイギリスの施策は、日本における社会的養護の子どもへの教育的支援体制を整備する際に示唆に富むものと考えている。

(3) 情緒行動の問題やメンタルヘルスに課題がある子どもへの支援

　本書では、虐待を受けた子どもへの心理的・治療的支援に限らず、学校における情緒行動の問題やメンタルヘルスの課題がある子どもへの、機関連携による治療や支援について見てきた（第3章）。機関連携による支援という構

造は日本においても同様な構造があるが、学校を起点にして考えた時に、養護教諭が常勤として各学校に配置されている日本の方が、この課題に対しては実効性のある支援を行っているとの印象を持った。

　一方、里子や養子にメンタルヘルス上の問題が生じた場合の支援に関しては、イーストサセックスには子どもと養育者への支援チームがあることが紹介されている。紙面の関係で、チームの動きの詳細には言及されていないが、社会的養護の子どもや養育者への支援を考える時、このような支援・治療構造は必要であり、日本においても、そのための機関や部署が整備されていくことは重要な課題と考えている。

(4) 国のカリキュラムに位置づけられている「PSHE」

　子ども虐待問題に対して学校ができることの一つの柱として予防教育がある。予防教育には、すべての子どもを対象とした PSHE や SRE、そして特定の課題を持つ子どもへの教育がある。本書では、第6章で PSHE が国の正規の必須科目になった経過や、PSHE 協会による 2017 年版 PSHE 学習プログラムのコアテーマを紹介している。筆者は学校教育の専門家ではないので、日本の現状を鑑みての考えを述べることはできない。しかし、臨床場面に現れる子どもたちの姿を見る時に、子ども全体の成長を促す教育の必要性を強く感じている。その意味で、全人的な成熟に向けた内容が網羅された PSHE が、教科学習と共に、学校教育の柱として位置づいていくことを願っている。

(5) 教員養成と教師教育

　セーフガーディングに関するイギリスにおける教員養成や卒後の教師教育に関する全体的な動向に関しては、第6章でカニンガム氏がその概要と歴史的な流れを述べている。また、DSL と学校管理職向けの「セーフガーディングに関する研修」の具体については、第2章で中山氏が紹介している。紹介された教員養成段階での教育と、教師になった後の研修のあり方は非常に興味深い構成である。

　イギリスにおいては、機関連携を促進するための他職種合同研修の必要性

について提唱されているとの知識を持っていたが、レスターシャーとイーストサセックスで把握した研修は、学校関係者（教員）に向けた研修であった。今回は、他職種との合同研修に関する十分な調査はできなかったが、先行研究を見ると、オックスフォードシャーにおける他職種合同研修の報告もある。これから考えると、現職教員向けの研修は教員対象のものと、他職種合同の研修が必要とされていると言えよう。この方向性を、教員養成段階でも実施することは非常に意義があることと思われる。

　また、第7章では日本の教員養成教育および現職教員研修の現状と課題、そして今後の方向性への展望を示した。日本における今後の方向性を考える時に、イギリスにおける動向は、示唆に富むものと考える。

最後に

　本調査研究は、学校における子ども虐待問題とセーフガーディングに焦点を当てた調査研究である。イギリスと日本では制度や文化的な背景は異なるが、日本の学校においてこの問題に取り組む際の一定の示唆と方向性を示す内容も提示できたと考えている。

　このような視点での調査研究は少なく、研究遂行には厳しい側面もあったが多くの方々の協力で一定の到達点に達することができた。そこには前述した諸氏のご協力が大きいが、それ以外の方たちの存在もある。北海道大学准教授で留学生相談室長のミッシェル・ラ・ファイ氏には、2014年のレスターシャー、ランカシャー調査のコーディネートと通訳をしていただいた。イギリス・レスターシャー在住の石川由美氏には、社会的養護に関する二つの法定指針の翻訳と、2017年のレスターシャー調査時の通訳、子どもの家や社会的養護の子どもの教育に関する追加のインタビューを担当していただいた。イギリス・ヘースティング在住の神岡邦子氏には、数回にわたるイギリス調査のコーデイネートと通訳をしていただいた。お三方のご協力がなかったら、イギリスでの調査は成り立たなかったと考えている。

　また本書出版にあたっても、多くの方のご協力をいただいた。

　子どもの虹情報研究センターの増沢高氏には、本書の第1章の執筆を依頼した。学校における子ども虐待やセーフガーディングを理解するに当たって、

イギリスにおける支援が必要な子どもの状況や子ども虐待対応の仕組みについて、全体的な視野からの状況を踏まえることが必須になるためである。増沢氏は、氏らの2018年イギリス調査を踏まえた最近の動向を執筆していただいた。大阪精神医療センター児童思春期診療部の花房昌美氏には、2015年の調査に同行していただき、またWoodeaton Manor Schoolをまとめるにあたってコメントをいただき、資料や写真を提供していただいた。大阪府立守口東高等学校の田吹和美氏には、読者が説明をほしいと思われる用語を精査していただいた。スクールソーシャルワーカーの経験がある北海道教育大学非常勤講師の太田とも美氏には、用語統一、表記ゆれの統一をしていただいた。また本書を出版できたのは、出版を快諾していただいた明石書店と編集を担当していただいた深澤孝之氏、そして実務を担当していただいた閏月社の徳宮峻氏のご協力が大きい。

　最後に、本書出版の出発点となった大阪および北海道での調査にご協力いただいた各校の先生方、教育委員会、教育大学教職科目担当者をはじめとする皆様に、この書面を借りて心からの感謝を申し上げたい。

　現在、日本においても第7章で紹介されたような先駆的な取り組みも出てきており、このような取り組みが国レベルで保障されていくことを願っている。またその際に、本書がなんらかの寄与できるなら、執筆者一同にとって大きな喜びである。

岡本　正子

おわりに

　本書のベースとなっている「イギリスにおける Safeguarding in School の学際的研究」に、2回の渡英も含め、研究協力という形で加わった。また本書の企画、構成から編者として関わった。「おわりに」の場を借りて、感じたことを書きたい。

　本研究では、本書第2章で触れている DSL 制度に着目した。

　まず、同7章で取り上げている「北海道・大阪府調査」の詳細を見てみたい。大阪府と北海道の小・中学校と高等学校を対象に行われたものだが、調査対象を小・中学校に絞って見ると、子ども虐待に対応する組織は、大阪府の小学校90％、同中学校93％、北海道の小学校66％、同中学校53％が有していた。外部との連携窓口担当者は大阪府99％前後、北海道94〜97％が設けている。対応経験を聞くと、大阪府は88％、74.1％、北海道37.7％、34.3％となる。

　注目したのは「対応時の困難」を聞いた部分である。困難な内容として、管理職、教員ともに、虐待該当の判断が上位にきている。ちなみに大阪府の管理職は小学校で54.2％、中学校44.9％が、北海道では同72.0％、80％が困難だとしている。虐待かどうかの判断は、子どもの心や生命を危機から救い、次の対応につなぐ重要な仕事である。子ども虐待に対応する組織は高い率で設置されているものの、相反して対応の入口である虐待の判断に困難を感じている現状がある。また調査は、児童相談所との連携を妨げる要因についても聞いているが、保護者との関係を除いて、管理職、教員共に、教員の多忙さ・対応する人員不足が上位を占める。

　イギリスでは、学校におけるセーフガーディングの統括者として DSL を定めなければならないとされている。子ども虐待について言えば、学校内で教職員は、懸念事項があれば DSL に報告し、DSL は相談・通告の有無や他

の機関との連携を判断する。DSL は 2 年ごとに研修を受けて高度な専門性を持ち、他の教職員の研修を行っている。日本でも、国の取り組みとして、高度な能力を持つ DSL 相当の教員を制度として配置し、発見・対応するシステムを持つべきではないかと考える。地域間格差の是正にもつながるだろう。

　また、同章で中山は「DSL の役割は通告をした後も続く……DSL が学校と地域を結ぶパイプの役割を果たしている」と報告している。日本の学校内にそうしたシステムを設けることは、他の機関が学校との連携を考える際の「見える化」につながるのではないか。現在、厚生労働省は、子ども虐待対応を、要保護児童対策地域協議会を核に行っている。関係機関が名を連ね、ケースに合わせて連携を組んでおり、学校とも同様である。学校内での責任者が明確になり、どういう働きをするのかがわかることで、連携しやすくなるだろう。ただし同調査で、児童相談所との連携を妨げる要因となっている、多忙を極める教員の働き方を変えることを同時にしなければならない。

　日本における教員教育については、二井が第 7 章で報告したが、現職の教員は「早期発見・早期対応」「保護者への対応」や「現場で対応できるスキルを身につけるような研修」など実践的な研修を求めていた。管理職の研修要望はそれに加えて「虐待が子どもに与える影響」「虐待の判断」「通告」「発見後の対応」「学校が負う義務と責任」などを挙げたが十分な研修は行われていない。報告は、教員養成段階の学生が学ぶ必要があるものについても触れ「子ども虐待に関する基本的知識の教育」が求められているとしているが、教育職員免許法施行規則には「子ども虐待に関する事項や、家庭環境が子どもに及ぼす影響に関する事項を履修すべき記述はない」。現場で日々子どもと接する教員への研修の実施と充実、教員を目指す段階で学生が子ども虐待について学べるようにする教育職員免許法施行規則改正が目下急務である現状が、報告書からは読みとれる。

　2019 年 6 月、目黒区（女児、当時 5 歳）、野田市（女児、当時 10 歳）での虐待死事件を受けて、児童福祉法、児童虐待防止法などが改正された。親権者による体罰禁止などの「子どもの権利擁護」「児童相談所の体制強化」「児童相談所の設置促進」「関係機関間の連携強化」が主な点だった。民法で認め

おわりに　277

られている親の子どもへの「懲戒権」についても、改正法施行後2年をめどに検討するとして、法務省の法制審議会に諮問された。

筆者が注目したのは「関係機関間の連携強化」を改めて掲げた点だ。連携については、野田市の事件を受けて、法改正前の2月に文部科学省から「児童虐待防止対策に係る学校等及びその設置者と市町村・児童相談所との連携強化について」[1]という通達も発出されている。

同通達では「児童虐待防止に係る研修の実施について」との事項があり、研修の促進を促している。周知のように、子ども虐待への取り組みには、関係者による高度な連携が求められる。専門職に就いてからの研修はもちろん必要であるが、それ以前に、医療や保健、看護、福祉、教育、警察などの専門領域に職を見出そうとしている学生が、大学や短大、専門学校などで、子ども虐待について共通の教育を受けるシステムが必要だと考えている。家族病理、子どもの発達心理、法律などと、多機関連携の重要性やあり方までをも学べるようにする。いざ目指す職業に就いたとき、一つの家庭、1人の子どもの救出をめぐって組む連携に、何が必要なのか、役割分担はどうすればいいのかについて、同じスタートラインに立って考えることができるようにするのだ。

筆者は、Safeguarding in School の研究に協力する過程で「文部科学省のやり方」「厚生労働省のシステム」といった言葉を何度か聞いた。省その他で、それぞれ政策や取り組みはあるだろうが、その違いが壁を作り、連携を難しくしてはならない。共通の教育は、異なる専門性、異なる職場で働く互いを理解する助けとなるのではないか。関係する大学や専門職の育成に関わる機関などが一堂に会して、教育内容を共有できるよう議論を始められないか。プログラムなどの開発に民間企業の助けを借りるのも悪くない。

厚生労働省が毎年発表している「児童相談所での児童虐待相談対応件数」[2]は年々増加して、18年度には15万9850件（速報値）となった。虐待だ

---

1) 内閣府・文部科学省・厚生労働省（2019）「児童虐待防止対策に係る学校等及びその設置者と市町村・児童相談所との連携の強化について」平成31年2月8日。

2) 厚生労働省（2019）「児童相談所での児童虐待相談対応件数」全国児童福祉主管課長・児童相談所長会議資料、令和元年8月1日。

と思っても通報や相談をためらったり、誰にも気づかれないケースがあるはずで、この数字は氷山の一角であるという声は根強い。虐待死に関しては、2016 年に、日本小児科学会が興味深い調査結果を発表した[3]。日本において、子ども虐待により亡くなった子どもの数は、厚生労働省統計の 3 倍から 4 倍、5 倍程度に上る、虐待死したにもかかわらず、病死や事故死、不詳の死とされていたという内容だ。子どもの死因究明制度の整備が急務であり、関係する職種の人たちには、虐待死が起こるような問題がその家族にあるのかどうかを見抜く専門性を身につけるべきであることも示唆していると考える。

　子どもの心と命を救い、家族を支えるために、実行性ある取り組みが求められている。本書がその一助となれば幸いである。

椎名　篤子

---

3)　日本小児科学会（2016）「パイロット 4 地域における、2011 年の小児死亡登録検証報告―検証から見えてきた、本邦における小児死亡の死因究明における課題」『日本小児科学雑誌』120 巻 3 号、pp. 662-672。

［執筆者一覧］

二井仁美（にい・ひとみ）＊編者＊はじめに、7章
編者紹介を参照。

増沢高（ますざわ・たかし）＊1章
現職　子どもの虹情報研修センター　研究部長
1986年千葉大学大学院教育学研究科教育心理修士課程修了。千葉市療育センター相談員、児童心理治療施設「横浜いずみ学園」セラピスト、同学園副園長を経て、2002年から子どもの虹情報研修センターに研修課長として勤務。2019年より現職。

中山あおい（なかやま・あおい）＊編者＊2章1節、2節、コラム
編者紹介を参照。

菱田準子（ひしだ・じゅんこ）＊2章コラム、7章コラム
大阪市教育委員会、大阪市教育センター、大阪教育大学准教授、大阪市立公立中学校校長を経て、現在、立命館大学大学院教職研究科教授（臨床教育学博士）。臨床心理士、学校心理士。日本ピア・サポート学会事務局長、PAC分析学会理事。

内藤亮（ないとう・あきら）＊3章
1997年山梨医科大学卒業、亀田総合病院にて初期研修、九州大学心療内科にて後期研修、麻生飯塚病院にて心療内科医として診療後に英国留学。インペリアル大学において精神神経免疫学で博士号取得後、2011年より精神科診療に携わり17年より現職（CAMHS）の小児精神科医として勤務。

岡本正子（おかもと・まさこ）＊編者＊4章、5章1節、この研究のめざしたところ
編者紹介を参照。

平岡篤武（ひらおか・あつたけ）＊5章2節、3節
1955年生。立教大学文学部心理学科卒業。1980年静岡県庁入庁。児童相談所、児童心理治療施設、県庁に勤務。現在、常葉大学教育学部心理教育学科教授。公認心理士、臨床心理士。静岡県公認心理師協会会長、日本家族研究・家族療法学会評議員。

ピーター・カニンガム（Peter Cunningham）＊6章1節、3節
1948年ロンドン生まれ、PhDケンブリッジ大学セント・ジョーンズカレッジMA（歴史学・芸術史）、オックスフォード大学ベリオルカレッジPGCE（教育学）、イーストアングリア大学MA（芸術社会史）、リーズ大学PhD（教育史）。現在、ケンブリッジ大学ホマトンカレッジ名誉研究員。近著 *Politics and the Primary Teacher* (2012, Routledge), Dewey In Our Time (2016 co-edited, UCL IOE Press)

山﨑洋子（やまさき・ようこ）＊6章2節、および6章1節、3節翻訳
1948年兵庫県生まれ，大阪市立大学博士（学術）
大阪教育大学教育学研究科修士課程修了、大阪市立大学生活科学研究科後期博士課程単位修得満期退学、鳴門教育大学・武庫川女子大学教授を経て、現在、福山平成大学教授。近著 *The History of Education in Japan 1600-2000*（2017 co-edited, Routledge), *Educational Progressivism, Cultural Encounters and Reform in Japan*（2017 co-edited, Routledge)

椎名篤子（しいな・あつこ）＊編者＊おわりに
編者紹介を参照。

［編者紹介］

岡本正子（おかもと・まさこ）
　京都府立医科大学卒業。大阪市立小児保健センター（当時）、大阪府立精神医療センター松心園（当時）、大阪府こころの健康総合センター、大阪府中央子ども家庭センター、大阪教育大学教育学部教授などを経て、2017年から大阪府衛生会付属診療所勤務。児童精神科医師。日本子ども虐待防止学会代議員。
　主な著書に、『性的虐待を受けた子どもの施設ケア』（共編、明石書店、2017）、『第3版子ども家庭福祉論』（共著、晃洋書房、2017）、『家族生活の支援──理論と実践』（共著、建帛社、2014）、『性的虐待を受けた子ども、性的問題行動を示す子どもへの支援』（共編、明石書店、2012）、『教員のための子ども虐待理解と対応』（共編、生活書院、2009）など。

中山あおい（なかやま・あおい）
　筑波大学教育学研究科博士課程単位取得退学。比較・国際教育学専攻。大阪教育大学グローバルセンター教授。
　主な著書に『PISA後のドイツにおける学力向上政策と教育方法改革』（共著、八千代出版、2019）、『国際理解教育ハンドブック──グローバル・シティズンシップを育む』（共著、明石書店、2015）、『PISA後の教育をどうとらえるか──ドイツをとおしてみる』（共著、八千代出版、2013）、『シティズンシップへの教育』（共著、新曜社、2011）、『世界のシティズンシップ教育』（共著、東信堂、2009）など。

二井仁美（にい・ひとみ）
　奈良女子大学大学院博士課程単位取得退学。大阪教育大学教授を経て、2011年度から北海道教育大学教授。教育福祉史。博士（学術）。
　主な著書に、『慈愛と福祉　岡山の先駆者たち1』（共著、山陽放送学術文化財団、2019）、『留岡幸助と家庭学校　近代日本感化教育史序説』（不二出版、2010）、『教員のための子ども虐待理解と対応』（共著、生活書院、2009）、『子どもの人権問題資料集成　戦前編　子どもの保護教育、子ども虐待』（共編著、不二出版、2009）など。

椎名篤子（しいな・あつこ）
　作家・ジャーナリスト。
　主な著書に、『凍りついた瞳2020』（編著、集英社、2019）、『がれきの中の天使たち』（集英社、2012）、『愛されたいを拒絶される子どもたち』（集英社、2007）、『新　凍りついた瞳』（集英社、2003）、『親になるほど難しいことはない』（集英社文庫、2000；講談社、1993）、『虐待で傷ついたこころのための本』（大和書房、1998）、『ちいさなわたしをだきしめて』（集英社、1998）、『家族「外」家族』（集英社、1997）、また、著書を原作とした漫画化作品に『愛ときずな』（絵：ごとう和、秋田書店、2010）、『凍りついた瞳』（絵：ささやななえ、集英社、1995）など多数。

イギリスの子ども虐待防止とセーフガーディング
学校と福祉・医療のワーキングトゥギャザー

2019 年 12 月 25 日 初版第 1 刷発行

編著者		岡　本　正　子
		中　山　あおい
		二　井　仁　美
		椎　名　篤　子
発行者		大　江　道　雅
発行所		株式会社　明石書店

〒101-0021 東京都千代田区外神田 6-9-5
電　話　03 (5818) 1171
ＦＡＸ　03 (5818) 1174
振　替　00100-7-24505
http://www.akashi.co.jp

装幀　　　　明石書店デザイン室
編集／組版　有限会社閏月社
印刷／製本　モリモト印刷株式会社

（定価はカバーに表示してあります）　　　　　　　ISBN978-4-7503-4945-9

JCOPY 〈出版者著作権管理機構　委託出版物〉
本書の無断複製は著作権法上での例外を除き禁じられています。複製される場合は、そのつど事前に、出版
者著作権管理機構（電話 03-5244-5088、FAX 03-5244-5089、e-mail: info@jcopy.or.jp）の許諾を得てください。

性的虐待を受けた子どもの施設ケア

児童福祉施設における生活・心理・医療支援

八木修司、岡本正子 編著

A5判／並製／296頁 ◎2600円

性的虐待・家庭内性暴力被害を受けた子どもとその家族に児童福祉施設ではどのような支援とケアを行うべきか。子どもの入所から自立までの流れに沿い、実践場面で必要とされる生活支援、心理ケア、医療、自立支援などの知識と対処方法をわかりやすく解説する。

●内容構成●

序章　性的虐待（家庭内性暴力）を受けた子どもの実態
第1章　性的虐待（家庭内性暴力被害）の基本的な対応
第2章　性的虐待施設の支援とケアについて
第3章　児童福祉施設における生活支援
第4章　児童福祉施設における心理ケア
第5章　児童福祉施設における家族支援・ソーシャルワーク展開
第6章　性的虐待（家庭内性暴力被害）を受けた子どもへの被害体験、性に関する支援
第7章　性的虐待（家庭内性暴力被害）を受けた子ども支援における医療の役割とポイント
第8章　子ども個人、子ども集団への関わりを紡ぐ会議
第9章　児童福祉施設における子どもの健全育成と性的問題行動を示す子どもへの支援
第10章　児童自立支援施設や医療少年院での子どもの社会的自立とレジリエンス
第11章　児童福祉施設における子どもの取り組みを巡って

性的虐待を受けた子ども・性的問題行動を示す子どもへの支援

児童福祉施設における生活支援と心理・医療的ケア

八木修司、岡本正子 編著
◎2600円

子どもの性的問題行動に対する治療介入

保護者と取り組むバウンダリー・プロジェクトによる支援の実際

エリアナ・ギル、ジェニファー・ショウ 著
高岸幸弘監訳／井出智博、上村宏樹 著
◎2700円

ダイレクト・ソーシャルワーク ハンドブック

対人支援の理論と技術

ディーン・H・ヘプワース、ロナルド・H・ルーニーほか著
武田信子監修／山野則子、澁谷昌史、平野直己ほか監訳
◎25000円

学校現場で役立つ「問題解決型ケース会議」活用ハンドブック

西野緑著
馬場幸子編著
◎2200円

子ども虐待とスクールソーシャルワーク

チーム学校を基盤とする「育む環境」の創造
◎3500円

学校に居場所カフェをつくろう！

生きづらさを抱える高校生への寄り添い型支援

居場所カフェ立ち上げプロジェクト編著
◎1800円

学校を長期欠席する子どもたち

不登校・ネグレクトから学校教育と児童福祉法の連携を考える

保坂亨著
◎2800円

新版 学校現場で役立つ子ども虐待対応の手引き

子どもと親への対応から専門機関との連携まで

玉井邦夫著
◎2400円

〈価格は本体価格です〉

子どもの貧困調査
子どもの生活に関する実態調査から見えてきたもの
山野則子編著 ◎2800円

虐待された子どもへの治療【第2版】
医療・心理・福祉・法的対応から支援まで
ロバート・M・リース、ロジェル・F・ハンソン、ジョン・サージェント編
亀岡智美、郭麗月、田中究監訳 ◎20000円

子ども虐待対応における保護者との協働関係の構築
家族と支援者へのインタビューから学ぶ実践モデル
鈴木浩之著 ◎4600円

子ども虐待対応におけるサインズ・オブ・セーフティ・アプローチ実践ガイド
子どもの安全(セーフティ)を家族とつくる道すじ
菱川愛、渡邉直、鈴木浩之編著 ◎2800円

市区町村子ども家庭相談の挑戦
子ども虐待対応と地域ネットワークの構築
川松亮編著 ◎2500円

児童虐待対応と「子どもの意見表明権」
一時保護所での子どもの人権を保障する取り組み
小野善郎、薬師寺真編著 ◎2500円

現代イギリスの児童虐待防止とソーシャルワーク
新労働党政権下の子ども社会投資・児童社会サービス改革・虐待死亡事件を検証する
田邉泰美著 ◎6300円

子育て困難家庭のための多職種協働ガイド
地域での専門職連携教育(IPE)の進め方
ジュリー・テイラー、ジュン・ソウバーン著 西郷泰之訳 ◎2500円

ワークで学ぶ 子ども家庭支援の包括的アセスメント
要保護・要支援・社会的養護児童の適切な支援のために
増沢高著 ◎2400円

ソーシャルペダゴジーから考える施設養育の新たな挑戦
ピーター・スミス、レオン・フルチャー、ピーター・ドラン著 楢原真也監訳 ◎2500円

児童相談所改革と協働の道のり
子どもの権利を中心とした福岡市モデル
藤林武史編著 ◎2400円

児童相談所一時保護所の子どもと支援
子どもへのケアから行政評価まで
和田一郎編著 ◎2800円

児童福祉司研修テキスト
児童相談所職員向け
金子恵美編集代表 佐竹要平、安部計彦、藤岡孝志、増沢高、宮島清編 ◎2500円

要保護児童対策調整機関専門職研修テキスト
基礎自治体職員向け
金子恵美編集代表 佐竹要平、安部計彦、藤岡孝志、増沢高、宮島清編 ◎2500円

発達心理学ガイドブック 子どもの発達理解のために
マーガレット・ハリス、ガート・ウェスターマン著 小山正、松下淑訳 ◎4500円

子どもの虐待防止・法的実務マニュアル【第6版】
日本弁護士連合会子どもの権利委員会編 ◎3000円

〈価格は本体価格です〉

子ども食堂をつくろう！
NPO法人豊島子どもWAKUWAKUネットワーク編著
人がつながる 地域の居場所づくり
◎1400円

子どもの貧困と教育の無償化
中村文夫著
学校現場の実態と財源問題
◎2700円

子どもの貧困と公教育
中村文夫著
義務教育無償化・教育機会の平等に向けて
◎2800円

子どもの貧困対策と教育支援
末冨芳編著
より良い政策・連携・協働のために
◎2600円

子どもの貧困と教育機会の不平等
鳫咲子著
就学援助・学校給食・母子家庭をめぐって
◎1800円

社会的困難を生きる若者と学習支援
岩槻知也編著
リテラシーを育む基礎教育の保障に向けて
◎2800円

子どもの貧困と地域の連携・協働
吉住隆弘、川口洋誉、鈴木晶子編著
〈学校とのつながり〉から考える支援
◎2700円

シングル女性の貧困
小杉礼子・鈴木晶子、野依智子、横浜市男女共同参画推進協会編著
非正規職女性の仕事・暮らしと社会的支援
◎2500円

子どもの貧困
浅井春夫、松本伊智朗、湯澤直美編
子ども時代のしあわせ平等のために
◎2300円

子どもの貧困白書
子どもの貧困白書編集委員会編
◎2800円

子ども虐待と貧困
松本伊智朗編著
清水克之、佐藤拓代、峯本耕治、村井美紀、山野良一著
「忘れられた子ども」のいない社会をめざして
◎1900円

日弁連 子どもの貧困レポート
日本弁護士連合会 第53回人権擁護大会シンポジウム第1分科会実行委員会 編
弁護士が歩いて書いた報告書
◎2400円

二極化する若者と自立支援
宮本みち子、小杉礼子編著
「若者問題」への接近
◎1800円

フードバンク
佐藤順子編著
世界と日本の困窮者支援と食品ロス対策
◎2500円

貧困とはなにか
ルース・リスター著 松本伊智朗監訳 立木勝訳
概念・言説・ポリティクス
◎2400円

貧困問題最前線
大阪弁護士会編
いま、私たちに何ができるか
◎2000円

〈価格は本体価格です〉

シリーズ
学力格差
【全4巻】

志水宏吉【シリーズ監修】
◎A5判／上製／◎各巻 2,800円

第1巻〈統計編〉
日本と世界の学力格差
国内・国際学力調査の統計分析から
川口俊明 編著

第2巻〈家庭編〉
学力を支える家族と子育て戦略
就学前後における大都市圏での追跡調査
伊佐夏実 編著

第3巻〈学校編〉
学力格差に向き合う学校
経年調査からみえてきた学力変化とその要因
若槻健、知念渉 編著

第4巻〈国際編〉
世界のしんどい学校
東アジアとヨーロッパにみる学力格差是正の取り組み
ハヤシザキ カズヒコ、園山大祐、シム チュン・キャット 編著

〈価格は本体価格です〉

シリーズ 子どもの貧困
【全5巻】

松本伊智朗【シリーズ編集代表】

◎A5判／並製／◎各巻 2,500円

① **生まれ、育つ基盤**
子どもの貧困と家族・社会
松本伊智朗・湯澤直美 [編著]

② **遊び・育ち・経験** 子どもの世界を守る
小西祐馬・川田学 [編著]

③ **教える・学ぶ** 教育に何ができるか
佐々木宏・鳥山まどか [編著]

④ **大人になる・社会をつくる**
若者の貧困と学校・労働・家族
杉田真衣・谷口由希子 [編著]

⑤ **支える・つながる**
地域・自治体・国の役割と社会保障
山野良一・湯澤直美 [編著]

〈価格は本体価格です〉